墨香财经学术文库

江苏省高校哲学社会科学重大项目（2020SJZDA051）研究成果

江苏省社科基金重点项目（23EYA003）研究成果

U0656619

流通促进经济循环的机制及数字化创新研究

Research on the Mechanism of Promoting Economic Cycle through Circulation and Its Digital Innovation

庄尚文 秦杰 著

东北财经大学出版社 大连

Dongbei University of Finance & Economics Press

图书在版编目（CIP）数据

流通促进经济循环的机制及数字化创新研究 / 庄尚文，秦杰著. 一大连：东北
财经大学出版社，2024.6

（墨香财经学术文库）

ISBN 978-7-5654-5223-9

Ⅰ.流… Ⅱ.①庄… ②秦… Ⅲ.中国经济－经济增长－研究 Ⅳ.F124.1

中国国家版本馆CIP数据核字（2024）第071519号

东北财经大学出版社出版发行

大连市黑石礁尖山街217号 邮政编码 116025

网 址：http://www.dufep.cn

读者信箱：dufep@dufe.edu.cn

大连图腾彩色印刷有限公司印刷

幅面尺寸：170mm×240mm 字数：225千字 印张：19
2024年6月第1版 2024年6月第1次印刷
责任编辑：王 玲 孟 鑫 责任校对：那 欣
封面设计：原 皓 版式设计：原 皓
定价：95.00元

教学支持 售后服务 联系电话：（0411）84710309
版权所有 侵权必究 举报电话：（0411）84710523
如有印装质量问题，请联系营销部：（0411）84710711

前言

2020年9月，习近平总书记强调要"统筹推进现代流通体系建设，为构建新发展格局提供有力支撑"。2022年10月，党的二十大报告进一步指出要"建设高效顺畅的流通体系"。不管从理论机制还是从实践发展看，现代流通体系是商品流通演进和流通效率提升到一定阶段的产物，其可以推动分工深化，促进供需平衡、产销协调的良性经济循环。在数字经济方兴未艾的当代，数字技术驱动流通领域组织创新和机制创新，为进一步提升流通效率、增强经济循环的内生动力和可靠性提供了路径和空间。

本书比较系统地揭示了流通促进经济循环的机制及其数字化创新选择，主要解答了两个问题：流通演进和效率提升为什么可以促进经济循环？数字经济时代，如何通过流通创新提升流通效率，从而更好地促进经济循环？

本书的创新之处在于：

1. 基于多学科交叉融合，拓展了流通效率的作用机制研究。融合马克思主义政治经济学、新兴古典经济学、产业经济学等学科关于交换、流通费用、交易效率、市场效率的相关研究，将流通效率概念界定为三个层面：交易效率、流通组织效率和渠道效率，并将交易效率区分为一般交易效率和个别交易效率，研究揭示了流通效率促进经济循环的作用机制。

2.从流通视角切入，进一步推动经济循环研究走向深化。党的二十大报告提出，要增强国内大循环内生动力和可靠性。区别于已有研究重视生产率提升的作用，本书从流通视角切入，基于分工网络协调、经济发展跃迁和渠道利益关系协调三个层面研究揭示了经济循环的价值实现机制、效率驱动机制和利益协调机制，从而推动经济循环研究走向深化。

3.结合数字经济发展背景，拓展了流通数字化创新问题研究。数字经济时代的流通业具备多元价值重构与跨界融合发展的特质和优势。流通数字化创新是数字技术创新、组织创新与制度创新的有机组合与协同，可以促进顾客价值创造、供应链效率提升与产业跨界融合，并通过提升供给质量、促进产业升级、稳定市场价格、扩大消费需求进一步促进经济循环。

本书作者的具体写作分工如下：庄尚文负责书稿的总体框架设计，并负责撰写本书第1章至第6章以及第8章至第9章相关内容；秦杰负责撰写本书第7章以及第10章相关内容，并负责本书的校对工作。

本书的出版受到江苏省高校哲学社会科学重大项目（2020SJZDA051）以及江苏省社科基金重点项目（23EYA003）和南京审计大学校级科研项目（23LHZT004）的资助。希望本书能为那些渴望深入了解经济循环相关研究领域的读者提供有价值的参考，为他们的学术探索或实践应用带来启示与助力。同时，也期望本书能成为同行学者间交流与对话的桥梁，共同推动该领域学术研究的进一步发展。

庄尚文

2024年3月

目录

第 1 章

导　论

1.1 研究背景与意义

1.1.1 研究背景

1.改革开放以来,流通功能的重建促进了经济增长

自 1978 年改革开放以来,我国经济经历了 40 多年的快速增长,1978—2007 年 GDP 的平均增长率为 9.8%,比同期世界经济平均发展水平快 6.8 个百分点[①]。从国际比较来看(见表 1-1),我国的改革开放创造了一个增长奇迹。不管是"亚洲四小龙",还是"金砖四国"中的其他三个国家,其平均增长率都低于中国。一般认为,这种增长奇迹的出现主要得益于制度变革,即从计划经济体制转向市场经济体制以及从封闭经济体制转向开放经济体制。

计划经济体制又称为"统制经济"或"指令经济",主要体现在国家通过单一计划来配置资源,工业品流通以统购包销、计划调拨为主;农产品流通以统派、统购、计划供应为主。本质上看,处于计划经济体制下的经济行为人之间形成的是一种企业内的技术分工,它排斥市场交换和流通活动。由于经济行为人的数目极大,这样一种企业内技术分工产生了高昂的"内生交易费用"。同时,风险机制、利益机制、信息披露机制等激励约束机制的缺乏使其愈发不能适应经济发展的内在要求。

---

① 国家统计局. 改革开放 30 年报告之十六:国际地位和国际影响发生了根本性的历史转变 [EB/OL]. [2008-11-17]. https://www.stats.gov.cn/zt_18555/ztfx/jnggkf30n/202303/t20230301_1920475.html.

表1-1   1978—2007年世界主要国家和地区经济增长率比较   （单位：%）

国家/地区	1978年	1979年	1990年	2000年	2006年	2007年	1978—2007年平均
世界总计	4.4	4.2	2.9	4.1	3.9	3.8	3.0
美国	5.6	3.2	1.9	3.7	2.9	2.2	2.9
欧元区	3.1	3.9	3.6	3.9	2.7	2.6	2.2
日本	5.3	5.5	5.2	2.9	2.2	2.1	2.4
中国（内地）	11.7	7.6	3.8	8.4	11.6	11.9	9.8
中国香港	8.5	11.6	3.9	8.0	7.0	6.4	5.6
韩国	9.3	6.8	9.2	8.5	5.1	5.0	6.4
新加坡	8.5	9.4	9.2	10.1	9.4	7.7	7.1
马来西亚	6.7	9.3	9.0	8.9	5.9	5.7	6.2
印度	5.7	−5.2	5.5	4.0	9.7	9.0	5.7
俄罗斯	—	—	−3.0	10.0	7.4	8.1	0.1
巴西	3.2	6.8	−4.3	4.3	3.7	5.4	2.7

资料来源：国家统计局. 改革开放30年报告之十六：国际地位和国际影响发生了根本性的历史转变［EB/OL］.［2008-11-17］. https://www.stats.gov.cn/zt_18555/ztfx/jnggkf30n/202303/t20230301_1920475.html.

从破除计划经济体制下"无流通论"的传统观念，推行流通体制的市场化改革，发展基于市场配置资源的社会分工制度[①]，可以看出：我国经济的转轨目标更加明确，即发展社会主义市场经济。市场经济体制本质上是以市场为基础配置稀缺资源，主要通过竞争和供求

---

① "社会分工制度"一词来源于马克思在《资本论》第三卷中关于产业演进的讨论. 具体可参见：马克思. 资本论：第三卷［M］. 中共中央马克思恩格斯列宁斯大林著作编译局，译. 北京：人民出版社，1975：97.

机制调节经济运行。在市场经济体制下，经济行为人具有独立的经济利益，并且通过商品交换实现经济利益。正是商品流通的不断演进和流通功能的重建，使得非人格化交易不断发展，市场范围不断扩大，促进了市场经济体制下企业之间、地区之间、国家之间分工网络的形成与拓展，进而促进了经济的不断增长。

马克思认为，"商品流通是资本的起点。商品生产和发达的商品流通，即贸易，是资本产生的历史前提"。① "商业功能的建立是在市场经济成熟以前就解决了的问题，其一直被视为市场制度天赋的基础性功能，成为西方经济理论与实践的隐含前提。"② 从国外经济史来看，西方国家产业革命之前的"商业革命"促进了资本积累、交易机制的形成与生产方式变革。

中国特色社会主义进入新时代以来，我国商品流通总量持续增长，规模不断扩大，效率不断提升，我国已成为亚太地区乃至全世界最具增长潜力的市场之一。国家统计局的数据表明③：2021年末，我国批发和零售业法人单位超过930万个，约为2012年的3.5倍，2013—2021年年均增长率超过15%。2021年，全国连锁零售企业门店总数29.2万个，比2012年增长51.6%；商品销售额比2012年增长8.3%。2013—2021年，限额以上批发和零售企业流动资产周转次数总体保持较高水平，其中2021年为2.7次，比上年提升0.2次，比2013—2020年平均水平提升0.1次；2021年限额以上批发和零售企业人均营业收入比2012年大幅提升，2013—2021年年均超过500万元/人。

---

① 马克思. 资本论 [M]. 中共中央马克思恩格斯列宁斯大林著作编译局，译. 北京：人民出版社，1972：167.
② 吕炜. 转轨时期的经济增长原理——基于转轨实践、中国的样本和经济史的研究 [J]. 经济社会体制比较，2004（3）：1-21.
③ 国家统计局. 消费市场提质扩容 流通方式创新发展 [EB/OL]. [2022-09-22]. http://www.stats.gov.cn/sj/sjjd/202302/t20230202_1896682.html.

与此同时，2013至2021年，我国国内生产总值年均增长6.6%，高于同期世界2.6%和发展中经济体3.7%的平均增长水平。我国对世界经济增长的平均贡献率超过30%，居世界第一。2021年，我国人均GDP达80 976元，扣除价格因素，比2012年增长69.7%，年均增长6.1%。

综上可知，我国的经济转轨之所以促进了经济增长，很大程度上是因为流通演进和功能重建促进了社会分工扩展的深化，从而促进了财富的积累。当前，立足超大规模市场优势，推进建设国内统一大市场，提升流通效率，不断增强经济循环的内生动力和可靠性，将为新时期的经济持续增长提供重要支撑。

2.经济高质量发展要求建设高效顺畅的流通体系

从宏观经济层面看，虽然我国的经济转轨和对外开放造就了一个增长奇迹，但是诸多学者都已认识到我国经济增长具有粗放型特征，可以将其视为不平衡不充分的发展。

例如，进入新时代，我国城乡一体化发展全面推进，但是城乡经济发展差距仍然较大，城乡公共服务发展仍然不平衡。随着各项区域发展战略的实施，我国区域发展差距有所缩小，但是欠发达地区与发达地区在经济总量指标和人均指标上均存在差距。

面对复杂多变的外部经济环境以及新冠病毒感染的不利冲击，中央明确提出要"加快构建以国内大循环为主体、国内国际双循环相互促进的新发展格局"。2020年9月，习近平总书记强调"要统筹推进现代流通体系建设，为构建新发展格局提供有力支撑"。随后的中央经济工作会议提出要"贯通生产、分配、流通、消费各环节，形成需求牵引供给、供给创造需求的更高水平动态平衡"。2022年10月，党的二十大报告进一步强调要"建设高效顺畅的流通体系"。

由此可见，流通体系在畅通国民经济循环、加快构建新发展格局中的作用得到了高度重视。但是从流通运行看，我国目前的流通体系还存在结构不合理、规制不完善等问题，无法适应经济高质量发展的要求。

例如，我国实体零售发展受网络零售竞争、实体租金与劳动力成本上升、同质化经营等多重因素的影响，出现大量的关门现象。如何更好地适应消费需求个体化、多样化的趋势，开展流通组织创新，提升流通组织效率值得深入研究。在物流费用方面，2022年我国社会物流总费用与国内生产总值的比率为14.7%，仍处于偏高水平。因此，建设高效畅通的流通体系尤为必要。

3.数字经济时代，流通创新具备了新的机遇和条件

当前，数字经济发展方兴未艾，数字经济的本质在于"网络"，包括数字化的软硬件、商业网络以及电子交易产品。数字经济的主要驱动力是数据和信息通信技术的发展。2014—2018年，经济合作与发展组织（OECD）国家的人均移动数据使用量翻了两番，达到了人均4.6GB，2020年比2019年增长了30%。2021年，38个成员国的光纤订户增长了18.6%。经合组织发布的《2020年数字经济展望》指出，互联网使用、大数据的应用促进了传统产业的数字化转型。数字经济的发展为流通创新提供了机遇。

随着我国"互联网+"行动计划的深入推进，基于互联网的信息产业发展与传统产业转型升级的互动，是高质量发展背景下增强经济内生动力的必然选择。从世界范围看，随着信息技术的不断进步，信息产业与传统产业发生深度融合，互联网已经从单一的技术工具转化为复合化的产业生态重构与价值链条整合的手段。2022年中国信息通信研究院发布的《中国数字经济发展白皮书（2022年）》显示：2012年以来，我国数字经济年均增速高达15.9%，显著高于同期GDP平均增速；2021年，数字经济规模达到45.5万亿元，同比名义增长

16.2%。

从理论上看，互联网可以强化信息流动，降低受众搜索有用信息的成本，提供供需双方进行价值交换和创造的场所，且以需求为导向，追逐连接红利的商业模式与价值创造模式正在形成（罗珉、李亮宇，2015）。在数字经济驱动下，互联网引发了组织方式的变革，驱动了市场交换和流通空间扩张，改变了微观经济基础和价值创造模式（何大安，2018），促进了流通业逐步向技术密集型产业转变。

同时，消费需求升级促使零售模式创新，线上线下一体化渠道逐渐形成（李骏阳，2018）。流通数字化创新可以突破传统供应链痛点，提升供应链效率（洪涛，2012；谢丽娟、庄逸群，2019），应充分运用供应链合作的思维重构产业关系（宋华，2020）。"十四五"时期流通业高质量发展需要建立国内大市场，实现国内与国际市场的有效对接与互动，全面提升我国的供应链能力和水平（夏春玉，2020）。建设高效顺畅的流通体系能使"生产—交换—分配—消费"的循环有序推进，对提升流通业现代化水平非常重要（依绍华、郑斌斌，2020）。

综上可见，数字技术驱动、数字经济发展为流通创新乃至现代流通体系建设、流通服务业高质量发展提供了重要条件和策略选择空间。

1.1.2 研究意义

1.理论意义：从促进经济循环的视角明确了流通的角色定位

若一个国家自给自足和半自给性的自然经济占优势地位，商品经济形式还处于萌芽状态，分工的水平很低，那么小生产的传统经营方式就会占统治地位。在这样的经济基础之上，人们难以认识到社会化大生产的运行规律，更不会认识到流通在社会经济运行中的功能。在自然经济条件下，只需要简单的商品流通就可以满足人们的生产和消费需求，并不需要发达的流通过程（高涤陈，1988）。"在这种情况下，人们既不懂得运用流通的功能去调节社会生产与消费，运用周转的力量去提高经济效益，更不善于运用社会分工和协作的力量去加速社会经济的发展。"①

从历史上看，小农经济中专门从事商品交换的商业，总是被列在各行各业之末，"重农抑商"成为自然经济条件下的主导经济思想。在"重农抑商"的主导思想下，流通在社会经济运行中显然处在"末端"。长期主张"重本轻末"的思想及奉行"重本抑末"政策，使轻视流通的思想在我国广泛存在且根深蒂固。

马克思、恩格斯明确指出，商品经济形式是一种历史现象，它是一种与一定生产力水平、一定历史条件相适应的经济关系，有其产生、发展、日趋消亡的历史过程②。马克思在《哥达纲领批判》中的相关论述表明，共产主义社会的初级阶段还不可能完全消除流通。我国在社会主义制度建立后，从客观经济规律来看，不可能摒弃商品交换和流通机制，对经济生活特别是产品的生产与消费进行自觉的分配。

从本质上看，以统购包销为特征的计划经济体制实际上是一种放大了的"自然经济观"，而"流通"的角色显然是被"配给调拨"所取代。

改革开放以来，社会主义市场经济体制改革，流通功能重建促进了经济增长。流通的基础性、先导性、战略性地位在一定程度上已经成为学术界共识。在新的条件下，本书基于新时代加快构建新发展格局对现代流通体系建设的新要求，坚持以马克思主义政治经济学为指

---

① 高涤陈，等. 社会主义流通过程研究 [M]. 上海：上海人民出版社，1988：2.
② 高涤陈，等. 社会主义流通过程研究 [M]. 上海：上海人民出版社，1988：31.

导，突出继承性和创新性，深刻阐释和揭示了流通促进经济循环的分工协调机制、效率驱动机制和利益协调机制，形成了以新时代"统筹推进现代流通体系建设，加快构建新发展格局"为目标导向的流通理论框架，进一步明确了流通具有先导性作用，并且是促进经济循环实现发展和安全兼顾的基础性和战略性支撑，从而推进了流通基础理论研究，丰富了中国特色社会主义哲学社会科学的话语体系。

2.现实意义：为流通创新和现代流通体系建设提供对策思路

现代流通体系是实现商品和资源有效集散、高效配置、价值增值的市场载体（王微，2020）。流通创新是提升效率建设现代流通体系的必然要求。在加快构建新发展格局的目标要求下，流通是国民经济循环中的核心环节，是连通社会再生产的中介桥梁，也是加速经济循环的重要支撑（李纲，2020；肖亮、王家玮，2022）。新发展格局的实现，关键在于构建顺畅的现代物流体系（陈文玲，2020）。应基于流通创新系统推进流通纵向一体化和横向一体化（马龙龙，2020），不断降低交易成本、提高资源配置效率从而及时准确反馈消费变化，有助于形成高水平的供求动态均衡（高铁生，2020）。

从政策层面看，《国务院办公厅关于推动实体零售创新转型的意见》指出，要推动实体零售由销售商品向引导生产和创新生活方式转变，进一步降低流通成本、提高流通效率，更好适应经济社会发展的新要求。

不管从理论机制还是从实践发展看，现代流通体系是市场机制和政府因势利导共同作用下商品流通演进到一定阶段的产物。商品流通演进、效率提升和体系建设可以支撑供需互促、产销并进的良性循环，尤其是高效顺畅的流通体系能够扩大交易范围，推动分工深化，提高生产效率，从而促进经济发展跃迁。

本书结合当代数字经济发展方兴未艾的背景，研究提出流通数字化创新选择，旨在提高供给质量、促进产业升级、稳定市场价格、扩大消费需求、提升流通效率，从而为促进国民经济循环和经济持续增长的政策选择提供应用价值。

3.方法论意义：为流通分析方法的完善提供参考

从理论上看，马克思认为，"流通本身只是交换的一定要素，或者也是从交换总体上看的交换"。① 这种总体上看的交换并不是全部交换活动的简单相加，而应该理解为社会分工内部各个经济主体之间交互作用的运行方式。由于"商品流通具有不同于生产过程的特殊的质的规定性和特殊的社会经济职能，并按其本性所固有的规律运行，其成为一个与生产过程既相联系又有区别、相对独立的客观经济过程"。

由此，在社会分工深化的条件下，经济主体的利益矛盾及其协调成为不以人的意志为转移的支配社会经济生活的一种最基本的客观推动力量，而这种推动力量的大小主要取决于流通过程的顺畅程度。"这个过程不仅把社会经济各个部门、各个地区和数以万计的经济细胞——企业联结起来，使之成为国民经济的有机整体，而且协调和实现它们各自的经济利益。"②

马克思主义流通理论早已提出流通具有促进社会分工和经济循环的功能，但是现实的流通演进过程既包括量的均衡、行为的均衡，也包括结构的均衡，而流通制度的不断变革、流通技术的不断进步、流通行为的复杂交互作用等又使得商品流通领域变得更为错综复杂，因此有必要对其中所蕴含的客观经济规律进行进一步的分析总结。

本书在继承马克思主义流通理论的基础上，吸收西方主流经济学关于均衡形成过程中制度因素、行为因素、空间因素、组织因素的科

---

① 马克思. 政治经济学批判导言 [M]. 中共中央马克思恩格斯列宁斯大林著作编译局，译. 北京：人民出版社，1976：208.
② 高涤陈，等. 社会主义流通过程研究 [M]. 上海：上海人民出版社，1988：1.

学分析，明确流通相关概念的关联，紧密结合现实经济中生产与消费的矛盾运动的阶段性特征以及流通领域的崭新实践，得出富有意义的理论命题体系，创设一种综合性的流通分析方法，对流通促进经济循环的机制进行逻辑一致、富有一定创新的解答，形成本书的方法特色，从而为后续研究提供参考性框架。

1.2 文献综述

1.2.1 马克思主义政治经济学基于总资本的流通理论研究

马克思主义政治经济学主要是从资本生产总过程的角度研究资本的流通过程。在辩证唯物主义哲学的基础上，马克思提出了劳动价值论。他将人类社会的财富定义为庞大的物质性商品堆积，以商品为分析起点，运用辩证法和抽象力，从价值与使用价值的矛盾运动方面展开，并进一步延伸至资本主义生产过程，从而发现价值的来源是物质生产劳动。资本主义私人占有制的生产关系下，劳动创造的价值在支付劳动力价值之后，剩余价值被资本所有者占有。这样一种由生产方式决定的分配方式在社会化大生产条件下会导致价值生产与价值实现的永恒矛盾，由此对资本主义制度进行了病理学分析。

1857年8月，马克思在写作《政治经济学批判导言》时，从政治经济学研究对象的角度，阐明了流通在社会生产过程中的重要地位[①]。他将社会生产分为两大部类，从流通实现的角度探讨了社会再生产的平衡条件。在研究资本流通的过程中，其形成了关于流通的研究范畴，主要包括流通概念、流通时间、流通费用、商业资本、流通

---

① 徐从才. 流通理论研究的比较综合与创新 [J]. 财贸经济，2006 (4): 27-96.

手段、流通劳动等。

从商品流通的概念来看，马克思认为，"作为商品而进入流通的产品，不论是在什么生产方式的基础上生产出来的……都不会改变自己的作为商品的性质；作为商品，它们都要经历交换过程和随之发生的形态变化"，①由此，"每个商品的形态变化系列所形成的循环，同其他商品的循环不可分割地交错在一起。这全部过程就表现为商品流通"②。从流通过程的作用机制来看，马克思认为资本的生产过程与流通过程辩证统一，流通过程中的流通费用节约、流通时间节约通过影响资本周转速度这个机制影响社会经济的运行。

马克思资本流通理论的形成，大体上经历了四个阶段③：（1）19世纪40年代初到50年代初写作的《伦敦笔记》对资本流通机制问题作了初步探讨。（2）19世纪50年代末期于《1857—1858年经济学手稿》中提出了资本流通理论的基本思路，确立了资本流通理论在政治经济学理论体系中的地位。（3）19世纪60年代初于《1861—1863年经济学手稿》中集中研究了资本流通理论中的社会资本再生产问题。（4）19世纪60年代中期于《资本论》第二卷第Ⅰ稿中首次从整体上对资本流通理论作了阐述，形成了科学的资本流通理论。

从马克思创立流通理论的目的来看，匈牙利著名马克思主义经济学家卢卡奇在《历史与阶级意识》一书中提出，"在人类的这一发展阶段上，没有一个问题不能最终追溯到商品这个问题，没有一个问题的解答不能在商品结构之谜的解答中找到"。④马克思主义政治经济学坚持唯物史观，认为"生产以及随生产而来的产品交换是一切社会

① 马克思. 资本论：第三卷 [M]. 中共中央马克思恩格斯列宁斯大林著作编译局，译.北京：人民出版社，1975：363-364.
② 马克思. 资本论：第一卷 [M]. 中共中央马克思恩格斯列宁斯大林著作编译局，译.北京：人民出版社，1975：131.
③ 吴易风，顾海良，等. 马克思主义经济理论的形成与发展 [M]. 北京，中国人民大学出版社，1998：355.
④ 卢卡奇. 历史与阶级意识 [M]. 杜章智，等译.北京：商务印书馆，1996：170.

制度的基础", "一切社会变迁和政治变革的终极原因,应当到生产方式和交换方式的变更中去寻找"①。

总体上看,马克思通过分析流通与生产、流通与分配、流通与消费的有机联系,揭示出资本主义生产方式必然导致流通无法实现的后果,从而形成了对资本主义经济制度的有力批判。此外,马克思详细考察了分工发展的历史进程,认为与交换相联系的社会分工成为了促进生产力的主要力量,而商业资本的出现是源于社会分工带来的盲目性和流通费用。由此可见,马克思的相关研究对于流通促进经济循环的理论机制已经有所涉及②。

在流通的演进发展中,关于流通劳动是否具有创造价值的功能也引发了学者们的探讨。传统上认为,流通功能主要体现在生产者与消费者、批发者与消费者之间媒介商品的交换。因此,传统的政治经济学者认为商业劳动属于非生产性劳动,不创造使用价值和价值,只是发挥商品价值实现的功能(骆耕漠,1986)。

因此,部分学者对零售活动创造价值持质疑态度,且大都认为零售领域完成商品形态转移的劳动耗费属于"纯粹流通费用",是对剩余产品或价值的一种扣除(程贤章,1986)。正如马克思在生产性流通费用方面的论述,"在什么程度之内运输业以及商品在可分配形态上的保存和分配,可视为是在流通过程之内继起的生产过程"。由此可见,流通领域的劳动既包括 "纯粹流通性劳动",也包括"生产性劳动"。

当代流通产业的发展让学者们逐步认识到,流通领域的社会必要劳动需要加入商品价值的决定,应从社会生产关系的角度认识流通领

---

① 恩格斯. 社会主义从空想到科学的发展 [M]. 3版.中共中央马克思恩格斯列宁斯大林著作编译局, 译. 北京:人民出版社, 1997: 58.
② Janet Knoedler(1996)在《生产的货币理论视角下流通的协调》一文中提出,为了实现资本的增殖,投入流通过程的资本的主要功能在于创造一种协调机制。

域劳动的性质及其重要性（张洪平，2005）。在马克思看来，商品、价值关系是私人劳动与社会劳动矛盾的结果。流通领域中商品的保管和运输以及其他给消费者提供服务的劳动，属于生产性劳动在流通领域的延伸。这些劳动提供了新的使用价值，或其使用价值具有新的时间、空间与服务形态，因而是创造价值的生产性劳动（鲁品越，2016）。

在社会主义市场经济条件下，流通领域中生产性劳动和媒介性劳动相统一，应将流通业上升为符合以人民为中心的发展理念的基础性和先导性产业，并实现支持和服务于实体经济的商业资本结构合理化（谢莉娟、王晓东，2021）。纪良纲（2023）认为，现代流通具有基础性、先导性和战略性地位，也具有实现、服务、导向、聚合、分解、反馈、传递和协调等八大功能。上述探讨为流通业转型升级、价值创造和创新选择提供了一定的理论基础。

1.2.2 关于流通实现、分工扩展及经济效应的研究

马克思在《1857—1858年经济学哲学手稿》中第一次提出资本主义再生产的平衡概念，并指出资本的再生产和积累以价值在流通中的顺利实现为前提。随后又在《资本论》中详细论证了资本循环与周转、商人资本职能、商业资本作用。当资本主义生产方式成为经济生活的主导以后，商品经济的发展已经迈入了发达阶段，通过专业化分工进行生产与经济主体多样化消费需求的矛盾日益突出，甚至生产过程能否顺利进行完全取决于流通过程是否顺畅。流通已经成为协调社会分工的必要环节，流通能否实现决定了经济主体的利益能否实现。

孟捷（2004）认为，资本主义生产方式只有在一个不断扩张的分工体系中才能繁盛起来。产品创新及其新兴产业部门的建立，在质上扩大了劳动的社会分工体系，使得"劳动的质的差别的范围不断扩

大，越来越多样化，本身越来越分化"，由此扩大了既有的交换价值体系，为资本创造了对等价值的新的源泉①。白小虎（2005）认为，专业化交换活动的报酬递增推动了组织创新，组织创新反过来又使得更多的人卷入了专业化分工。他将组织创新定义为一整套分工结构的演变，且认为，产权制度对交换组织的变迁至关重要，并且资本作为用来承担和化解专业化风险的制度也制约着专业化交换组织的变迁②。

宋宪萍（2006）将流通组织的内在规定性定义为用时间消灭空间，进而从分工的角度研究了流通组织演进的内在机理。她认为，分工带来的技术进步和市场规模扩张共同促进了流通组织的演进。陆立军、王祖强（2008）认为，为了解决由于空间扩大而产生的分工经济和交易费用之间的两难冲突，促进分工的演进，带来更大的分工网络正效应和递增的集聚收益，必须找到一种组织形态，它既能降低交易费用，又能避免交易的组织成本。进一步，他们认为专业市场组织在本质上是一种贸易型分工网络：批发商从各个厂家获得不同的货源，分销商从批发商获得更多种类的货源③。

杜丹清（2008）基于分工协调的角度对新型的生产-流通关系与产业发展进行了分析，认为基于生产商与流通商合作的流通产业发展是促进分工效率和分工协调的基础。郭晗、高煜（2011）构建了一个以新兴古典经济学为基础的迂回生产模型，解释了城乡双向流通体系的形成机理，并提出在城乡双向流通体系中工农业产品的交易迂回程度、分工水平、专业化水平和市场化水平均会提高。向国成等

---

① 孟捷. 产品创新与马克思的分工理论——兼答高峰教授 [J]. 当代经济研究，2004（9）：46-73.
② 白小虎. 交换专业化与组织化的理论与历史考证——以义乌的"鸡毛换糖"、"敲糖帮"为例 [J]. 中国经济史研究，2005（1）：97-106.
③ 陆立军，王祖强. 专业市场：地方型市场的演进 [M]. 上海：复旦大学出版社，2008：129.

（2017）认为新兴古典经济学可以解释分享经济模式的出现，并认为分享经济极大提高了分工网络生产力。可见，新兴古典经济学关于分工演进的模型研究可以为现实中的流通体系、产业发展和经济增长提供有效的分析工具。

谢莉娟（2016）认为，随着生产要素的跨国流动和信息资源的全球共享，国别界限和空间分离不再成为限制市场范围和分工发展的主要因素，供应链分工网络逐渐形成。陈锦然等（2022）认为，只有当国内市场一体化达到一定水平时，流通业发展促进国家价值链分工深化的积极作用才能显现，应采取措施促进国内统一大市场的形成。

1.2.3　关于交易效率、流通效率及其影响因素的研究

诺斯在 2008 年出版的《制度、制度变迁与经济绩效》一书中提出，"交易费用包括：衡量交换物之价值的成本、保护权利的成本，以及监管与实施契约的成本"[①]。"为了降低不断上升的交易费用，新的商贸和生产组织的创建与一些新的交易制度的形成和演变，就变成了近代西方世界社会变迁的一个动态过程"。[②]进一步地，他认为，"200 多年来……通过扩大市场规模可以实现专业化，并且伴随着世界经济的增长以及劳动分工的日益专业化，与经济体系的绩效相关的交换数量也有所增长"。[③]

国外学者对流通业效率的研究主要是对流通业细分行业效率的研究。Dalen、Koerts 和 Thurik（1990）发现，批发业的劳动生产率受库存周转率、劳动者质量、分销渠道和运营模式等多个因素的影响。Janssen 和 Shelegia（2015）从信息不对称视角研究零售业的流通效

[①] 诺斯. 制度、制度变迁与经济绩效［M］. 杭行，译. 上海：格致出版社，上海三联书店，上海人民出版社，2008：37.
[②] 诺斯. 制度、制度变迁与经济绩效［M］. 杭行，译. 上海：格致出版社，上海三联书店，上海人民出版社，2008：29.
[③] 同上，38 页.

率，其认为，消费者对零售商的批发价格不知情的情况下，对其所产生的效率低下有所低估；消费者搜索为垄断厂商提供了提高价格的额外动机，加剧了双重边际化问题，降低了制造商的利润。

国内学者主要从流通效率概念、测度和作用等方面进行研究。晏维龙（2003）区分了交易费用与流通费用的概念，并且认为流通演进的逻辑在于节约流通费用。他认为，交换和流通是人类的社会行为，反映的是人与人、人与社会之间的关系，因而制度分析是分析交换和流通不可或缺的方法。交换和流通的发展过程中，人类发明和发展了一系列制度，这些制度的产生不仅是交换发展的必然，而且也使得交换和流通显现出新的特征[①]。他详细研究了交换与产权、市场、货币、商业、企业、城市、国家、贸易制度的形成以及上述制度的形成对商品流通演进的影响[②]。

洪涛（2012）认为，流通业的流通效率有多层含义，流通效率的最优化可以是既定成本下的产出最大化，也可以是既定产出下的成本最小化。荆林波（2013）对我国流通业效率进行了实证测算。郭守亭、俞彤晖（2013）也对我国流通业效率进行了测算，结果表明，我国流通业效率总体上呈现稳步上升的长期趋势，但短期内偶有波动。

谢丽娟、王晓东（2014）认为，应更加重视优化商流过程在降低流通费用方面的作用，引导流通业组织化发展，促进批零协调和渠道结构合理化。陈宇峰、章武滨（2015）的实证研究表明，对外开放程度、产业结构、资本存量和政府财政支出比重、市场化程度、城市化水平对流通效率具有显著影响。王晓东、王诗桪（2016）利用拓展的两阶段 DEA 模型和 Tobit 模型分析了物流基础设施水平、渠道长度、

---

① 晏维龙. 交换、流通及其制度——流通构造演变理论［M］. 北京：中国人民大学出版社，2003：14.
② 同上，15页。

流通规模、政府参与、连锁化与信息化水平等对流通效率的影响。国内市场体系建设、数字经济发展也对流通效率产生了重要影响（唐红涛等，2021）。研究表明，较强的国内市场分割导致省际贸易成本较高，不利于发挥国内市场规模效应，阻碍了省际贸易交流（周黎安，2007；李自若等，2022）。

1.2.4 关于数字技术驱动流通创新和发展的研究

流通技术的演进包括有形技术的演进，主要是各种流通技术装备在流通领域的不断应用；同时，也包括无形技术在历史演进中的不断积累，主要包括流通领域的各种知识、惯例、规范。例如，信息技术在流通领域的应用引发了电子商务的兴起，从而促进了流通产业的革命。

晏维龙（2000）对电子商务条件下的商品流通变革进行了系统的总结。晏维龙（2002）将流通革命归纳为技术在流通领域的应用所带来的零售业态的多样化、批发机能的复合化、物流服务的社会化、流通组织的连锁化和流通管理的信息化，并且进一步研究了我国流通产业结构的变动趋势。晏维龙（2005）结合信息化的背景研究了商业流通领域的技术问题，提出流通产业并不仅仅是"劳动密集型产业"的观点，其科学意义在于为流通技术问题研究提供了一个较全面的分析框架。

韩耀、何广前（2006）认为，流通无形技术与有形技术的有机结合才能促进流通产业的不断发展。李智（2007）对流通产业的技术装备问题进行了系统研究。他认为理论界对于流通产业在经济职能、经济特性、发展历史、文化渊源和产业现状等方面与生产性产业的差异，没有深入研究流通产业特殊的技术演进规律。进一步地，他认为流通产业的技术装备应是理解流通技术演进的关键，在此基础上探讨了流通产业发展与流通技术装备的演进的互动关系。

近年来，数字经济从一种源自信息通信技术和数字数据技术的创新发展而生的新经济业态，成长为一种全方位颠覆式地塑造人类经济社会生产生活的新范式（裴长洪，2018；陈兵，2020）。技术的应用为流通业的发展开创了无限空间。数字技术在不断繁荣流通市场的同时，也吸引着众多的学者研究在数字经济背景下流通业的演进和变迁。由于数字技术提出时间不长，故而以往的研究多从信息技术或者互联网技术着手。

王恒玉、高洪浩、张莹（2016）实证研究了我国信息产业发展对各省区流通部门的溢出效应。借助互联网平台，直接流通形式将呈现加速增长态势，作为蛹化形态的直接流通渠道也将进一步常态化。以天虹股份为例的研究发现：实体零售商数字化转型经历了多渠道、全渠道和智慧零售阶段，"新零售模式"的出现，相较于电商在"权衡竞食效应与密度经济"和"减少消费者空间阻力"上展示出更大的优势，能够促进传统企业的转型升级以及整个流通产业的高质量发展。

关于流通组织商业模式和运行机制的研究方面，马龙龙（2011）研究了我国商品流通的虚实结构演进问题。李骏阳（2014）认为互联网技术的应用推动了流通组织结构再造，并使其效率提升。谢莉娟（2015）从供应链逆向整合的视角对互联网时代的流通组织重构进行了深入分析。李冠艺、徐从才（2016）认为流通组织的变革将表现为平台化的虚拟整合和纵向产业链的网络整合。O2O模式将引导传统流通组织业态的改变（宴林海，2015），企业需要在产品专业化和多元化策略之间进行权衡与抉择（易靖韬，2018）。

在流通业创新方面，宋则、王京（2002）较早地提出以电子商务为核心的多样化业态推动了流通业态的创新。技术创新是发展流通产业和提升流通业竞争力的重要动力（张弘，2007、2009；依绍华，2020）。龚毅（2008）从产业层面的研究认为，我国流通产业信息化程度的提高有助于引导我国流通产业在观念、组织、制度和管理手段等四个方面进行创新。

曲创、杨超、臧旭恒（2009）研究了大型零售商的竞争策略。李飞（2013）提出应实施全渠道零售的商业模式。郭宇（2016）认为"互联网+流通"应该实现模式的创新、效率的提高和技术的进步。在信息时代，应该更加关注消费市场，关注消费者的满足程度，突出"买方市场"的市场格局特征（李成刚，2015；王福，2020）。有学者提出，数字平台的广泛应用，可以提升消费者购买的便利度，更好地匹配供求，使其成长为重要的流通基础设施，实现"流通革命"（蔡超，2022）。

流通数字化创新通过降低国民经济的生产、消费、分配和流通环节的交易成本，提高组织效率和全要素生产率等促进了经济的高质量发展（杜秦川，2019；李朝鲜，2022）。互联网和数字化技术不是对社会再生产基本规律的突破，也不改变零售的媒介本质，而是引发了具体的媒介机制的变化（谢莉娟，2019）。大数据、区块链等数字技术对城乡商流、物流、信息流和资金流进行优化，可以加快城乡商贸流通一体化进程（杨守德，2020）。

将数字金融嵌入电子商务体系，重构了价值创造模式，推动了平台经济发展，畅通了生产、交换、消费等主要市场环节，成为促进经济循环的重要因素（胡汉辉、申杰，2022）。流通数字化会通过改善商业信用环境、提升创新能力和提高创业活跃度来促进共同富裕（杨水根、王吉，2023）。

1.3 研究内容与研究方法

1.3.1 研究内容

本书比较系统地揭示了流通促进经济循环的机制及其数字化创新选择。除第1章导论和第10章研究结论与未来展望外，本书分上、下两篇展开研究。上篇包括第2章至第5章的内容，下篇包括第6章至第9章的内容。

第2章界定了交换关系、流通演进与流通效率等相关概念。将流通效率分为三个层次：其一是交易效率，侧重于研究交易过程中耗费的费用与取得的交换利益；其二是流通组织效率，主要侧重于流通组织的劳动生产率层面；其三是流通渠道效率，侧重于研究渠道成员竞争合作关系对渠道运行效率的影响。

在第3章探讨了流通促进经济循环的分工协调机制，提出只有当流通效率提升使得商品流通演进为一种主导的社会经济运行机制时，才能形成和拓展分工网络，从而协调了价值生产与价值实现的矛盾。基于前资本主义时期和资本主义时期流通促进分工协调的机制与历史演进分析，本章提出宏观总体层面，流通演进和效率提升通过促进分工网络扩张，构筑社会再生产层面的经济循环机制；微观结构层面，流通组织与生产组织的竞争合作关系会对流通渠道的利益创造与分配造成影响，需要通过渠道关系优化构筑个别再生产层面的经济循环机制。

在第2章和第3章概念准备和理论分析的基础上，第4章构建模型分析了流通促进经济循环的效率驱动机制。首先，将流通渠道运行过程中的利益冲突问题抽象掉，着眼于流通组织效率与一般交易效率的关联，论证流通组织效率提高驱动经济循环的理论机制，推导出一个结论：流通组织效率的提升可以减少社会用于流通领域的必要劳动，通过政府的投资转移机制可内生地促进社会一般交易效率的提升，从而带来分工网络的不断扩张并驱动经济循环。这是流通组织效率提升的第一重效应。

其次，在分析中，我们得到了一个理论副产品：在流通滞后的条件下，人口数量禀赋较高会成为经济发展的障碍；而在流通演进机制的作用下，人口数量禀赋较高会催生一个市场容量很大的分工网络，并成为经济增长的强大动力，实现发展跃迁。这样的结论对于我们这样一个人口大国来说具有深远的现实意义。

最后，本章以宏观层面畅通经济循环为目标，并提出：要以流通组织的劳动生产率提升为目标构建流通组织创新机制，以城乡一体化为目标构建城乡二元经济结构的转换机制，以市场实现为目标构建和完善国家的经济治理机制。

第5章构建模型分析了流通促进经济循环的利益协调机制。首先，将原先简化的流通渠道运行过程展开，着眼于流通组织效率与个别交易效率的关联，运用新产业组织理论研究了流通组织拥有相对议价权力的原因，将这种权力的本质界定为流通组织的策略选择使得上游的生产商陷入了囚徒困境，并且将流通组织基于渠道组织创新分享的合作剩余界定为渠道权力租金。

由此，我们得到了流通演进与效率提升的第二重效应，即影响渠道利益分配。在讨论完静态效应之后，应用产业组织理论研究揭示了流通组织的相对议价能力对于生产组织的创新投资的不利影响，并且论证了流通组织参与生产组织创新过程，并且承担部分创新成本和分享合作剩余可以实现社会最优的创新投资水平。以渠道利益协调与畅通经济循环为目标，本章提出了以技术创新构建议价能力拥有者的横向竞争机制；以组织创新构建议价能力拥有者的纵向抗衡机制。

第6章探讨了数字平台主导的流通模式创新及其在供给质量提升和产业升级方面的作用，从而其可在供给层面驱动经济循环。在模型构建方面，结合互联网条件下消费与贸易的特征，提出消费过程成本这一概念，并将其与消费者间接效用函数联系在一起，构造消费者净间接效用函数。

在此基础上，通过对数字平台最优定价选择的分析，从理论上解释数字平台可以通过提升消费者净间接效用，吸引大量平台外消费者进入平台内部消费，从而获得规模报酬递增，提高以商品种类数增长为特征的供给体系的质量；引入数字平台商与商品提供商的分工问题，讨论数字平台主导流通模式促进产业升级的机制。同时，结合数字平台滥用算法权力的问题，进一步提出算法权力的规制思路，为新时期统筹数字经济发展和安全提供借鉴。

第7章在应对突发事件冲击、稳定经济循环的层面研究基于线上价格指数的流通调控创新。基于大数据和计量分析探讨了新冠病毒感染对流通领域商品价格的影响，为数字化条件下流通调控创新提供思路。商品价格是经济运动过程中不同要素相互作用呈现的财富运动形式，平稳的价格有利于调节生产和消费，促进供求均衡，对于稳定经济循环具有重要意义。

研究表明，一方面，相较于线下商品价格，线上价格的公开性和可获得性使得商家进行调价时，可减少价格信息的不对称性所带来的调整偏误，使得商品价格变化经调整后趋于稳定。因此，政府应该进一步优化线上交易环境，发挥线上环境对于消费升级、稳定物价的助推作用。另一方面，政府应依据线上商品价格构建预警机制，关注那些与人们生活密切相关的商品价格走势，适当给予一定的指导和干预，特别是在外生冲击产生的前期，防止出现因商家的过度调价导致社会恐慌。

第8章在扩大消费需求、拉动经济循环的层面研究数字普惠金融创新的作用。在数字经济快速发展的时代，资金通过线上方式在流通体系上中下游各企业之间快速流动，已成为影响和制约流通效率的关键环节。数字普惠金融通过放松生产者和消费者的融资约束，尤其是通过提高收入扩大消费需求拉动了经济循环。

本章基于面板数据实证研究揭示了数字普惠金融促进城乡消费水平提升的异质性，其作用在农村地区更为明显。研究提出要因地制宜制定差异化政策扶持数字普惠金融的发展，促进区域协调发展。东部地区和城市区域基础设施、经济发展水平等各方面发展较好，应加强进出口小额贸易及商业流通类数字普惠金融产品的研发与推广；中西部地区和农村地区第一产业占比较大，应聚焦数字普惠金融对乡村振兴的促进作用，加强农村互联网基础设施建设，提高农村互联网普及率。

第9章在提升流通效率、加速经济循环的层面探讨区块链技术驱动流通业融合创新的问题。现代流通业承载着商流、物流、资金流和信息流的运行，随着区块链技术优势的不断凸显，区块链技术与流通业相结合能有效提升商流、物流和资金流的效率，并进一步增进消费者信任，在一定程度上改变流通业运行方式，重构流通业价值。

同时，数字化交易蓬勃发展的背景下，数字货币的发行对于一个国家获得数字交易空间的主动权非常重要。本章归纳总结了区块链技术驱动流通业融合创新的经验并提出了相应对策，重点探讨了基于区块链技术发行数字货币的意义、面临的问题及其建议。

1.3.2　研究方法

1.坚持多学科交叉融合

本书主要采用马克思主义政治经济学和西方经济学相结合的研究方法，在坚持马克思主义政治经济学基本理论观点的基础上，广泛吸收新兴古典经济学、新制度经济学、产业组织理论、空间经济学、社会网络理论、福利经济学、市场营销学等关于交换、流通、竞争、权力等方面的研究，对流通演进协调理论进行概念、角度和模型等方面的建构。

2.坚持宏观分析与微观分析兼顾

在具体的分析中采用了宏观分析与微观分析兼顾的思路，先对流通过程中的利益关系进行抽象，侧重于宏观总体分析，然后对抽象掉的利益关系再展开侧重于微观结构的分析，从而得出流通产业组织结构创新的基础理论支撑，其既要保证微观利益关系的协调，又要保证宏观总体上社会劳动的按比例分配。

3.坚持理论模型研究和实证分析相结合

本书坚持理论模型的定性分析为体、定量分析为用的原则，只有对事物之间内在的、必然的联系用抽象力进行揭示，才能深刻地认识事物，从而对事物的发展规律有着一定的把握。在此基础上，对现实中的一些现象进行定量分析，才能够对其结果进行相应的解释。实证分析主要采用面板数据、多元回归分析等计量方法以及案例分析法。

1.4　主要观点与创新之处

1.4.1　主要观点

1.流通演进与流通效率驱动经济循环，可以促进市场秩序与财富增长的统一

人们不断运用积累的知识改造客观世界，力图逐渐克服个体的有限理性对财富创造的约束，其中一个伟大发明就是交换制度。由交换形成的流通过程将分散的经济主体有机地结合在一起，形成一种表现为分工网络的经济组织形态，并通过专业化经济性与协同经济性促进私人劳动向社会劳动转化，通过社会协作驱动国民经济循环与财富增长。由于流通特殊的质的规定性，流通过程承载着协调生产与消费、实现产品价值的使命。

具体说来，在社会化大生产条件下，由于企业生产的产品不同、所在的区域不同、产品销售出去的时间不同、扩大再生产的决策不同等，没有流通组织的协调，生产者与消费者无法在时间、地点、偏好、价格上达成一致，产品实现和利益实现必然受到影响。

流通制度创新、流通技术进步以及流通组织创新，传递了消费者的偏好信息以及生产者的产品信息，有效地协调了消费者与生产者的矛盾以及生产者之间的社会分工。财富的增长源于分工带来的生产率的增长，而分工受到市场范围的限制。这一经典的斯密命题似乎可以这样拓展：流通效率可以促进分工网络从非均衡状态转换为均衡状态并且进一步扩展其范围，从而实现市场秩序与财富增长的有机统一。

2.建设高效顺畅的流通体系是促进经济循环、实现经济发展跃迁的重要方面

产品的市场实现需要两个更为基本的条件：一是公平的收入分配方式；二是发达的流通体系。公平的收入分配方式可以满足市场需求的不断增长，高效顺畅的流通体系可以有效地协调生产与消费的矛盾。因此，以产品的市场实现为中心或导向建立高效畅通的流通体系，应成为完善社会主义市场经济体制的一项基本内容。

从社会劳动节约的层面看，流通部门的劳动生产率提高至少与生产部门的劳动生产率提高同等重要，必须摒除"重生产、轻流通"的错误观念。从中间产品的种类数来看，如果仅仅重视流通部门劳动生产率的提高和生产部门劳动生产率的提高，并不能带来中间产品的种类数的提高，必须通过企业内分工协作降低生产中间产品的学习费用，才能带来中间产品种类数的提高。流通部门必须与生产部门协同发展，在技术创新的基础上进行流通组织创新才能促进社会分工的深化和社会劳动的节约。

3.零售商获取渠道权力是交易效率提升的结果，会对流通渠道效率产生深刻影响

零售商本身就是从事专业化交易的流通组织，由于专业化经济本身带来的交易知识积累，加上大规模投资于销售网络建设，提升了交易效率，降低了消费者的单位购买成本，集聚了大规模需求，使得零售商转向任何一家供应商都会使得供应商之间面临的需求水平不对称，当这种需求水平不对称程度超过一定的数值时，零售商就具备了影响生产商策略选择的能力，导致生产商必须接受中间商的采购价，即获取渠道权力。

从渠道静态效率看，零售商滥用渠道权力，即通过收取通道费、延期付款、零利润生产等纵向约束手段，进一步压缩生产商的利润空间，会损害社会福利。从渠道动态效率看，拥有相对议价权力的零售商通过流通组织创新，建立合作竞争型的供应链联盟，可以协调渠道利益关系，转换为高度的利益均衡，实现帕累托改进。

4.由数字平台主导的流通模式创新会促进形成报酬递增机制，从而促进供给质量和产业升级

由数字平台获得的规模报酬递增不是来源于生产过程，而是来源于消费过程以及最优商品种类数的增加。由数字平台主导的流通模式创新能否成功，取决于其能否借助交易知识的持续积累、产品种类的无限扩展以及销售空间的无界突破，来大幅度提高消费者购物的便利性，降低消费过程成本，吸引消费者不断进入数字平台，最终将消费流量转换为商品销售量。

数字平台通过技术革新与管理创新降低了消费者购买过程成本，提高了消费过程效率，可以通过为消费者创造更高的净效用水平扩大基于数字平台的市场空间和市场规模。按照斯密定理，市场规模的扩大进一步促进了分工，分工引发了贸易活动的展开，并基于贸易利益创造与分配实现了帕累托改进。

5.区块链等新一代数字技术驱动流通跨界创新，提升流通效率，并加速经济循环

随着区块链技术优势的不断凸显，区块链技术与流通业相结合，特别是在供应链和物流领域的应用引起了全社会的广泛关注。互联网时代，人们已经习惯线上购物，电子商务的飞速发展对物流行业的要求也不断增加。

然而，在线贸易一直伴随着三个方面的问题：隐私、安全和包容，物流过程中也存在着交通运输、商品丢失损坏、食品安全、信息安全等问题，区块链技术具备一定的信息优势，可应用于供应链的各个维度，从设计、制造、销售到使用，有助于改变供应链企业对产品

列表、价格发现、产品搜索、物流和客户体验的管控方式，可以为参与这一过程的所有不同主体提供收益，能有效促进商流、物流和资金流的效率，并进一步增进消费者信任，在一定程度上改变流通业运行方式，加速经济循环。

1.4.2 创新之处

1.基于多学科交叉融合，拓展了流通效率的作用机制研究

融合多学科的相关研究，将流通效率概念界定为：交易效率、流通组织效率和渠道效率，将交易效率区分为一般交易效率和个别交易效率。从概念层面对一般交易效率与个别交易效率进行了区分，提出了流通效率的"三位一体"：交易效率、流通组织效率和渠道效率。

本书研究了流通组织效率提升的双重效应：一方面，在特定的流通服务水平条件下，如果流通组织的劳动生产率提高，纯粹流通费用下降，社会劳动的节约可以通过投资转移机制促进一般交易效率的提高，进而促进分工网络的扩张和价值实现基础上的经济循环；另一方面，如果由于技术水平和知识的积累、进化，流通服务水平提高，个别交易效率提高，从而大幅降低消费者购买成本，形成渠道议价能力，就会导致生产组织的创新投资受到抑制，从而阻碍分工网络的内生性扩张。因此，构建流通渠道的利益协调机制对于促进经济循环至关重要。

2.从流通视角切入，进一步推动经济循环研究走向深化

党的二十大报告提出，要增强国内大循环内生动力和可靠性。本书从流通视角切入，基于分工网络协调、经济发展跃迁和渠道利益关系协调三个层面研究揭示经济循环的价值实现机制、效率驱动机制和利益协调机制，从而推动经济循环研究走向深化。

具体研究的创新之处在于，提出了流通组织拥有相对议价权力的

本质是其交易选择使得生产商陷入了囚徒困境，而其相对议价权力的来源是其通过投资于降低消费者购买成本的交易技术吸引了大量消费者，从而使其可以代表一个需求规模巨大的买者，可以影响生产商的策略选择和博弈均衡；提出了流通产业组织的理想结构应该是以能够促进分工协调为目标，兼顾专业化经济和协同经济性，在降低流通费用的基础上创造渠道价值，在公平的利益分配基础上分享渠道价值，形成一种合作竞争性的流通产业组织结构，实现市场秩序与财富增长的有机统一，从而为经济循环和经济增长提供结构支撑。

3.结合数字经济发展背景，拓展了流通数字化创新问题研究

数字经济时代的流通业具备多元价值重构与跨界融合发展的特质和优势。在具体研究中，本书的创新之处在于从消费过程成本节约的视角构建模型揭示了平台贸易模式的形成机理，数字平台获得的规模报酬递增来源于消费过程以及最优商品种类数的增加。数字平台基于贸易利益创造与分配实现帕累托改进，这为跨境电商的出现、蓬勃发展以及促进产业升级的机制提供了理论解释。

上篇

流通促进经济循环的理论机制

第 2 章

交换关系、流通演进与流通效率：概念界定

2.1 交换关系的抽象方式

2.1.1 交换关系抽象为市场

流通经济学所考察的交换是独立于生产过程之外的交换，是物品的所有者之间互相让渡物品所有权的一种行为。在这里，物品既可以指自然界已有的物品、资源等，也可以指人类劳动的产出物。而物品的所有者则是一个更为一般的概念，既可以指个体，也可以指团体，比如原始社会的部落共同体。

在社会分工的条件下，交换成为产品从生产领域向消费领域运动的必然形式。而交换的实现需要依靠各个环节交换主体的互动并且达成一致，某一个环节的互动过程可以称为交易①。可见，交易本身构成了交换行为的一个部分或环节，是物品所有者之间讨价还价的过程，这种过程在一定的技术和制度条件下可以是直接见面，也可以是不直接见面。如果两者在一定的空间内直接见面，我们就可以将这种交换物品的地方称为古典意义上的市场。

在我国古代，"日中为市，致天下之民，聚天下之货，交易而退，各得其所"（《易经·系辞下》）。在西方国家，英文的"Market"一词来源于拉丁文"Mercatum"，既指商人的聚会，又指商人聚会的场所②。《简明不列颠百科全书》将"市场"定义为：买卖商品的地方……是买卖双方可以自由交易的地区③。显然这也是一种古典定

---

① 本书是关于商品流通领域的理论探讨，所以将交易理解为买卖双方为了实现商品所有权交换的一种讨价还价行为。在这一点上，威廉姆森的定义与本章的界定较为接近。威廉姆斯（1975）认为，交易是指经济领域中不同主体间的交互活动，往往直接表现为货物或服务在两个技术上可以分离的主体间的转移和流动。

② 张卫良. 英国社会的商业化进程 [M]. 北京：人民出版社，2004：36.

③ 《简明不列颠百科全书》编辑部.简明不列颠百科全书：第7卷 [M]. 北京：中国大百科全书出版社，1986：321.

义。马克思曾明确指出："市场有一个外部的地理界限。"形成这种地理界限，既可能是由于消费需求的不同，也可能是由于交换距离和费用的限制，还可能是由于政府的干涉①。

古典意义上的市场具有不同的具体形态，既包括集市、庙会，也包括港口、交易中心等，当交易技术和交易制度的发展克服了交易双方必须直接见面的空间约束时，市场可以更为一般地定义为一种交换关系的集结。这种集结可以表现为传统意义上的市场，也可以表现为现代意义上的市场，例如股票市场、金融市场、网上交易平台等。正是实践中多样化的市场形式具有商品交换的一般特性，从而使得理论研究将市场作为"一般的抽象的规定"，并且适用于诸多的社会形态（顾海良，2005）。

著名的制度经济学家霍奇逊将市场定义为一套制度，"其中大量的特种的商品交换有规律地发生，并且在某种程度上受到那些制度的促进与构造——简而言之，市场就是组织化、制度化的交换"。② 作为相对简单的经济范畴，市场的概念是历史关系的产物，这一抽象也符合历史的进程。

当商品经济发展起来之后，马克思指出，"要从商品的使用上取得价值，我们的货币所有者就必须幸运地在流通领域即市场上发现这样一种商品，它的使用价值本身具有成为价值源泉的特殊属性，因此，它的实际使用本身就是劳动的物化，从而是价值的创造"。③ 可见，"市场是流通领域本身的总表现，不同于生产领域，因而是这样一个流通领域的总表现，在这个领域中发生 $W'\text{-}G\text{-}W$，并且商品所有

---

① 晏维龙. 交换、流通及其制度——流通构造演变理论［M］. 北京：中国人民大学出版社，2003：101.
② 霍奇逊. 新制度经济学宣言［M］. 向以斌，译. 北京：北京大学出版社，1993：208.
③ 马克思，恩格斯. 马克思恩格斯全集：第二十三卷［M］. 中共中央马克思恩格斯列宁斯大林著作编译局，译. 北京：人民出版社，1982：190.

者（在这里资本家是商品的卖者）和货币所有者（买者）表现为该市场的主体"①。

从总体上看，市场等同于流通。在马克思看来，"如果生产，从而还有消费，都是多种多样和大规模的，那么就会有大量的各种各样的商品经常处于这种停顿状态，即处于这种中间阶段，一句话，处于流通中，或者说，处于市场上"。②由此可见，从时间的维度看，市场等同于商品价值实现的流通阶段。由于商品价值的实现涉及商品的供给和需求，因此市场也可以看作供求力量相互作用的总和。马克思指出，在市场上，"互相对立的只是两个范畴：买者和卖者、需求和供给"。

上述分析表明，市场作为一种理论抽象，反映了人类社会发展的不同历史时期交换关系所具有的共性，是交换过程中所涉及的时间、空间、利益等因素带来的交换关系多样化的高度抽象。不同学科基于各自对于市场的观察角度、抽象层次、认识深度，从不同的侧面揭示经济活动的规律，形成了某种知识互补性，从而增进了人类对于经济运行的认识和理解，并为运用这些规律更好地改造世界奠定了基础。这里需要指出的是，经济规律是以规律体系而存在。从不同的角度揭示交换关系蕴含的规律性，也应该属于规律体系的一个重要部分。

2.1.2　交换关系抽象为流通

交换发展为流通是商品使用价值与价值矛盾运动的结果。交换关系抽象为流通，是马克思主义时空观的具体体现。交换关系在时间上的继起和空间上的并存，以货币为媒介，将多样化的商品彼此连接在

---

① 马克思，恩格斯. 马克思恩格斯全集：第四十九卷［M］. 中共中央马克思恩格斯列宁斯大林著作编译局，译. 北京：人民出版社，1982：309.
② 马克思，恩格斯. 马克思恩格斯全集：第二十六卷［M］. 中共中央马克思恩格斯列宁斯大林著作编译局，译. 北京：人民出版社，1982：309.

一起，构成一个跨越时间和空间的交换网络，极大地克服了交换在时间、空间以及个体上的限制。这一交换网络可以抽象为一个系统，或者一个总体。马克思说，"经济范畴中第一个总体是流通"。①

流通有狭义的流通和广义的流通之说，狭义的流通主要是指商品流通；而广义的流通则包括资金、劳动力、信息的流通。由于商品流通是商品经济的主要运行形式，并且引起了与其相适应的要素流通，所以本章所说的流通分析限定在商品流通的范围之内。从商品经济实践中，我们可以观察到，为了获得商品的使用价值和价值，商品必须从生产领域向消费领域转移和运动。这一过程构成了生产和消费的中介，这一过程中涉及多种多样的交换关系。可以将这种客观存在抽象为流通。

所谓商品流通，就是以货币为媒介的商品交换过程，是商品交换过程连续进行的整体。从这一定义来看，交换关系的连续性和整体性是流通固有的特征。如果从整体性考虑，将交换关系抽象为流通，似乎可以等同于将交换关系抽象为市场。但如果从连续性考虑，将交换关系抽象为流通，则更为形象和贴切。"属于流通本质的东西是：交换表现为一个过程，表现为买卖的流动的总体。"②

正如晏维龙在其博士论文里所论证的，如果商品从生产领域向消费领域运动经过若干个交换环节，每个交换环节构成一个市场，且每个市场都是均衡的或出清的，则将交换关系抽象为市场，并且运用供求分析的方法，也是能够很好地解释和论证市场运行的。但是如果每一个交换环节所构成的市场难以实现竞争性的均衡，难以完全出清，那么将交换关系抽象为流通，运用流通的分析方法，从纵向和横向、

① 马克思. 马克思恩格斯全集（第三十一卷）：经济学手稿（1857—1858 年）[M]. 中共中央马克思恩格斯列宁斯大林著作编译局，译. 北京：人民出版社，1998：145.
② 马克思，恩格斯. 马克思恩格斯全集：第四十六卷（上）[M]. 中共中央马克思恩格斯列宁斯大林著作编译局，译. 北京：人民出版社，1979：136.

时间和空间的多维角度，研究商品交换的实现过程，可以帮助我们深入了解商品使用价值和价值运动过程中的若干矛盾以及影响因素，从而更好地揭示经济运行规律，为促进商品从生产到消费的顺利实现提供政策思路。

需要指出的是，在马克思的《资本论》里，流通的英文表述是"Circulation"，这个词也兼有循环的意思。马克思说："流通是某种社会过程的总体。"[①] 流通关系，是"产品所必须通过并由以取得一定社会性质的一定的社会过程"。[②] 人类劳动物化为劳动产品，劳动产品经过流通变换为社会商品，商品进入消费领域，再生产出人类的劳动，周而复始推动着人类社会的进步。社会有机体何以成为可能？正是从交换，特别是商业性交换开始，推动着人类通过分工、合作和竞争创造财富和分享财富，从而参与分工的人群逐渐演变为一个有机的社会整体。因此，从这个角度看，将交换关系抽象为流通能够包容更为广泛的社会经济内容。此为其一。

其二，在日本学者的研究中，流通被翻译为"Distribution"，这对应于市场营销学中的"分销"概念，它主要是站在企业，特别是生产型企业的角度，对交换关系的一种抽象。同时，这个词也含有"分配"的意蕴，反映了产品从生产领域向消费领域转移时所进行的有计划的活动。本来，站在企业的角度，产品通过什么样的方式销售出去，选择什么样的中间商，这些营销活动都是在一定的规划下完成的。因此，这种抽象是符合经济现实的，对于理解现实的渠道建设与关系问题有一定的帮助。但是，这种抽象并不能反映社会经济的整体运行。

[①] 马克思，恩格斯. 马克思恩格斯全集：第四十六卷（上）[M]. 中共中央马克思恩格斯列宁斯大林著作编译局，译. 北京：人民出版社，1979：145.
[②] 马克思. 资本论 [M]. 中共中央马克思恩格斯列宁斯大林著作编译局，译. 北京：人民出版社，1972：995.

其三，在欧美学者对流通问题的研究中，有时"流通"又是用"Flow"来表示的，它所反映的是某种流程，也可以指流量，比如贸易流量（Trade flow）。笔者的理解是，它的侧重点并不在于分析交换关系的社会性，而在于分析由交换关系所引致的某种状态。谷克鉴在其《中国的经济转型和贸易流动》一书中提出，"贸易流动完全可以看作中国开放型经济发展的一个缩影，从而成为中国开放型经济发展问题研究的全息载体"。①

综上分析，笔者认为，可将交换关系抽象为流通（Circulation），从社会整体的角度所探讨的商品交换关系，反映的是经济系统的运行方式。商品流通所涉及的是人与人之间的关系，交换只是形式，而利益关系则是本质。"所谓商品流通，作为商品所有者相互关系的总和，实际上乃是商品货币经济中各个经济主体相互依存与竞争的、动态的经济利益体系。"本章所指的流通分析，也是建立在流通将经济系统运行方式和经济利益体系有机统一的基础之上。

2.2 市场结构与市场效率

2.2.1 竞争与市场结构

"竞争"一词源于《庄子·齐物论》"有竞有争"②。一般说来，竞争"既可以指一种行为，也可指一种机制。竞争行为是个体在一定规则的限制下争夺资源的行为，而竞争机制则是自然界和社会通过资源争夺的形式实现个体优胜劣汰的一种筛选过程，同时也是一种协调

---

① 谷克鉴. 中国的经济转型与贸易流动 [M]. 北京：中国人民大学出版社，2006：3.
② 陈至立. 辞海 [M]. 上海：上海辞书出版社，2022：1788.

个体行为的机制"。① 在经济学中，竞争关系是由商品交换关系派生出来的概念，通常指市场竞争。本质上看，竞争源于经济主体的利益诉求和资源的稀缺性，马克思在分析企业内分工与社会分工的区别时谈到，商品生产者"只承认竞争的权威，只承认他们互相利益的压力加在他们身上的强制，正如在动物界中一切反对一切的战争多少是一切物种的生存条件一样"。②

由此可见，市场竞争的本质在于具有独立利益的经济主体相互之间争夺利益的过程。在这一过程中，分散化的信息通过价格信号传递给经济体系中的各个主体，从而协调经济活动和实现资源的优化配置。在马克思看来，竞争包括部门内竞争和部门间竞争，部门内竞争主要表现为生产同类商品的个别价值的竞争，部门内任何一个生产者都有着使个别价值低于社会价值的冲动，这种竞争的程度取决于该部门产品的性质、进入壁垒等因素。部门间竞争的逻辑起点在于部门的利润率存在差异，从而竞争的方式表现为资本在部门之间的流动。在劳动价值论的基础上，马克思通过对部门内竞争和部门间竞争的分析，分析了资本主义经济的自组织特征，论证了资本主义生产相对过剩的制度根源以及平均利润率下降的原因等规律。

在新古典一般均衡的框架下，市场运行处于稳定状态，市场处于完全竞争。这反映了资产阶级经济学家有着诸如资本主义制度具有永恒稳定性等固有的信念。正如鲍尔斯所说，"资本主义不仅仅将经济从周围的社会结构和道德约束中解放出来，它还被赋予某种规律性，并最终被描述为具有普适性的发展。这其中有所谓供求律"③。

由于完全竞争市场与现实不符，新古典微观经济学吸收了产业组

---

① 朱贻庭. 伦理学大辞典 [M]. 上海：上海辞书出版社.2002：134.
② 马克思. 资本论：第一卷 [M]. 北京：人民出版社，1972：394-395.
③ 鲍尔斯 S. 微观经济学：行为、制度和演化 [M]. 江艇，译. 北京：中国人民大学出版社，2006：1.

织理论的研究成果，将市场结构划分为四种类型：竞争、垄断竞争、寡头竞争和垄断。显然，这是将竞争理解为与交换关系同一侧的横向竞争。在此基础上，新古典学派借助功利主义的效率标准，构造了消费者剩余、生产者剩余等概念，用于分析不同市场结构的效率含义或者福利损失。

2.2.2 市场结构与市场效率

根据产业组织SCP分析的范式，"市场的实绩如何，部分地取决于它们的结构"，[①] 在不同的市场结构下企业的行为决定了市场的绩效。当一个行业只存在一家企业时，这个垄断结构会赋予该企业制定价格的权力，往往这种权力所导致的是高于竞争性水平的价格以及低于竞争性水平的产量，从而给社会福利带来损失。

另外，垄断利润的存在，吸引着更多的资本投入到寻租行为之中，从而使得垄断租金发生耗散。并且，由于缺乏产品市场竞争会带来"锦标赛"机制，垄断企业的代理成本可能会很高，从而带来莱宾斯坦意义上的"X-非效率"。按照这一框架，垄断的市场结构必然会带来市场效率的损失，从而为反垄断法的建立提供理论依据。

一般认为，对于垄断竞争的市场结构，其效率低于完全竞争，但是由于垄断竞争给消费者提供了多样化的产品选择，因此传统的社会福利分析并不能完全揭示垄断竞争的效率。而对于寡头垄断，新产业组织理论一般通过博弈论分析寡头之间的博弈均衡，这种均衡的效率一般介于垄断与完全竞争之间。例如，在古诺博弈分析框架下，企业的数量决定了博弈均衡的效率性。从某种意义上讲，新产业组织理论对于寡头垄断的博弈分析更加符合市场运行的实际。

---

① 杜尔劳夫 S N，布卢姆 L E. 新帕尔格雷夫经济学大辞典 [M]. 北京：经济科学出版社，1996：368.

此外，我们还应该对垄断性的市场结构做出进一步的分析。根据马克思的竞争理论，资本主义生产方式的确立打破了封建主义的特权垄断，竞争成为经济生活的主题。为了获得超额利润，资本家不断进行技术变革和技术创新。从某种意义上讲，资本主义通过创新垄断替代封建主义的特权垄断，并且这种创新垄断形成的超额利润又诱导着更多的资本进入，从而在竞争的作用下使得创新垄断形成的市场势力又会不断地发生衰减。

鲍尔斯认为，资本主义通过竞争过程促进新技术迅速扩散，凭借这一竞争过程，跟进者分享到创新者创造的增大了的剩余。这个非均衡的创新和模仿过程实现的配置，与理想瓦尔拉斯均衡所特有的静态效率条件下的配置有极大的不同。①这种"创新—垄断—竞争—创新"的机制推动了资本主义生产力的不断发展。

与此同时，资本主义的竞争过程也带来了资本主义基本矛盾的加剧。"资本主义生产方式迫使单个企业实行节约，但是它的无政府状态的竞争制度却造成社会生产资料和劳动力的最大的浪费。"②正如列宁的分析所揭示的，竞争机制淘汰了一批小资本家，引发了生产和资本的集中，垄断资本主义由此产生。垄断资本主义并没有消除竞争，而是使得技术创新的竞争更激烈了。

因此，西方主流经济学的完全竞争理论并不能完全阐明市场效率的所有含义。创新、垄断、竞争等对于市场结构变动的影响及其相应的效率含义，也只有通过一种基于过程的视角进行理解才能够得以充分的把握，从而为竞争过程的有序性构建制度基础。这种有序性可以理解为竞争的强度、力度、范围、方式和途径都具有合理性和合法

---

① 鲍尔斯 S. 微观经济学：行为、制度和演化［M］. 江艇，译. 北京：中国人民大学出版社，2006：247.
② 马克思，恩格斯. 马克思恩格斯全集：第二十三卷［M］. 中共中央马克思恩格斯列宁斯大林著作编译局，译. 北京：人民出版社，1972：579.

性，而不会出现过度竞争、无序竞争以及非法不正当竞争等状况。可见，市场效率的基础在于道德和法治约束下的有序竞争。

2.2.3 市场效率分析的隐含前提

1.中间商完全竞争

根据我们对于交换关系的理论抽象，如果从流通的视角看，当商品流通发展到发达流通阶段时，专业化的中间商出现，并且日益形成大规模的流通组织，经济体系中的利益关系由"生产者—消费者"的相互作用演化为"生产者—中间商—消费者"三者相互作用，交换主体的竞争理应包括商品生产者之间、商品经营者之间、商品生产者与商品经营者之间以及消费者与商品生产者或商品经营者之间的竞争。只有竞争才能使市场上的众多买者、既买又卖者、卖者结合起来，市场上的自利行为由于竞争的整合作用而促进了社会福利的最大化，从而才能促进经济体的良好运行。

正是认识到垄断的效率缺失，为了纠正垄断带来的各种扭曲，反垄断法在西方市场经济国家应运而生，但是对于发生在生产者与中间商身上的控制与反控制行为，应如何进行规制、是否应该规制，反垄断法并不能提供明确的理论依据，即使有相关的规制措施，理论界也存在着很大的争议。例如，关于零售价格的维持是否损害了效率就引起了理论界的广泛关注。这从一个侧面反映了传统的市场效率分析所隐含的前提是中间商是完全竞争的，生产商的价格变化与消费者面临的价格变化在很大程度上是一致的。

因此，忽略中间商与生产商之间的纵向竞争行为，直接将目光锁定在生产商的合谋行为带来的价格限制，可以为反垄断法的执行提供一定的理论依据。如果现实中中间商一直处于近乎完全竞争的状态，撇开中间商直接分析市场结构及其效率也未尝不可。但是如果生产和消费的矛盾促使中间商扩大规模并且获得某种买方势力，传统的市场结构与效率分析是否适用值得我们仔细推敲。

2. 单一市场的效率标准可以推广

显然，新古典经济学的分析是将生产者与中间商的行为理解为一个交换环节的供求关系，将中间商与消费者的行为理解为另一个交换环节的供求关系，仍然在供求的框架下研究三者的行为互动，并且将商品从生产到消费所经历的各个市场的效率标准推广到整个市场。

需要指出的是，当社会分工不断深化之后，生产和消费的分离程度大大加深，并且产品日益多样化，消费需求日益多样化，产品从生产领域向消费领域转移的方式也日益多样化。特别是生产商和中间商之间不仅仅有纵向竞争，而且有纵向联合，这些行为对于消费者福利的影响变得更为复杂。传统产业组织理论中的"市场结构"概念所描述的只是同一个市场中企业之间的横向竞争关系，无法用以描述产业链中上下游企业之间的关系[①]。例如，加尔布雷斯提出的"零售商抗衡势力假说"就从一个侧面反映了双边垄断和单边垄断具有不同的效率含义。

因此，单一市场的效率标准并不能直接推广到存在纵向关系的多个市场。此为其一。其二，从马歇尔的局部均衡分析和瓦尔拉斯一般均衡分析来看，他们的均衡分析是一种抽象掉流通过程的供求总体均衡。市场供求均衡的形成是基于价格的自由调整，市场行为主体只对价格信号做出反应。只有假定在瓦尔拉斯一般均衡体系中存在"拍卖商"，才可能存在价格的调整。这种价格的调整是否意味着市场效率能够得到保证还有待进一步探讨。

由于商品流通涉及多个交换过程，每一个交换过程的制度细节必然会影响交换双方的契约选择，从而形成更多复杂的定价机制，因此

---

① 郁义宏，管锡展. 产业链纵向控制与经济规制 [M]. 上海：复旦大学出版社，2006：39.

单一市场的效率基准能否直接用于流通过程效率需要深入分析。上述分析是否从某种程度上说明了将交换关系抽象为市场会遗漏经济实践中的某些重要现象，特别是交换专业化、组织化以及多样化流通组织的涌现，值得进一步思考。

2.3　流通效率概念及其内涵扩展

2.3.1　交换利益与交换关系的普遍化

1.交换利益的界定

所谓交换利益可以界定为在一定的交换费用约束下交换主体能够获得最大程度的效用。交换的发生是为了追求交换利益，只有当交换双方的交换利益均大于零时，交换才能发生。假设交换费用分别为 T_1 和 T_2，交换后的效用分别为 U_1 和 U_2，当 $U_1 - T_1 > 0$ 且 $U_2 - T_2 > 0$ 时，交换能够给双方带来利益，从而双方选择交换。为了使逻辑与历史结合得更为严密，我们必须对交换费用做出必要的界定。笔者认为，交换费用在不同的历史阶段具有不同的概念内涵。

由于时间构成了人类生产、生活的约束，因此交换费用可以用交换过程中所耗费的时间对于交换主体的效用来衡量，这样就可以将交换利益确切地定义为一种净效用。效用反映的是物品的使用价值，交换利益体现在使用价值上，这大致反映了前资本主义时代的实践特征。

当人类社会进入资本主义阶段时，追求价值的最大化成为了经济生活的主题，此时的交换费用更多会用交换过程中所耗费的时间对于交换主体的价值来衡量，在交换费用的约束下人们获得多少价值，也就能占有多少具体的使用价值，即财富获得效用。一言以蔽之，在资本主义阶段，交换利益主要通过追求价值最大化的交换行为来实现。

2.交换关系的普遍化及其制度条件

从人类经济活动的实践来看，资源的稀缺性和需求的多样性构成了人与自然、人与人之间关系的基本约束。人类不断在寻求弱化这一基本约束的可能形式，最终演化的结果是交换关系的普遍化，其中一个可能的结果是交换关系相对于其他诸如掠夺、偷盗等形式更能够得到参与人的普遍认同，符合经济的公平和效率原则。我们可以用一个演化博弈模型加以论证。

假设一个社会中有两类人 P1 和 P2，任何一类人选择克服基本约束的形式有两种：交换和非交换。假设隶属于 P1 类的任何一个人与隶属于 P2 类的任何一个人相遇，两者的博弈可以用如下支付矩阵表示（如图 2-1 所示）。

P1

	非交换方式	交换方式
P2 非交换方式	$R - \dfrac{(1+\delta)c}{2}$	$R - \dfrac{(1+\delta)c}{3}$, $R - \dfrac{2(1+\delta)c}{3}$
交换方式	$R - \dfrac{2(1+\delta)c}{3}$, $R - \dfrac{(1+\delta)c}{3}$	$R - \dfrac{c}{2}$, $R - \dfrac{c}{2}$

图 2-1 交换方式与非交换方式的博弈矩阵

假设交换效用都为 R，如果两者都选择非交换的方式，那么所发生的交换费用为 $(1+\delta)c$。$\delta > 1/2$，并且双方平分这一交换成本。如果一方选择非交换的方式，而另一方选择交换的方式，那么选择交换方式的人将会承担由对方不选择交换所带来的额外成本，我们在模型中可以认为两者对于交换成本的分摊比例不一致。如果两者都选择交换的方式，那么交换的费用为 c，并且两者平摊。

在本模型的设定中，由于 $\delta > \dfrac{1}{2}$，这意味着双方都选择交换的方式比双方都选择非交换方式所承担的总成本要小。此时，一次性静态博弈有两个纳什均衡：（非交换方式，非交换方式）；（交换方式，交换方式）。那么，哪一个纳什均衡会演化为主导的均衡结果呢？

假设 P1 群体中有 x 比例选择"交换方式"，$(1-x)$ 比例选择"非交换方式"，P2 群体中有 x' 比例选择"交换方式"，$(1-x')$ 比例选择"非交换方式"，则 P1 群体选择"交换方式"的适应度为 $f_x = (1-x')(R - \frac{2(1+\delta)c}{3}) + x'(R - \frac{c}{2})$，选择"非交换方式"的适应度为 $f_{1-x} = (1-x')(R - \frac{(1+\delta)c}{2}) + x'(R - \frac{(1+\delta)c}{3})$。

P1 群体的平均适应度为 $\bar{f} = xf_x + (1-x)f_{1-x}$。对于 P1 群体来说，其选择"交换方式"的复制者动态方程为：$\frac{dx}{dt} = x(f_x - \bar{f})$。经过化简，可以得到：$\frac{dx}{xdt} = c(1-x)[x'\delta/2 - (1+\delta)/6]$。考虑到模型的对称性，我们还可以得到 P2 群体的复制者动态方程：$\frac{dx}{xdt} = c(1-x')[x\delta/2 - (1+\delta)/6]$。

针对这两个复制者动态方程，我们可以得到：一个鞍点均衡，即 $(\frac{1+\delta}{3\delta}, \frac{1+\delta}{3\delta})$；两个稳定点，即（0，0）和（1，1）。随着时间的演化，为了获得社会福利的最大化，政府趋于建立惩罚非交换方式和维护交换方式的制度，反映在本模型中就是 δ 不断增大，系统收敛于（1，1）的可能性越来越大，那么交换关系的普遍化就成为客观存在。

2.3.2 交换利益与流通过程中的交易关系、组织及渠道

流通是川流不息的交换行为构成的体系，当人类社会分工关系开始出现并且迅速发展之后，商品的交换关系成为社会经济运行中的普遍关系，从而使得经济主体在生产和消费的基础上，通过交换实现利

益的协调，并建立起全面的依赖关系。由此可见，交换利益的存在是交换关系普遍化的基本前提。

1.交换演变的驱动力：利益最大化与流通过程的形成

人类社会最初的交换发生在原始社会部落之间，在"共同体的尽头"。这时的物物交换主要是剩余物品的交换，还谈不上社会分工，完全是一种"余缺调剂"。在这个时期，人们对流通的研究不可能也没有必要深入[①]。但是，正是这种"余缺调剂"意义上的物物交换，使人们朦胧地认识到交换带来的好处，并且为此开始投入一定的交换努力，从而迈出了人类文明发展的重要一步。

物物交换孕育了平等、自愿、自由的观念，此为其一；其二，物物交换中包含了产权、合同的初级形式，"一般行为规则的发展不是始于有组织的部落社会的内部，而是始于第一次不声不响的物物交换"[②]；其三，物物交换通过一种信息传递机制，在缓慢的发展中催生了人类多样化消费的欲望，消费欲望的满足内在地要求交换关系的普遍化发展。

交换利益最大化的要求决定了交换必须既能够扩大范围和规模，又能够节约交换费用。由于物物交换有着内在的矛盾，难以克服交换在时间上、空间上和地域上的限制，交换的规模很小，交换所耗费的时间较多，从而内在地要求一种物品充当等价物，因而货币产生了。

货币的介入使买和卖分离成两个相对独立、互为补充的阶段，买卖的空间分离和时间的不一致性，极大地扩展了交换主体的交换自由。此时，物物交换也就发展为简单的商品流通，即 *W-G-W*。简单商品流通形式在一定程度上弱化了时间、空间对交换活动的限制，使

---

① 晏维龙. 交换、流通及其制度 [M]. 北京：中国人民大学出版社，2003：12.
② 青木昌彦. 比较制度分析 [M]. 周黎安，译. 上海：上海远东出版社，2001：61.

得交换的规模、范围不断扩大，交换关系的结构不断复杂，并形成了以货币为中心的交换网络。

正如马克思所说，"商品世界的流通过程，由于每一个单个商品都要通过 $W-G-W$ 这个流通，就表现为在无数不同地点不断结束又不断重新开始的这种运动的无限错综的一团锁链"。[①] 这种具有连续性、更新性、循环性、无限性的商品流通过程是商品经济条件下的客观经济过程，并且推动了经济领域的社会化，成为社会经济发展的强大动力。

2.交换的本质规定性：商品所有权让渡与交易关系

旧制度学派的康芒斯在其《制度经济学》一书中提出，交易的本质在于个人与个人之间对物品的未来所有权的让渡。这种所有权的让渡，必须按照社会的规则先就交易进行谈判，然后组织劳动进行生产，消费者才能够消费，或者商品才会真正地转移给买主。

进一步地，他将交易分为买卖的交易、管理的交易和限额的交易。他主张，经济分析的基本单位应该是"本身含有'冲突、依存和秩序'这三项原则"的交易[②]。本质上看，旧制度学派的着眼点在于将经济实践中人与人之间的关系抽象为交易关系，从而区别于生产过程中人与自然之间的关系。在此基础上，新制度学派的代表人物科斯、威廉姆森强调了交易的普遍性，并且进一步发挥，形成了交易费用经济学流派。

对于流通过程来说，它是由每一个环节的交换连接而成。从表面形式上看，交换实现的是商品到货币、货币到商品的转换。但是这个转换过程并没有形式上那么简单，而是一个复杂的过程。由于拥有商品的人想换回更多的货币，而拥有货币的人想换回更多的商品，显然

---

① 马克思, 恩格斯. 马克思恩格斯全集：第十三卷 [M]. 中共中央马克思恩格斯列宁斯大林著作编译局，译. 北京：人民出版社，1962：84.
② 康芒斯. 制度经济学：上册 [M]. 于树生，译. 北京：商务印书馆，1983：73.

这里有一个事关利益的讨价还价过程。在商品交换中，利益的实现主要表现为商品所有权获得了明确的归属，从而拥有商品的人可以通过消费过程享受交换利益。

由此可见，交换的本质规定性应该理解为内含商品所有权让与和取得的交易关系。这与康芒斯意义上"买卖的交易"相对应。现实中，生产资料的流通，特别是具有特定用途的生产设备的交易，由于契约的不完全性、交换主体的机会主义行为，会出现哈特意义上的"敲竹杠问题"，从而影响经济运行的整体效率。而对于生活资料的流通，其交易关系主要体现在商品生产者与商品经营者之间、商品经营者与商品消费者之间，此时影响交易关系的因素主要有卖者和买者的利益目标差异、资本实力对比、空间距离大小、外部选择多寡等。同时，一个国家内部和外部的制度环境、技术环境对商品流通过程中交易关系的发展也有着重要的影响。

3.交换的专业化经济：商人资本独立化与流通组织

交换作为一种活动，既可以从属于生产，也可以独立出来。如果产销矛盾不大，生产者的时间又没有构成对生产过程的刚性约束，那么生产者既从事生产又从事交换未尝不可。例如，还处于半自给自足状态的农民。随着商品生产和商品交换的进一步发展，节约交换时间的内在要求促进了交换的专业化。

希克斯在其著名的《经济史理论》中提出，商人的产生主要有两种途径：一种是集市中的富有农民由于生意兴隆获得了大量的货币，从而逐渐转化为专门从事商品买卖的商人；另一种是为封建君王接送礼品的管事人，他们从先前的依附地位逐渐过渡到独立经营各种商品。

希克斯认为，市场的兴起是以商业活动的专门化，或者说专门商人的出现为标志的。正是在这个意义上，希克斯主张将孤立的交换与典型意义上的市场区分开来。商人的买卖活动使得商品流通形式从 $W-G-W$ 发展为 $G-W-G'$。从这一形式来看，商人活动的主要目的在于追求货币的增值。这种货币增值的本性在商人活动中得到了淋漓尽致的体现。

交换的专业化不仅促进了商人的货币增值，它的经济性还体现在：交换的专业化节约和缩短了商品流通时间，相对地增加了商品生产的时间，为生产领域的分工和专业化提供了前提和基础，此为其一。

其二，交换活动的相对集中，大大降低了商品交换的成本，从社会的角度看，节约了投入到流通领域的劳动，从而为商人资本向生产领域渗透提供了基础。马克思认为，"商品流通是资本的起点。商品生产和发达的商品流通，即贸易，是资本产生的历史前提"。[①]

其三，商人组织的专业化交换积累了交换知识，例如稳定的货源、市场需求的变化规律、交通和运输费用的节约途径等，从而提供了一种报酬递增效应，促进了商人组织经营规模的扩大。

交换专业化经济的进一步发展，使交换内部也产生了分工。首先是批发和零售的分工，其次是商人组织内部的劳动分工。此时，商人不直接从事商品交换，而是通过雇佣工人进行商品交换，商人本身则从事监督和管理活动，从而商人组织进一步演变为流通组织[②]。

以零售组织为例，商品流通形式从 $G-W-G'$ 演变为 $G-W_T(A；P_m；W)\cdots O\cdots W'-G'$。其中，$W$ 指的是采购的商品；A 指的是流通组织内的雇佣工人；P_m 指的是各种用于商品交换的物质设施；O 指的是流通组织内部的管理和组织过程，主要包括商品的分

---

① 马克思. 资本论：第一卷 [M]. 中共中央马克思恩格斯列宁斯大林著作编译局, 译. 北京：人民出版社，1972：167.
② 这里之所以区分商人组织与流通组织，是为了进一步理解现代流通组织的来源及其功能，并为下面提出的流通组织效率概念做铺垫。

类、上架、包装以及购物环境塑造等；W'指的是由于流通组织内雇佣工人的劳动，消费者购买的商品已经不再是生产者最初生产出来的商品，因为其中已经包括了各种服务。消费者不仅要为商品本身的使用价值支付货币，也要为流通组织内部工人劳动创造的无形服务支付一定的货币。

换句话说，消费者所面临的单一价格既体现了商品的交换价值，也体现了服务的交换价值，只不过服务的交换价值是一种"影子价格"。进一步地，从价值论的意义上看，提出流通组织的概念可以将"流通创造价值与否"的问题转换为探讨流通组织创造价值的理论依据问题。如果不承认流通组织内部的工人劳动创造价值，就等于否认了消费者服务业创造价值，这显然是不符合现实的。

4.交换的协同经济性：产业资本独立化与流通渠道

商人的专业化仅仅能够获得专业化经济，如果没有一个稳定的货源，那么交易的连续性就会受到影响。所谓交换的协同经济性是指交换双方通过构建稳定的交易关系支撑持续的商品交易量，从而给双方带来巨大的经济利益。钱德勒在其《看得见的手》一书中指出，如果供应或销售的产品流量能够获得有效的安排和协调，则会导致巨大的成本节约。

我们可以用图2-2来说明。在每一个生产阶段都有一条买卖双方的协同经济曲线，当交易关系的协同度提高的时候，交换利益不断增大，但是受到生产力水平和交换规模的制约。生产力水平的提高和交换规模的扩大使得协同经济曲线发生移动，形成一个协同经济曲线簇（Ⅰ、Ⅱ、Ⅲ、Ⅳ）。当交换的规模不是很大时，此时的生产局限在家庭生产阶段，交换的买者与卖者可以在市场上迅速找到可以替代的交易伙伴，古典意义上的市场就可以解决交换的协同问题。

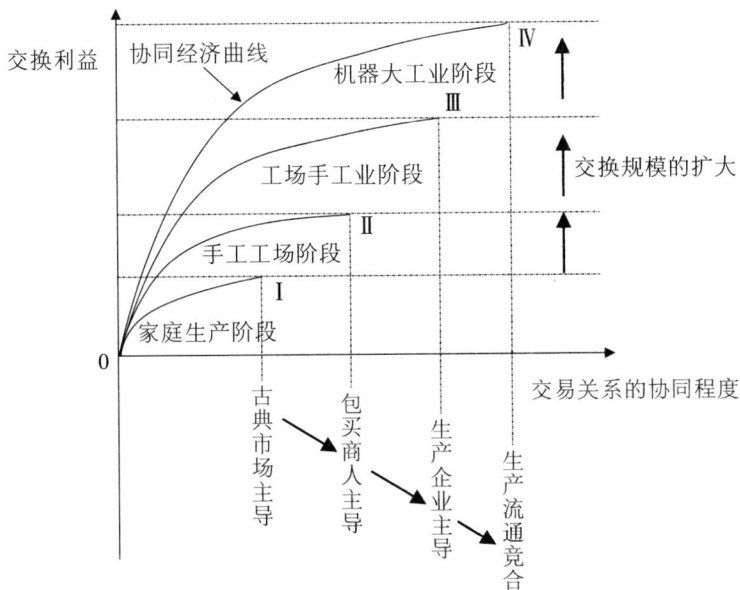

图 2-2　不同生产阶段买卖双方的协同经济曲线

随着生产力水平的提高和交换规模的扩大，生产逐渐演变为手工工场阶段，商人演变为包买商，即通过向手工工场提供原材料和收购产成品，获得商业利润。包买商主导生产，并成为买者和卖者协同的主要形式。

随着生产力水平的进一步提高和交换规模的进一步扩大，生产逐渐发展到工场手工业阶段和机器大工业阶段，交换双方主要靠契约、管理、产权等复杂的联结方式进行协同，生产企业可以自建销售网络（产权），也可以通过独立的分销商网络（契约）实现商品向货币的转化。当信息技术发展起来之后，生产商和流通商可以采用供应链联盟的形式实现交易关系的一体化（管理）。在供应链联盟中，生产商和流通商完全是一种竞合关系，谁占主导地位主要取决于制度、竞争、技术以及需求条件等。

从历史上看，商人资本有着不断向生产领域渗透的倾向。例如，在中国的宋朝，由于市场和远距离贸易的兴盛，除了城镇的商品生产外，农村出现了面向市场而生产的一批专业户和半专业户。在这种环境下，商人资本向生产领域的渗透便成为必然的趋势。到了明清时期，这种趋势的进一步发展主要使商人变成包买商，向生产领域预付资金①。在英国，这种商人资本的渗透逐渐导致了产业资本的独立化、组织化。一旦产业资本的发展取得独立的形式，即资本主义生产方式最终确立，产业资本便取得了经济领域的支配地位。

钱德勒认为："生产与销售相结合，使得制造业者有机会通过有效地管理生产过程和流通过程以及协调相关货物流量，来降低交易费用和其他成本，并提高生产率。但是，最早将这两个基本过程加以整合的工业家并不是为了获取这种经济效益而这样做的。他们这么做是因为现有的销售商无法销售和分配他们生产出来的如此大量的产品。这些新出现的大量生产者敏锐地察觉到新的交通和通信基础设施所开辟的国内和国际市场。"②

在马克思看来，"货币资本和商品资本，在它们以其职能作为特殊营业部门的承担者和产业资本并列出现时，也只是产业资本在流通领域时而采取时而抛弃的不同职能形式由于社会分工而独立的和片面发展的存在形式"。③在资本主义生产方式下，商品流通的主导形式是发达商品流通。本质上看，产业资本的目的与商业的目的是一致的，都是为了获得资本的增殖。"工厂的第一个组织者的首要动机和商人的'资本主义'追求是类似的：他们都'购买'工人的劳动和其

---

① 龙登高. 商人资本向生产领域渗透的历史进程 [J]. 云南社会科学，1998 (4)：64-67.
② 钱德勒. 企业规模经济与范围经济 [M]. 张逸人，等译. 北京：中国社会科学出版社，1987：330.
③ 马克思. 资本论：第二卷 [M]. 中共中央马克思恩格斯列宁斯大林著作编译局，译. 北京：人民出版社，1972：67.

他生产要素，然后再以更高的价格'销售'其产品从而获得利润。"①

产业资本的独立化和组织化、商业资本的独立化和组织化，共同构成了商品流通过程的主体。商品流通过程承载着产业资本和商业资本之间商品货币关系的运动。分别代表产业资本和商业资本利益的流通主体所进行的每一次商品买卖活动，都会形成一个导致商品所有权转移的流通环节，每一个流通环节总是伴随着一定的组织形式，这些组织构成了商品流通的载体，形成了商品流通渠道。

所谓商品流通渠道就是由商品所有者组成的、直接推动商品在其形态变换中（W-G、G-W 的价值形态变换）由生产领域进入消费领域的组织序列。流通环节的多少、相互之间的衔接程度、商品流通形式以及经济主体的利益冲突和协调都直接或间接地影响着商品流通渠道的结构和畅通与否。商品购销差价的存在以及各个交易主体经济利益的推动使得流通渠道从"蛹化形态"逐渐过渡到发展形态，即间接流通渠道。

2.3.3　流通效率的"三位一体"

现代商品经济条件下，商品流通过程的典型模式就是以交易关系为联结，以流通组织内部的运营管理以及战略选择为协调手段，以流通渠道构建为运行载体。流通效率呈现商品使用价值和价值运动中每一个交换环节的交易效率、每一个流通主体的组织或管理效率，以及流通主体之间合作竞争引致的渠道效率的"三位一体"。

1.交易效率

交易效率概念的提出主要源于交换费用的存在。为了获得交换利

---

① 青木昌彦．比较制度分析 [M]．周黎安，译．上海：上海远东出版社，2001：97．

益，流通主体搜寻信息、签约谈判、履行契约必然会产生各种费用。新制度经济学将这些费用抽象为交易费用，并且以此为基础从理论上解释企业组织的存在缘由、规模边界以及治理结构（科斯，1937；威廉姆森，1975）。交易费用自提出之日起就不是一个确定的概念，不同学者基于自身的研究目的都对交易费用预先作了界定。

诺斯将交易费用界定为：衡量交换物之价值的成本、保护权利的成本，以及监管与实施契约的成本①。马克思认为，流通费用划分为生产性流通费用和纯粹流通费用，生产性流通费用本身属于生产过程在流通领域的延续所产生的费用，应该加入商品的价值，而纯粹流通费用是为了实现商品所有权形式变换所发生的费用，应该从商品的价值中扣除。

马克思的划分较为科学，交易效率的界定应该以马克思的流通费用概念为基础，从而区别于与生产费用相对应的生产效率。在新兴古典经济学中，交易效率是通过定义由运输费用引致商品使用价值数量的损耗程度来衡量的（如图2-3所示）。从杨小凯所建立的超边际分析模型来看，运输费用事实上涵盖了商品交换所发生的各种费用。只不过为了使模型的抽象具有直观的意义，才选择了该术语。

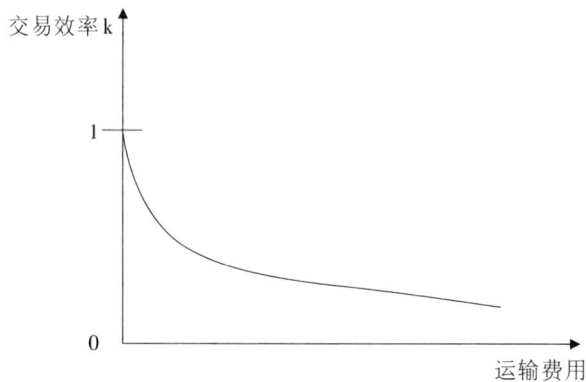

图2-3　运输费用与交易效率的关系

---

① 诺斯. 制度、制度变迁与经济绩效 [M]. 杭行，译. 上海：格致出版社，上海三联书店，上海人民出版社，2008：37.

因此，基于流通费用的概念界定交易效率也是可行的。但需要指出的是，基于商品使用价值意义上的损耗程度界定交易效率事实上只反映了流通费用下降一个层面的好处，即流通费用的降低可以给交换双方同时带来好处，并且这种好处不具有排他性。那么，流通费用降低另一个层面的好处是什么呢？

我们借助阿玛蒂亚·森的"交换权利"概念来分析。所谓交换权利是指在市场经济中，一个人可以将自己所拥有的商品转换成另一组商品，在转换中，他能够获得各种商品组合所构成的集合①。由于交换主体的禀赋不同，机会不同，转换能力也就不同，因此交换权利也就存在相应的差异。因此，流通费用降低除了给交换双方带来共享性的好处之外，由于交换主体异质性的存在，还会带来交换权利差别的扩大。由此，我们可以将交易效率区分为一般交易效率与个别交易效率。其中，一般交易效率对应新兴古典经济学的交易效率概念；个别交易效率是指流通费用的下降给交换主体带来的交换权利增加。

在图2-4中，主体乙由于拥有更高水平的能力禀赋，在流通费用一定的条件下，他比主体甲获得了更多的交换权利。当流通费用下降的时候，主体乙与主体甲的交换权利差距逐渐扩大。如果将这种交换权利的差距解释为交换主体之间关于交换利益分配的不均，由此可以推断，当交换权利差距扩大导致交换的一方不再进行公平竞争时，单从流通费用节约的角度并不能从根本上协调交换主体的利益关系。正如世界银行2008年的报告所指出的，"有效率的市场并不能直接促进实现公正的结果，因此小农户有必要在公共政策的协助下，通过自己的生产者组织，增强自己的讨价还价能力"。②

---

① 森 A. 贫困与饥荒 [M]. 王宇，王文玉，译. 北京：商务印书馆，2001：8-10.
② 世界银行. 2008年世界发展报告"以农业促发展"[R]. 北京：清华大学出版社，2008：9-10.

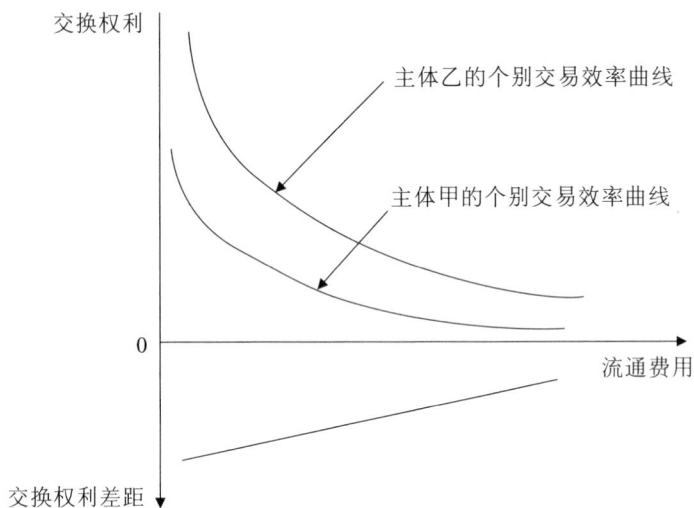

图2-4　基于交换权利的个别交易效率曲线

由此可见，交易效率不能仅仅局限在物质层面，即流通费用的大幅度下降。交易效率还需要体现在关系层面，即分工网络中的每一个个体都要有足够的交换权利，唯有如此，才能够显著地降低分工和专业化的协调成本。交换主体追求个别交易效率会内在地促进流通过程中各种新型组织的形成与涌现。与此同时，政府一系列政策的制定也有了相应的理论依据。

2.组织效率

这里的组织效率主要是指区别于生产效率的流通组织效率，反映了流通组织内工人的劳动效率。其可以用单位劳动投入带来的商品交易量进行衡量。由于本章将交易效率区分为一般交易效率与个别交易效率，因此商品流通过程中的组织效率对于交易效率的影响就体现在如下两个方面：第一，组织效率越高，意味着在商品流通规模一定的情况下，用于商品交换的时间越少，越节约社会劳动用于流通领域的时间，从而社会可以将劳动投向有着一般交易效率的生产领域，比如铁路的建设、制度环境的建设等；第二，组织效率提高也意味着流通组织拥有更大的交换能力禀赋，从而当流通费用下降时能够获得更多的交换权利。

3. 渠道效率

从商品流通渠道的概念来看，流通过程中的交易效率和组织效率对于渠道效率具有重要的影响。渠道效率与渠道利益紧密相关，渠道利益的大小也就相应地反映了流通主体互动所带来的渠道效率的高低。我们将渠道利益界定为在一定的交易制度、技术约束下，流通主体之间的行为互动所引致的渠道成员交换权利的总和。从产业组织理论的视角看，流通渠道中的生产者剩余、流通厂商利润和消费者剩余的总和反映了渠道利益的大小。

因此，本章的界定与产业组织理论是一致的，只不过更为抽象。在不同的流通渠道结构下，流通主体有着不同的行为互动，相应地产生了不同的渠道利益。与此同时，在特定的渠道结构下，我们还可以研究提高渠道效率的组织创新模式等问题。

我们以零售商主导的渠道组织创新为例进行进一步的分析。在传统间接流通渠道中，各个经济主体之间本质上有着一种市场交易关系，它们之间的竞争属于一种排他性竞争。渠道成员为了最大化各自的经济利益，彼此之间讨价还价。随着社会分工的不断深化，社会生产水平的日益提高，流通渠道成员之间信息不对称程度也会不断增大，拥有信息优势的一方就会趁机与交易对手达成有利于己的交易。这种短期行为极大地威胁了长期性交易利益的获得，同时引发了一系列渠道冲突，不利于商品流通的顺利进行。

从流通发展的实践来看，传统流通渠道中此起彼伏的渠道冲突本质上根源于流通渠道主导权的不平衡以及渠道成员之间单一排他性的市场竞争。拥有市场势力的一方经常对另一方进行较强的纵向限制，从而影响了工商关系的和谐发展①。因此，需要对零售商主导的流通渠道进行组织模式上的创新，构建渠道联盟（如图2-5所示）。

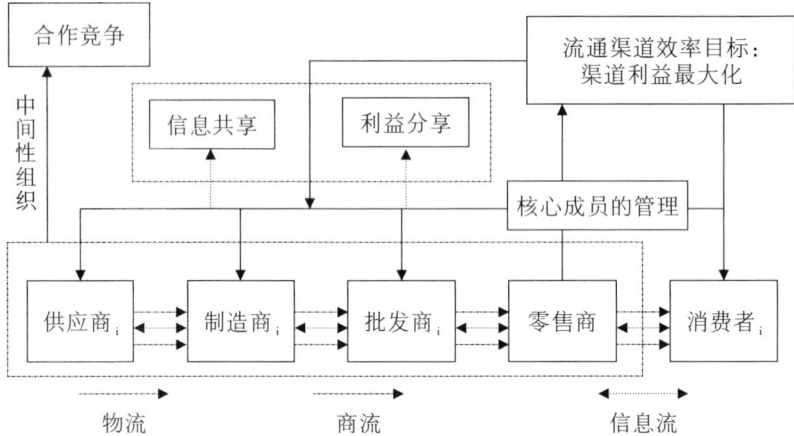

图2-5 零售商主导型渠道联盟的典型结构

在零售商主导型渠道联盟中，流通组织与生产企业之间形成了合作竞争关系，一方面可以通过信息共享发挥交换的协同经济效应，促进一般交易效率的提升，从而共同促进流通过程的交换权利可能性曲线的扩展；另一方面，渠道联盟的成员之间通过协商制定满足激励相容约束的、公平合理的利益分享方法，从而促进任何一个渠道成员的个别交易效率的提高，实现帕累托改进，避免渠道冲突。

2.4 本章小结

流通基础概念的界定是流通问题研究的前提。由于我们要论证的基础理论问题是流通促进经济循环的机制，因此，对于流通、流通过

---

① 庄尚文，韩耀. 论零售商主导型供应链联盟 [J]. 商业经济与管理，2008（5）：3-9.

程、流通过程效率这三个流通经济学的概念要进行解析与建构。在社会化大生产条件下，经济循环的载体是社会分工网络，而分工网络是由参与分工的主体之间经常性的交换关系联结而成，因此交换关系成为我们建构相关概念的逻辑主线。

首先，我们基于马克思的经济理论比较了交换关系抽象的两个角度：市场与流通。笔者认为，市场与流通在总体上可以等同，但是市场概念更侧重于空间和制度层面，具有一定的抽象性；而流通概念则反映了马克思主义时空观，具有一种动态性和过程性。

其次，无疑，不管是西方主流经济学还是马克思主义政治经济学，交换都是重要的。但是，西方主流经济学似乎对于时间因素的考虑较少，侧重于从市场的概念展开讨论，从市场、竞争等概念发展出市场结构的概念，并且进行了一定的分类，讨论了特定市场结构下的市场效率。在分析了主流经济学市场效率分析的隐含前提之后，笔者认为，市场效率标准要想在流通渠道分析中继续保持有效性，在很大程度上需要假定处于生产企业与消费者之间的中间商在横向层面是完全竞争的。而由于制度、空间、能力等因素，我们在现实中的观察结论是中间商大多是不完全竞争的。

再次，沿着将交换关系抽象为流通的理论进路，本章基于交换利益这一核心概念，首先通过一个简单的演化博弈模型论证了交换关系普遍化的制度前提，如此，才能演化出交换理性。然后，从交换利益最大化的角度，论证了流通过程的形成；从交换的本质规定性的角度，论证了流通过程中的交易关系；从交换的专业化经济的角度，论证了商人资本的独立化与流通组织的涌现；从交换的协同经济性的角度，论证了产业资本的独立化、组织化以及流通渠道的形成。在这个过程中提出了买卖双方的协同经济曲线，并且给出了不同历史阶段交换协同经济的推动主体。

由于交易效率的研究还不完善，理论文献中的研究侧重交易效率的一般性层面，笔者认为交易效率不仅仅取决于交换媒介层面的效率增进，还取决于交换主体的交换能力提升。由此，本章将交易效率区分为具有公共品性质的一般交易效率和具有私人品性质的个别交易效率。这样的区分可以很好地解释流通组织在流通渠道中获得主导权等问题，从而为进一步的模型研究做好概念准备。

第 3 章

流通促进经济循环的分工协调机制

3.1 流通演进与分工网络的形成

3.1.1 分工网络的概念界定

一般说来，经济学意义上的分工是指劳动分工，即指"人类社会的经济领域中为进行合理的劳动而把劳动专业化的做法"[①]。在古典经济学家亚当·斯密看来，分工可以促进经济进步。分工的好处一方面体现在能够促进劳动熟练度的提高、间歇时间的减少和物质资料的节约等直接经济性上，另一方面体现在技术进步、迂回生产方式的发展、投入方式的发展、产品多样化和地区专业化等间接经济性上[②]。

马克思认为，"政治经济学作为一门独立的科学，是在工场手工业时期才产生的，它只是从工场手工业分工的观点来考察社会分工，把社会分工看成是用同量劳动生产更多商品，从而使商品便宜和加速资本积累的手段"。[③]马克思把劳动的社会分工称作"第一类分工"，把工厂内部的分工称作"第二类分工"。劳动的社会分工是劳动在社会内部的物质变换，表现为不同的商品所有者彼此交换商品；工厂内部的分工是劳动在工厂内部的物质变换，每一个工人只是一个局部劳动者，并且其剩余劳动创造的价值被资本家占有[④]。马克思认为"第一类分工"和"第二类分工"具有相互促进、协同演进的关系（孟捷，2004）。

网络通常是从图论的角度加以认识：网络是点和链的集合以及两

---

① 林文益. 贸易经济学 [M]. 北京：中国财政经济出版社，1995：9.
② 盛洪. 分工与交易 [M]. 上海：上海人民出版社，2006：40-41.
③ 马克思. 资本论：第一卷 [M]. 中共中央马克思恩格斯列宁斯大林著作编译局，译. 北京：人民出版社，1972：404.
④ 庄尚文，韩耀. 马克思分工理论引出的流通命题及其思考 [J]. 商业经济与管理，2009 (1)：22-28.

者之间的连接关系所组成的系统①。这里的网络并不是计算机网络的简称，而是指经济学意义上的网络。当然，计算机网络的发展可以使得计算机背后的经济主体发生经济联系。网络经济学家伊克洛米德斯（Economides）给出了网络的一般定义："网络是由互补的结和链构成的。网络重要且鲜明的特征是不同的结构和链之间具有互补性。网络提供的服务需要两个或更多的网络组成部分。"②

由此可见，网络的主体之间具有利益上的互补关系，并且主体的数目至少大于2。对于经济网络来说，如果从大尺度的视角看，整个市场就是一个交易网络；如果从小尺度来看，每一个企业内部也由于各种关系或经济联系的存在形成企业内网络。

亚当·斯密从分工的角度第一次系统地考察了商业社会和国民的财富。他认为，"分工起因于交换能力"，分工的程度"要受到市场范围的限制"。马克思对斯密的观点进行了归纳："分工是从交换的倾向产生的，所以分工依交换、市场的规模大小而发展或受到限制。在文明状态下，每个人都是商人，而社会则是商业社会。"③

由以上分析可知，分工网络是由参与分工的经济行为主体通过交换关系联结而成的系统。这里需要指出的是，由于分工具有企业内分工和社会分工之别，故分工网络理应包括企业内分工网络和社会分工网络。但是参与企业内分工的主体只生产"局部产品"，他们之间并不是真正意义上的商品交换关系。由于本章主要研究与商品流通具有密切关系的社会分工网络，因此本章将分工网络定义为：在所有权明确的前提下，参与分工的经济主体及其商品交换关系通过经常性的交互作用形成的线图系统。

---

① 《中国大百科全书》总编委会. 中国大百科全书：数学卷［M］. 北京：中国大百科全书出版社，1990：485.
② 同上.
③ 马克思，恩格斯. 马克思恩格斯全集［M］. 中共中央马克思恩格斯列宁斯大林著作编译局，译. 北京：人民出版社，1979：147.

由此可见，分工和商品交换关系是分工网络不可或缺的两个组成部分，而经常性的交互作用则构成了分工网络的必要前提。仅仅存在劳动分工而不存在商品交换关系可能仅仅是一种偶然的交互作用，并不构成本章意义上的分工网络。仅仅存在商品交换也并不意味着分工的产生，"交换没有造成生产领域之间的差别，而是使不同的生产领域发生关系，从而使它们转化为社会总生产的多少互相依赖的部门"。①

只有当交换成为经常性的，交换利益逐渐演变为一种交换理性，成为人类经济生活的中心，从而成为每一个经济个体追求的目标时，并且在交换能力提高带来市场范围扩大的前提下，分工主体经常性的交互作用才能促使分工网络真正地形成。这一概念界定可以使研究对象更加明确。由于分工和商品交换关系的发展是一个历史过程，当分工网络从人类社会经济系统中涌现出来之后，流通就必然表现为社会分工网络主体之间的必然联系。

对于分工网络，新兴古典经济学的创始人杨小凯先生做出了开创性的研究。在他看来，经济主体既是生产者，也是消费者，最初经济主体是自给自足的，没有所谓的专业化分工。但是由于人类有着多样化消费的主观偏好和提高生产效率的客观要求，因而分工并且相互交换产品成为经济主体的意愿生产方式，但这种意愿生产方式能否转变为现实，则取决于交易效率能否提高。

他进一步把运输费用抽象为商品数量意义上的一种扣除，提出交易效率的概念，应用超边际的分析方法，论证了交易效率（k）与分

---

① 马克思. 资本论：第一卷 [M]. 中共中央马克思恩格斯列宁斯大林著作编译局，译. 北京：人民出版社，1972：374.

工演进的关系①。进一步地，他强调经济行动者之间存在一种分工的"网络效应"，经济系统的效率不仅取决于参与分工的经济个体的生产率，而且取决于参与分工的经济主体的数目。由此可见，分工网络具有扩张性（如图3-1所示）。

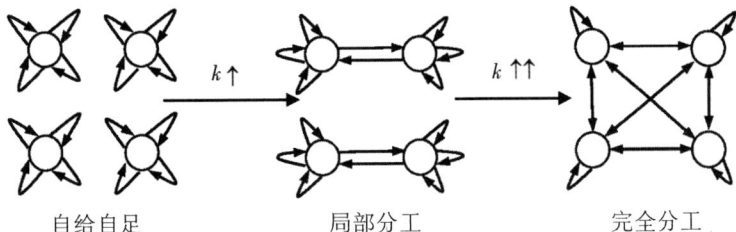

图 3-1　交易效率与分工网络

3.1.2　流通演进与分工网络的结构特征

1.物物交换与分工网络的稀疏性

在《家庭、私有制与国家的起源》一文中，恩格斯将人类社会的发展划分为蒙昧时代、野蛮时代与文明时代。在蒙昧时代，生产力的发展极端落后，人类对自然界的认知水平也极为低下，此时难以进行生产的社会分工。正如著名马克思主义经济学家曼德尔所指出的，"人一天不能保证得到足够数量的食物，就一天不能一贯地从事生产食物以外的经济活动"。②　"由于所有人都从事生产食物，就不可能建立真正的分工，使各种职业专业化。"③

此时，分工处于最初级的阶段，即性别分工。中国古代男耕女织般的田园生活就是性别分工的一种反映。这种性别分工完全是一种生

---

①　姑且不论这种抽象是否科学，其简洁性和用于形式化的可能性大大促进了新兴古典经济学的发展，使得杨小凯取得了丰硕的研究成果。本质上看，这种对于流通费用的抽象服务于一般均衡分析的需要，它忽略了流通费用给交换主体带来的交易机会上的约束，而这种交易机会上的约束对于分工网络中主体之间的交互作用具有重要的拓扑学意义。

②　曼德尔. 论马克思主义经济学 [M]. 廉佩直，译. 北京：商务印书馆，1979：13.

③　同上，14页。

理意义上的自然分工，并不存在商品交换关系，不具有分工网络的意义。由于地理环境的差异或战利品等因素的存在，原始共同体之间在互相接触的地方可能会有偶然的、局部的交换行为，但由于这种局部的交换还处于流通发展的初级阶段，因此部落之间还不可能形成真正的社会分工，仅仅是一种简单分工。

由于原始共同体要将大量的时间耗费在生产自己所需要的食物上，交换时间对于每一个个体形成了强有力的约束，即使原始共同体有了一些剩余物品，一般也是由其首领代为交换，因此这种物物交换地域受限、次数不多。当然，经济史的研究也表明，原始共同体之间也存在着经常性的交换行为，但是其交换的产品具有一定的特殊性，主要是地区的特产，表现为一种狭隘的地区分工。由此，我们可以得出这样一个结论：只有当生产领域的劳动生产率大幅度提高时，交换时间才不会对经济个体形成强有力的约束，交换才可能变成一种经常性的行为。

随着在改造自然过程中各种发明和知识的积累，例如弓箭的发明、火种的保存，在满足日常生活的需要之外出现了社会剩余产品的增加，从而可以避免周期性的饥荒。人类社会进入野蛮时代，此时，畜牧业出现了。原始共同体内部开始有了一定的分工，但是原始共同体是公有制，所有权的概念不明确，此时原始共同体凭借其对剩余产品的占有权与其他共同体进行交换。

以原始农业为例，定期开垦土地是发展农业的前提，而开垦工作一般由整个共同体协作完成，收获的农产品按照平均原则进行分配，剩余农产品则与其他共同体进行交换。当一个原始共同体专业化从事农业而另一个原始共同体专业化从事畜牧业时，农业和畜牧业的生产率同时得到提高，两个原始共同体互相交换剩余产品，农业和畜牧业的分工标志着第一次社会大分工的开始。但是，由于商品流通还没有形成，此时的分工网络仅仅呈现稀疏性的特征，网状结构还不明显

（如图3-2所示）。

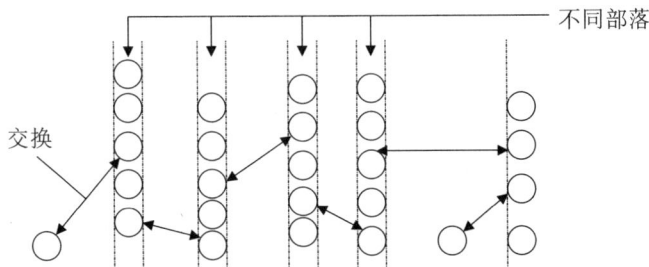

图3-2　物物交换与分工网络的稀疏性

2.简单商品流通与社会分工网络的小尺度性

随着耕作技术和知识的积累，特别是金属工具的产生，无须整个原始共同体协作进行，一部分人就可以独立地开垦土地，因而催生了土地私有制。这种私有制提供了一种激励机制，使得农业劳动生产率大幅度提高，经常性的粮食剩余成为现实。"有了这种经常性的粮食剩余，手工业技术就可以独立、专业化和完备起来。社会可以养活千百个不直接参加粮食生产的人。城市可以同乡村分开来，于是，文明诞生了。"①

生产活动的多样化促进了分工的不断演化，"如此多样的活动，已经不能由同一个人来进行了；于是发生了第二次社会大分工：手工业与农业分离了"。②由此可见，一方面，经常性的食物储备可以使社会中一部分成员能够将其劳动时间配置在其他领域，促进新职业和新产品的产生；另一方面，经常性的食物储备可以带来人口数量和人口密度的增加，使得更广泛的分工成为可能，这种广泛的分工提高了劳动生产率，弱化了交换时间对于经济个体的约束。马克思说："人口数量和人口密度是社会内部分工的物质前提。"③

---

① 曼德尔. 论马克思主义经济学 [M]. 廉佩直，译. 北京：商务印书馆，1979：26.
② 马克思，恩格斯.马克思恩格斯选集：第四卷 [M]. 马克思恩格斯列宁斯大林著作编译局，译. 北京：人民出版社，1995：163.
③ 马克思. 资本论：第一卷 [M]. 中共中央马克思恩格斯列宁斯大林著作编译局，译. 北京：人民出版社，1975：391.

农业与手工业的分工使得手工业者通过交换获得农产品的效用大大提高，社会中出现了直接以获取交换利益为目标的生产，偶然的交换行为变成了经常的交换行为，交换主体越来越强烈地要求合理确定交换的量的比例，以充分实现自身的经济利益。因此，经常交换中的使用价值与价值的矛盾运动孕育了货币，货币介入商品交换，极大了促进了不同时空的商品交换活动，形成了简单商品流通。商品流通也就成为一个客观经济过程，分工网络的形态也在一定程度上得以产生（如图3-3所示[①]）。

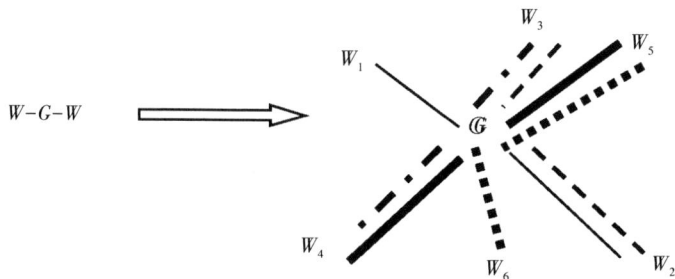

图3-3 简单商品流通与分工网络的小尺度性

以货币为媒介的商品流通，背后是商品生产分工的网络，而网络的扩展意味着商品生产分工，从而生产力越来越发展了[②]。由于此时的商品流通内在的动力仍然是经济主体追求使用价值的最大化，即效用的最大化，并且商品生产者既从事生产，也从事交换，因此这种由简单商品流通形成的分工网络范围仍然有限，复杂程度依然较低，生产和消费大致处于均衡状态[③]。我们把分工网络的这种特征称为分工网络的小尺度性。

---

① 何干强.《资本论》的基本思想与理论逻辑 [M]. 北京：中国经济出版社，2001：77.
② 同上。
③ "在中世纪的欧洲，如同在现在的农业地区一样，中等的生产者能不靠专业的商贩，自己卖掉家庭生产的小小剩余。同样，凡是工业由小手工业单位组成、制造的规模小或只制造订货的地方，生产者和消费者可以不通过商人而做交易。不仅是村子里的铁匠和陶器匠人，连城里的屠户、面包师、蜡烛制造商也是自己售卖自己的产品"（转引自：曼德尔. 论马克思主义经济学 [M]. 北京：商务印书馆，1979：44）。

3.发达商品流通与分工网络的大尺度性

简单商品流通过程中，生产者既从事生产，又从事交换，还不能完全获得分工专业化的好处。那么，如何克服交换时间对于生产者的限制？或者说生产者如何才能追求到更多的交换利益？节约交换时间成为了商品经济运行的必然要求。此时，专门从事商品交换的商人应运而生。"一个商人可以通过他的活动，为许多生产者缩短买卖时间。因此，他可以被看作是一种机器，它能减少力的无益消耗，或有助于腾出生产时间。"[①] 直接面向消费者的交换职能从生产领域分离，商业的产生标志着第三次社会大分工的产生。

从历史上看，中世纪早期，欧洲商品交换规模较小，专以商业为生的人只是一些商业群体，远没有形成一个阶层。随着人口的增长、城市和集市的发展以及交换手段的逐步成熟，这些商人开始支配范围更为广阔的贸易，商人阶层最终形成[②]。起初，商人主要从事长距离贸易，这种长距离贸易沟通了地区之间的经济联系，同时也促进了新的分工的形成，从而使得大尺度的分工网络得以形成（如图3-4所示）。

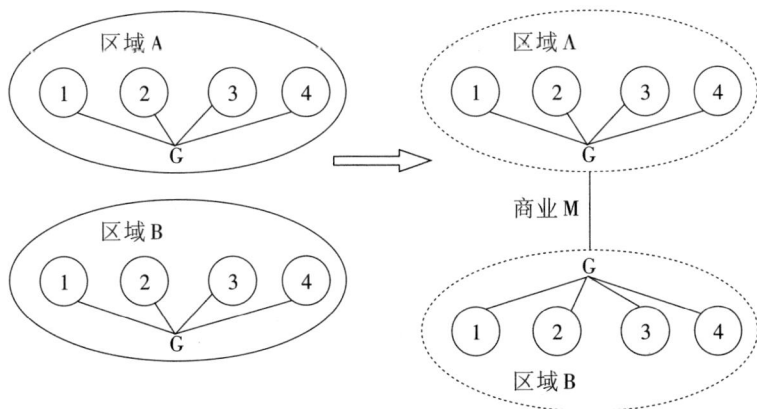

图3-4　发达商品流通与分工网络的大尺度性

---

① 马克思，恩格斯. 马克思恩格斯全集：第二十四卷［M］. 中共中央马克思恩格斯列宁斯大林著作编译局，译. 北京：人民出版社，1979：148.
② 沈汉. 资本主义史［M］. 上海：学林出版社，2008：5.

亨利·皮朗认为11世纪时欧洲国家间的远距离贸易促进了北欧地区的商业发展。在《中世纪欧洲经济社会史》一书中，他写道"随着海运商业复兴而来的是海运商业向内地的迅速深入。不仅是农业因市场需要农产品而受刺激，受交换经济的影响而变成交换经济的一部分，而且还产生了一种新的出口工业"。①

到了20世纪70年代，法国年鉴学派代表人物布罗代尔在《15—18世纪的物质、文明与资本主义》一书中提出了"经济世界"的观点，认为大城市联结的国际长途贸易催生了商业性的城市网络，并对长途贸易论思想做了重要的阐释②。

由此可见，普遍的和专业化的交换促进了分工的进一步深化，"生产和交往间的分工随即引起了各城市间在生产上的新的分工"，③生产者和生产者之间、生产者与商业者之间、生产者与消费者之间的交互作用使自然经济的藩篱被冲破，其共同构筑了分工网络。从而，随着交换制度的完善、交换技术的进步，分工网络的范围进一步扩大。"货币和商人作为交易中介能够促使交易机会扩展到封闭社会之外的地方，导致哈耶克所说的'扩展的人类合作秩序'。"④马克思认为，"商业和商业资本的发展，到处都使生产朝交换价值的方向发展"。⑤

① 皮朗 H. 中世纪欧洲经济社会史 [M]. 乐文，译. 北京：商务印书馆，1964：31.
② 谢丰斋. 从"长途贸易论"到"内部根源论"——西方学者对英国中世纪市场的研究 [J]. 史学理论研究，2002（2）：107-118.
③ 马克思，恩格斯. 马克思恩格斯选集：第一卷 [M]. 中共中央马克思恩格斯列宁斯大林著作编译局，译. 北京：人民出版社，1995：107.
④ 青木昌彦. 比较制度分析 [M]. 周黎安，译. 上海：上海远东出版社，2001：62.
⑤ 马克思，恩格斯. 马克思恩格斯选集：第二十五卷 [M]. 中共中央马克思恩格斯列宁斯大林著作编译局，译. 北京：人民出版社，1974：371.

3.2 流通促进分工协调作用的历史演进分析

3.2.1 前资本主义时期的流通与分工协调

1.交换的空间集中与分工网络协调

从理论上看，前资本主义时期分工网络协调问题主要体现在，经济主体是否具有选择分工的自由并且能够从分工中获得交换利益。显然，这需要一定的制度基础。尽管从新兴古典经济学的角度看，由于交易效率的提高，经济从自给自足状态逐渐演变为完全分工状态，处于完全分工状态的经济主体之间必须通过商品交换关系满足多样化的需求，从而促进了分工网络的形成。

交易效率提高的制度基础是什么？难道仅仅是技术层面的原因？比如运输效率的提高大大促进了远程贸易的发展，从而沟通了各个地区之间的联系，促进了地区间分工的发展。但是，这种地区间分工不一定是完全分工状态。问题在于，经济主体首先要有选择分工的自由，并能够获得参与分工的收益。即使人们具有选择分工的自由，但是由于存在协调问题，选择分工需要承担一定的风险。

假设一个社会需要生产两种必需品，X和Y，才能保证该社会中每一个个体的生存。如果经济主体甲选择专业化生产X产品，那么如何保证经济主体乙不生产X或者说生产Y？这就是一个最简单的分工协调问题。可以说，新兴古典经济学对于这一问题的解答是不充分的。杨小凯论证了价格制度在分工网络中的协调机制，但是问题在于如果一开始经济主体的分工协调就已失灵，那么分工网络根本无法形成，又哪有什么价格制度？因此，分工的自由选择和分工的协调问题得以解决之后，才能促进整个社会的完全分工，形成本章意义上的分工网络。在这个过程中，分工的自由选择和分工的协调需要一个制度基础。

从制度经济学理论来看，制度可以理解为一种博弈规则，也可以理解为博弈的均衡。而博弈规则的形成、普遍化以及博弈均衡都是参与博弈的主体重复性相互作用的结果。正如大卫·休谟所言，"所有权的稳定性源于人类社会逐渐形成的惯例，源于侵犯产权所导致的不方便的反复经历"。①

博弈行为主体的相互作用形成均衡所隐含的一个前提是：这种相互作用转化为实际支付结果的时间不能太长，否则我们难以将其定义为一个博弈。换句话说，博弈行为主体的行为集合应该局限在一个有界的空间内，并且他们的相互作用具有可重复性。由此，对于交换利益来说，其制度基础在于交换主体的交换活动在一定的空间上重复进行形成了一系列的交换规则，从而保证了交换理性的实现：自愿让渡、等价交换、公平竞争、自由流通②。

起初，在前资本主义时期，交换的空间集中为交换的重复进行提供了一种可能，也为交换的达成提供了更大的可能。我们通过一个博弈模型来说明交换的空间集中与分工协调的关系。虽然，模型本身并不能解释历史，但它可以告诉我们应该将目光投向哪里③，以增进我们对于分工网络协调机制的理解。

假设存在如下类型的博弈（如图3-5所示），其构造的思想主要是：一个经济体中的个人要么选择专业化生产X产品，要么选择专业

---

① 休谟在《人性论》中的论述，转引自：青木昌彦. 比较制度分析［M］. 周黎安，译. 上海：远东出版社，2001：35.
② 晏维龙. 交换、流通及其制度——流通构造演变理论［M］. 北京：中国人民大学出版社，2003：26.
③ 鲍尔斯. 微观经济学：行为、制度和演化［M］. 江艇，译. 北京：中国人民大学出版社，2007：65.

化生产 Y 产品，如果同时生产 X 或 Y 产品，则双方获得的支付都是
V；如果一方生产 X 产品，而另一方生产 Y 产品，则两者通过交换获
得交换利益。

	专业化生产 X	专业化生产 Y
专业化生产 X	V，V	V+（U−T）/2，V+（U−T）/2
专业化生产 Y	V+（U−T）/2，V+（U−T）/2	V，V

图 3-5　分工选择的博弈矩阵

假设交换利益平均分配，则两者的收益为 V+（U−T）/2。显然，
当 U−T>0 时，一方生产一种产品，而另一方生产另一种产品构成一
个纳什均衡。但问题在于，一方生产 X 的时候，另一方如何知道这个
信息？或者问题可以转化为：一个专业化生产 X 的人如何才能迅速地
寻找到专业化生产 Y 的人？进一步的表述是，专业化生产 X 的"交换
失败"风险如何降低？

当交换只是偶尔发生时，交换主体的配对更多的是既生产 X 又生
产 Y 的生产者与 X 的生产者或 Y 的生产者（如图 3-6 中的低度分工协
调所示），专业化生产 X 和专业化生产 Y 的生产者所占比例还很小。
当交换在特定的地域集中之后，信息的交流为专业化生产 X 的生产者
寻找到专业化生产 Y 的生产者提供了更大的可能性。当交换成为定期
的、经常性的，并且在特定空间上的行为，成为一种制度化的形式
时，其为专业化生产者提供了一种抗风险机制，从而使专业化生产 X
和专业化生产 Y 的主体数目相对多了起来（如图 3-6 中的中度分工协
调所示）。

此时，专门为交换而生产才能够成为经济主体的一种选择，并且
随着交换主体的重复性交互作用，一方面，各种交换制度、定价标准

逐渐形成，促进了进一步的专业化分工；另一方面，重复性的交互作用可以提供某种信息披露机制，从而调整着经济主体的分工选择，协调着整个分工网络（如图3-6中的高度分工协调所示）。

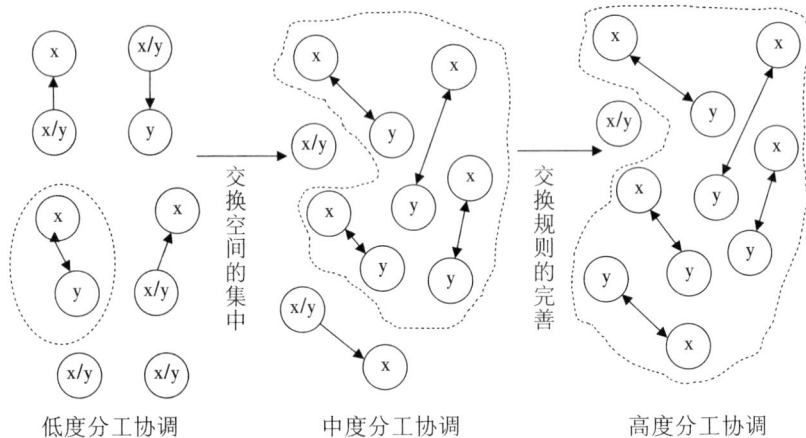

图3-6　重复性交互作用带来的分工协调

　　从现实来看，交换的空间集中表现为经济领域的城市化发展，城市与商业的互动发展也早被理论和实证研究所证实（晏维龙等，2004）。从某种意义上说，城市本身就是一个复杂的分工网络，生产者、商业者和消费者在城市中从事着经常性的交换活动，推动着城市的规模、结构、密度的不断调整，甚至由专业化的城市构成的城市群也逐渐形成，从而进一步扩大了分工网络的空间范围。上述分析表明，人类追求交换利益的行为总是能够为矛盾的协调提供一种自组织机制，除了价格机制以外，经济活动的空间组织方式对于分工网络的协调也具有重要的作用。

　　2.交换理性与流通制度化催生了原生型资本主义

　　从历史上看，交换的空间集中所形成的集市和城市制度在协调分工网络，推动分工网络扩张的过程中促进了原生资本主义制度的形成。西欧资本主义起源于封建社会中的城市。西欧封建社会的城市是集市贸易发展的产物，也是社会流动的产物[①]。集市为交换提供了一个制度化的时间和空间形式。交换制度为参与交换的主体之间的重复博弈提供了一种可能，并且在重复性的交互作用中交换主体逐渐形成了平等观念，从而冲击了封建等级观念。

马克思说，"他们必须彼此承认对方是私有者。这种具有契约形式的法的关系，是一种反映着经济关系的意志关系。这种法的关系或意志关系的内容是由这种经济关系本身决定的，在这里，人们彼此只是作为商品的代表即商品占有者而存在"。[②]可见，在商品交换的过程中，商品所有者不再具有封建等级身份，他们在形式上是完全平等的。商品质量、供求、价格决定了交换能否达成，讨价还价成为了集市中普遍的行为，商品交换不再由交换主体的身份、权威所主导。即使集市中形成的平等原则冲击着封建等级制，但是由于这种冲击是缓慢进行的，而集市发展给封建主带来的经济利益却是显而易见的，因此封建主也在相当的程度上容忍了集市贸易的发展（厉以宁，2003）。

以英国为例，集市的出现、发展，直至成为一种制度，促进了参与商品交换的产品数量、规模、种类的大幅度增加，从而使得农业逐渐专业化。在农村中出现了新的农业经营方式，其逐渐突破了旧的封建主义生产方式的束缚。

集市贸易的进一步发展使得更多的人参与商品交换，甚至出现了专业化的商人。这些还具有农奴身份的手工业者和职业商人逐渐演变为集市空间上具有固定住所的居民，坐商逐渐形成，并且数量日益增多，由于报酬递增效应，导致更多的人聚集在一起，形成了最初的城市。

---

① 厉以宁. 资本主义的起源——比较经济史研究 [M]. 北京：商务印书馆，2003：68.
② 马克思. 资本论：第一卷 [M]. 中共中央马克思恩格斯列宁斯大林著作编译局，译. 北京：人民出版社，1975：102-103.

因此，"城市的建立者不是封建主或寺院，而只能是商人"①。"英国通过市场、港口和集市这样的交易场所构成了一个比较复杂的市场体系。与市场体系相关联的是众多地方市场城镇的建立与发展，高密度的市场城镇渗透到英国最偏僻的乡村，它们起着市场网络节点的作用。"② 由此可见，流通制度化形成的分工网络沟通了城市和乡村的经济联系。

为了追求更多的交换利益，一些封建主开始聚居于城市，城市的规模逐渐扩大。商品交换的发展和城市经济力量的扩大，为推翻封建主义制度奠定了经济基础。资本主义制度就是在资产阶级与封建主阶级的反复斗争中逐渐形成的。资本主义制度为经济主体的分工选择提供了更多的自由，从而为分工网络的扩张提供了前提。

与此同时，资本主义制度下的城市聚集了大量的资本、劳动力、购买力，并且交换空间的集中降低了交换费用，传递了各种技术、偏好等信息，从而有组织地协调着处于分工网络中每一个经济个体的选择，维系着分工网络这样一种经济形式。"一直要到商业和城市生活发展到一定程度，等到商业和城市生活形成了足够广阔的市场，然后商品生产才在城市里发展和普遍起来。"③

我国著名经济史专家吴承明在《重视商品流通促进传统经济向现代经济转换中的作用》一文中指出，"1969年，希克斯发表《经济史理论》，提出世界经济发展的共同趋势是由习俗经济、命令经济向市场经济转换。这种转换始于专业商人的出现，经过二三百年的市场渗透，即适应市场经济的政治、法律、社会的改造，最后出现工业革命

---

① 厉以宁. 资本主义的起源——比较经济史研究 [M]. 北京：商务印书馆，2003：79.
② 张卫良. 英国社会的商业化历史进程 [M]. 北京：人民出版社，2004：37.
③ 曼德尔. 论马克思主义经济学 [M]. 廉佩，译. 北京：商务印书馆，1979：55.

和近代化"。[①]

许檀（2001）系统地考察了明清时期城乡市场网络体系的形成和发展过程，将全国市场网络划分为流通枢纽城市、中等商业城镇、农村集市三大层级，在吸收施坚雅理论的层级概念的基础上，提出了更符合中国历史实际的网络论：城乡市场网络体系的形成标志着传统经济向市场经济的转化[②]。"现代经济与开拓时期的经济之间的主要差异之一，在于广阔的贸易网络和个人与企业的生产专业化。"[③]

上述分析表明，集市和城市的发展通过交易的空间集中机制促进了分工的协调，从而将更多的人、更多的地区卷入分工网络。为了追求更多的交换利益，在制度层面逐渐瓦解了封建主义的生产方式，催生了资本主义生产方式。如果说，在前资本主义时期，经济主体追求以使用价值为主要内容的交换利益可以通过交易的空间集中得到很好的协调，那么当资本主义生产方式成为经济的主导，产品不再仅仅作为商品，而是作为资本的产品在市场上交换时，分工网络的协调问题就变得复杂起来。

3.2.2　资本主义时期的流通与分工协调

1.资本流通以商品流通为前提

正如上文分析所表明的，由于交换利益成为经济主体追求的目标，分工网络才得以逐渐形成，并且追求交换利益的内在要求使得交换活动出现了空间上的集中，从而为分工网络提供了一种自组织协调机制。在发达商品经济条件下，当资本主义生产方式成为一种主导的

---

① 吴承明. 要重视商品流通在传统经济向市场经济转换中的作用 [J]. 中国经济史研究，1995（2）：3-4.
② 许檀. 明清时期城乡市场网络体系的形成及意义 [J]. 中国社会科学，2000（3）：191-207.
③ 萨缪尔森. 经济学：第十四版 [M]. 胡代光，等译. 北京：北京经济学院出版社，1996：52.

生产方式时，分工网络得到了最大程度的扩展。正如马克思所指出的，"产品进入商业、通过商人之手的规模，取决于生产方式，而在资本主义生产充分发展时……这个规模达到自己的最大限度"。[①] 曼德尔认为，"只有当生产率达到一定的水平，使社会中的一部分人能够从物质工作中解放出来，这种社会革命才可能发生"。[②] 这里的社会革命主要是指一种制度的变革。可见，资本主义生产方式构成了分工网络具有自我扩张性的制度基础。

资本主义生产方式下的流通形式主要是发达商品流通。这种发达的商品流通主要分为商业资本的流通（$G-W-G'$）和产业资本的流通。本质上看，产业资本的流通和商业资本的流通都以货币作为资本的增殖。从产业资本流通的商品资本循环公式可以看出，商品流通是实现产业资本之间协调的运动形式或者说载体。这里的关键是 $W'-G'$，即商品能否顺利地转化为货币。从产业资本流通的生产资本循环公式：

$$P \cdots W' - G' - W - \begin{cases} A \\ P_m \end{cases} \cdots P'$$

可以看出，在资本主义生产方式下，资本流通必须以商品流通的发展为前提。与此同时，资本主义生产方式把一切生产消费资料和生活消费资料商品化，从而促进了商品流通在广度、深度上的不断发展。

2.价值确定静态视角下的商品流通实现与分工网络协调

资本主义生产方式下，由商品流通连接的各个产业资本的循环运动形成了错综复杂的分工网络，而分工网络协调的关键在于各个产业资本能够顺利完成 $W'-G$ 和 $G-W$。对于这一过程，新古典经济学是

---

① 马克思. 资本论 [M]. 中共中央马克思恩格斯列宁斯大林著作编译局，译. 北京：人民出版社，1972：364.
② 曼德尔. 论马克思主义经济学 [M]. 廉佩，译. 北京：商务印书馆，1979：35.

通过供求二分法加以分析的，他们借助主观效用价值论，回避资本流通所经历的生产过程，割裂微观和宏观的联系进行市场均衡分析。

马克思认为，"在简单的买和卖上，只要有商品生产者自身相互对立就行了。如果作进一步的分析，供求还以不同的阶级和阶层的存在为前提，这些阶级和阶层在自己中间分配社会的总收入，把它当作收入来消费，因此形成那种由收入形成的需求；另一方面，为了理解那种由生产者自身相互形成的供求，就需要弄清资本主义生产过程的全貌"。[①]这意味着 $W' - G' - W - \begin{cases} A \\ P_m \end{cases} \cdots P \cdots W'$ 单个产业资本的社会性需求只有通过社会性的手段或方式才能得以满足（郭毅，2008）。这种社会性的手段本质上就在衡量作为资本的产品能否通过商品流通实现其价值。

从任意一个产业部门来看，根据马克思的劳动价值论，其部门内部的社会平均生产技术水平和社会对于这个部门产品的需求规模共同决定这个部门的价值量，从而内在地要求应当在这个部门分配多少社会劳动量。从整个社会来看，不同部门的社会平均技术水平形成了社会的技术结构，而对于不同部门产品的社会需要形成了社会的需求结构，社会的技术结构和需求结构共同决定应当如何在不同部门间分配社会劳动。

显然，分工网络协调的本质在于实现社会劳动的按比例分配，即通过部门内的竞争和部门间的资本流动来实现分工网络从非均衡转化为均衡。这本质上是从价值确定的静态角度研究得出的分工网络协调的基础。

---

① 马克思. 资本论［M］. 中共中央马克思恩格斯列宁斯大林著作编译局，译. 北京：人民出版社，1972：217-218.

3.价值确定动态视角下的社会再生产均衡与分工网络协调

社会再生产过程是生产过程与流通过程的统一。社会再生产能否顺利进行取决于资本家是否做出扩大再生产决策。资本主义生产当事人在投入资本生产产品时，并不能保证该产品一定能够在流通过程中顺利实现，从而无法得到私人劳动社会性的确证。日本马克思主义经济学家置盐信雄（1988）的再生产均衡公式说明了价值确定过程的动态性，孟捷（2004）正是应用这个公式说明了马克思市场价值概念的本质是分析技术与经济的协同演化。

前期的产业资本积累是决定剩余价值能否实现的重要基础。这是因为前期的产业资本积累决定了下一期的需求规模，从而影响下一期两大部类所生产的剩余价值的实现，并且由于需求项目中一部分是对劳动力的雇佣需求，因此前期的资本积累决定了下一期的劳动力的就业规模，从而决定了下一期的劳动力的消费能力。从这个意义上说，总的产业资本积累规模是社会再生产中具有决定作用的因素①。单个产业资本的剩余价值能否实现取决于总的产业资本积累的规模，这实际上意味着微观行为的有序必须基于拥有一个宏观基础，即分工网络协调本质上要求社会劳动不仅要在同一时期在不同的生产部门之间按比例分配，而且还要在不同时期实现按比例分配。

4.资本主义通过流通扩张与变革实现分工网络协调

在资本主义生产方式下，交换利益的本质出现了异化，即从追求更多的使用价值转为追求更多的价值。当然与其说经济中每一个个体都在追求价值增殖，而毋宁说交换的价值增殖是资本主义经济运行的基础。此时，由于价值增殖成为资本积累的动力，而资本主义经济的发展越来越依赖资本的不断积累，如果价值增殖难以实现，则资本主

---

① 孟捷.劳动价值论与资本主义再生产中的不确定性［J］.中国社会科学，2004（3）：4-205.

义体系必然出现危机。

在资本主义制度下，"市场向广度和深度扩张的能力首先是受完全不同的、力量弱得多的规律支配的。市场的扩张赶不上生产的扩张。冲突成为不可避免的了"。① "在危机中，社会的生产和资本主义占有之间的矛盾剧烈地爆发出来。商品流通暂时停顿下来……经济的冲突达到了顶点：生产方式起来反对交换方式。"② 可见，在资本积累过程中，必然会出现剩余价值生产和剩余价值实现的结构性矛盾（孟捷，2004）。如果不能实现价值增殖，则必然影响分工网络的协调。那么，资本主义存在了几百年，它的内在规律是什么呢？

其一，流通空间范围的扩张可以促进分工网络的协调。正是由于资本家对于交换价值增殖的不断追求导致了资本积累的结构性矛盾，而这种结构性矛盾的弱化或克服需要一个不断扩容的分工网络。只有更多的经济主体加入分工网络才能为已经相对过剩的产品提供需求量的增加，从而在一定程度上协调使用价值与价值的矛盾冲突。

这种内在的经济规律反映在经济现实中则是资本主义生产方式在世界范围内的扩张，它具有突破地域限制的内在动力，将世界性的原材料、商品纳入流通体系。资本主义将世界上广大的落后地区变为自己的殖民地，购买廉价的原材料，销售其生产出来的商品。本质上看，这是通过一种强制性的手段进行流通范围的扩张，让更多的地区、更多的经济主体参与到分工网络之中。可见，在资本主义生产方式下，流通范围的不断扩张，能为资本主义生产方式的"合理存在"提供现实基础。

其二，流通体系结构的调整可以促进分工网络协调。流通空间范围的扩张不能长期维持，一方面是因为地域范围总不能无限地扩展下

---

① 恩格斯. 社会主义从空想到科学的发展 [M]. 中共中央马克思恩格斯列宁斯大林著作编译局，译. 北京：人民出版社，1997：67.
② 同上，68页。

去；另一方面是因为国家利益、民族利益的普遍存在和强烈诉求，因此资本主义生产方式如何才能为自己追求价值增殖提供一个经济基础？换句话说，分工网络的协调是否存在着其他的机制？

在《德意志意识形态》里，马克思强调了分工的极端重要性，"一个民族的生产力发展的水平，最明显地表现于该民族分工的发展程度。任何新的生产力，只要它不是迄今已知的生产力单纯的量的扩大（例如，开垦土地），都会引起分工的进一步发展"。[①] 这里，新的生产力可以指一种产品创新，从而建立新的产业部门，新的产品进入流通，促进流通体系中的客体、渠道等发生结构性变革，从质的层面实现分工网络的协调。可见，流通体系的结构性调整可以在很大程度上协调使用价值和价值的矛盾。正如孟捷（2001）所言，"资本主义生产方式只有在一个不断扩容的分工体系中才能繁盛起来。产品创新及新产业部门的建立，在质上扩大了劳动的社会分工体系"。[②]

其三，流通扩张与结构调整在协调分工网络过程中相互促进。资本主义生产方式的外生性扩张，在量上扩大了分工网络，从而实现分工网络的自身协调，并且这种协调是通过不等价的交换和流通实现的。由于其不可持续性，这种协调方式会受到限制。资本主义生产方式下分工网络的内生性扩张则是通过产品创新，建立新的产业部门，在质上扩大分工网络，从而实现分工网络的协调。

那么，如何从流通和交换的视角理解产品创新的发生机制呢？从理论生物学的前沿研究来看，奥菲克在《第二天性：人类进化的经济起源》一书中基于人类进化的历史事实，认为商业性交换促进了人脑的进化，从而促进了知识的不断积累，推动着人类社会的文明进程。

---

① 马克思，恩格斯.马克思恩格斯选集：第一卷 [M]. 中共中央马克思恩格斯列宁斯大林著作编译局，译. 北京：人民出版社，1979：68.
② 孟捷. 马克思主义经济学的创造性转化 [M]. 北京：经济科学出版社，2001：103.

中世纪晚期的商业资本主义带来的航海的改良、商业组织的扩张，与18世纪的机器发明和技术进步相互作用，共同促使产业革命过程成为事实（张培刚，2002）。

马克思也认为，"生产力的这种发展，归根到底总是来源于发挥着作用的劳动的社会性质，来源于社会内部的分工，来源于智力劳动，特别是自然科学的发展。在这里，资本家利用的，是整个社会分工制度的优点"。[①]从系统论的角度看，商品流通之于社会分工网络的作用可以比作血液流通之于生命系统的作用。正是商品流通的发展为新的发明和创新提供了产业化的市场基础。从这个意义上看，分工网络的量的扩张与质的调整是相互促进的，并且这种相互促进的机制从根本上协调着资本主义生产方式下剩余价值生产与剩余价值实现的矛盾。

3.3 促进经济循环的分工协调机制构建

3.3.1 从价值实现的角度看分工协调机制

在人类社会演进过程中，人与人发生社会联系，尤其是商品交换，终归是社会分工和生产力进步的结果。正如恩格斯所指出的，"在野蛮时代高级阶段，又进一步发生了农业和手工业之间的分工，于是劳动产品中日益增加的一部分是直接为了交换而生产的，这就把单个生产者之间的交换提升为社会的生活必需"。[②]生产力的进步产生了剩余产品，围绕剩余产品的占有权和使用权争夺，人类社会进入

[①] 马克思. 资本论：第三卷 [M]. 中共中央马克思恩格斯列宁斯大林著作编译局，译. 北京：人民出版社，1972：97.
[②] 马克思，恩格斯. 马克思恩格斯文集：第四卷 [M]. 中共中央马克思恩格斯列宁斯大林著作编译局，译. 北京：人民出版社，2009：184-185.

了阶级社会。

剩余产品的占有、分配和使用决定了不同主体的经济和社会地位。一个国家的统治者实质上就是剩余产品的总体占有者。想要占有更多的剩余产品，首先需要占有剩余产品的生产条件或生产资料。这一生产条件或资料最初来源于自然界，譬如土壤、动物等，自然条件的重要性不言而喻。法国的重农主义者由此将自然看成财富的源泉，文明的发源与比较研究领域的有些学者也将早期的自然地理条件作为文明发展的决定性因素。在农耕社会，产品的生产更多地依赖土地等自然要素，劳动者离开了土地就不能生产出产品，拥有土地这一生产资料就成了占有剩余产品的制度前提。

东方的周天子"封土建国"，将土地分封给诸侯与贵族，形成典型的封建统治。"大大小小的贵族是自己在那里为自己行使统治，在名分上，尽管小贵族对较大贵族维持着一定的依属关系、隶从关系，但实质上，他是所在属地的绝对支配者。"[①] 拥有土地的封建贵族掌握了全部的社会剩余产品。土地所有者除了维持大量农奴和私人军队，找不到利用他们剩余产品的更好途径。因此，封建制度下的经济内循环表现为一种较低水平的"循环之流"。

西方历史上资产阶级通过与封建贵族的斗争，逐渐确立了资本主义生产方式。资本主义国家通过暴力迫使生产资料与劳动者强制分离，由此占有劳动过程不可或缺的生产资料。与封建土地所有者相比，资本家追求剩余价值本身的增长，他们将部分剩余再次投入生产领域，以此生产出新的剩余产品。同时，在价值规律和相对剩余价值规律的作用下，资本家不断提高劳动生产率，并不断再生产这种生产关系。对于整个资产阶级而言，技术进步同样至关重要，因为技术进步创造出过剩人口或产业后备军，从而为资本主义生产方式的存续提

---

① 王亚南. 中国官僚政治研究 [M]. 北京: 商务印书馆, 2010: 12.

供了技术和经济条件。

可见，在封建主义生产方式下，对土地的占有是农业剩余产品占有和分配的基础。封建统治者对剩余产品的支配，主要用于生活消费而很少用于大规模的生产性投资，导致国家整体的生产力进步缓慢。在资本主义生产方式下，对生产资料的占有构成了剩余产品占有和支配的基础。迫于竞争的压力，资本所有者必须将剩余的一部分用于生产性投资和扩大再生产，努力推动生产率的提高。

总之，在马克思主义政治经济学看来，财富的创造能力取决于剩余产品的占有及其使用方式。封建社会的统治者对剩余产品的占有和消费，主要是对阶级结构的巩固，没有动力将剩余产品的大部分投入再生产过程。进入资本主义社会之后，为利润而竞争的制度压力迫使资本所有者将大部分剩余产品转化为生产性投资。这种投资具体体现为资本家将利润用于购买能够提高生产率的机器、扩大生产规模、并购新的工厂，甚至是用于激励具体的经营管理者。同时，竞争也促进了生产率的提高，进而推动财富积累进一步增大。社会经济基于剩余积累的制度化和生产率的不断提升，实现持续的财富增长，形成了国民经济体系的大循环。

与此同时，从人类社会经济发展的历史来看，分工发展的方向是从简单到复杂，直至出现"分工网络"这种经济组织形态。分工网络的演进在于追求最大化的利益，经济主体不断地选择专业化生产，从而通过商品交换形成一个有机整体。可见，分工网络的形成、协调与扩张构成了分工网络的演进过程，在这一过程中，交换利益的产生以及经济系统中的个体对其加以不断的追求是分工网络演进的根本动力。与此同时，一切制度的、技术的、观念的因素通过影响交换利益作用于分工网络的形成、协调和扩张过程，从而制度的变革、技术的进步、观念的更新构成了人类社会经济丰富多彩的历史画面。

基于上述分析，经济循环的关键在于：一是商品流通中的价值能够实现；二是商品流通中的利益能得到合理分配。马克思的分析是从抽象的层面揭示了资本流通与商品流通的逻辑关系，由于价值与使用价值的对立运动，价值增殖内在地要求使用价值能够顺利实现 $W' - G$ 转化。但是这个转化过程从现实来看非常复杂，由于生产和消费的矛盾在不同的阶段有着不同的特征，并且不同阶段的制度和技术等条件也不尽相同，因此必然会有不同的流通组织方式，而不同的流通组织方式会有着不同的交易行为与交易结果，导致商品流通的具体实现形式各异。

3.3.2 社会再生产层面的经济循环机制

马克思主义流通理论认为，商品流通本质上是各个经济主体相互依存的经济利益体系。由此，商品流通的具体实现形式不同会导致不同的利益分配格局。而这种分配格局对于实现再生产均衡具有重要意义。那么，一切与商品流通实现过程密切相关的制度、技术和组织创新的经济合理性的判断标准可以界定为它们是否能够降低交换过程的不确定性和成本，快速高效地实现生产领域的价值，并且能否在意愿积累率保持不变的条件下通过利益的合理分配促进资本积累总规模的扩大，从而创造与未来的生产活动相适应的需求规模。

诚然，马克思的《资本论》关于资本主义自由竞争时期的经济运行的分析具有一定的特殊性，但是其中关于商品流通运行的规律具有一般性，适用于社会分工条件下的商品经济运行。任何社会化大生产过程总是由社会分工以及协调社会分工的流通过程组成，流通过程效率的高低对于分工网络协调的实现速度、质量具有重要的影响。

从产业资本的循环周转过程来看，如果购买阶段和销售阶段沉淀了太多的社会劳动，产业资本的周转速度就会变慢，社会生产的财富增长就会受到影响。而在购买和销售阶段，商业资本天然地承担着组织商品流通的职能，并且发挥着交换的专业化经济效应。"由于流通与生产职能的分工，流通部门专门从事商品买卖，比生产部门更熟悉市场情况，更了解消费者的需要，更精通销售技术，从而有利于缩短商品流通时间，有利于生产企业节约用于流通过程的资金，加快资金的周转，使等量资金带来更多的利润。"① 可见，交换的专业化经济可以通过节省产业资本的流通时间为产业资本实现更多的利润。

同时，由于流通组织将分散于各个生产企业的流通职能集中起来，从社会的角度看，其创造了流通活动的规模经济性，从而节约了社会的总劳动时间，增加了社会经济整体的经济利益。马克思认为，"社会发展、社会享用和社会活动的全面性，都取决于时间的节省。一切节约归根到底都归结为时间的节约"。② 马克思的劳动价值论、剩余价值理论都直接或间接地揭示了经济增长的时间本质，社会必要劳动时间更直接揭示了时间节约的经济意义③。

社会必要劳动时间是在商品交换和流通过程中流通主体之间的竞争中显示出来的：一方面，在竞争中，个别劳动必须得到社会的承认才能判定为具有价值，从而激励着生产者不断改进生产技术、创新生产过程的分工形式，最大可能地节约生产单位使用价值所耗费的劳动时间；另一方面，竞争也内在地要求生产者的商品转化为货币的时间尽可能地得到节约。"由于卖的速度不同，同一个资本价值就会以极不相同的程度作为产品形成要素和价值形成要素起作用，再生产的规模也会以极不相同的程度扩大或者缩小。"④ 从这个意义上看，流通

---

① 高涤陈，等. 社会主义流通过程研究 [M]. 上海：上海人民出版社，1988：65.
② 马克思，恩格斯. 马克思恩格斯全集 [M]. 中共中央马克思恩格斯列宁斯大林著作编译局，译. 北京：人民出版社，1979：120.
③ 刘明宇. 贫困的制度成因 [M]. 北京：经济管理出版社，2006：69.
④ 马克思，恩格斯. 马克思恩格斯全集 [M]. 中共中央马克思恩格斯列宁斯大林著作编译局，译. 北京：人民出版社，1979：48.

过程的时间节约与生产过程的时间节约同等重要。"重生产、轻流通"的观念及其做法是不符合社会化大生产的客观规律的。

由此可见，必须将社会劳动按比例配置于生产领域与流通领域，从而促进国民经济的持续协调发展。正如马克思所说，"时间的节约，以及劳动时间在不同的生产部门之间有计划地分配，在共同生产的基础上仍然是首要的经济规律，这甚至在更加高得多的程度上成为规律"。[①] "流通时间的延长和缩短，对于生产时间的缩小或扩大，或者说，对于一定量资本作为生产资本执行职能的规模的缩短或延长，起了一种消极限制的作用。资本在流通中的形态变化越成为仅仅观念上的现象，也就是说，流通时间越等于零或近于零，资本的职能就越大，资本的生产效率就越高，它的自行增殖就越大。"[②]

从本章的研究视角来看，在这一过程中，流通领域中流通组织效率的提高可以节约社会劳动，那么政府就可以将更多的社会劳动配置于流通基础设施建设，包括制度性的基础设施和技术性的基础设施，提高整个社会的一般交易效率，将本来处于自给自足状态或局部分工状态的经济个体卷入横向的分工网络之中，从而促进社会生产力的提高。如果将宏观层面经济循环畅通理解为分工的网络效应不断扩大的过程，那么着眼于社会总体层面，应该将流通组织效率与一般交易效率的关系作为重点，进一步论证宏观层面经济循环的效率驱动机制。

3.3.3 个别再生产层面的经济循环机制

个别再生产主要从微观渠道层面去观察经济循环过程。其中，工商关系的利益冲突及协调问题对渠道效率产生深刻影响。工商关系的

---

① 马克思, 恩格斯. 马克思恩格斯全集 [M]. 中共中央马克思恩格斯列宁斯大林著作编译局, 译.北京: 人民出版社, 1979: 120.
② 马克思. 资本论: 第二卷 [M]. 中共中央马克思恩格斯列宁斯大林著作编译局, 译. 北京: 人民出版社, 1975: 142.

产生源于生产专业化和交换专业化。当资本主义生产方式主导经济生活之后，交换利益就从追求使用价值的最大化异化为追求价值的最大化。由此，企业无时无刻不处于竞争之中，追求价值的最大化表现为最大可能地获取超额利润，而这又是建立在个别生产时间低于社会必要劳动时间的基础之上，那么如何减少个别生产时间?

这里有两个问题需要注意：一是同时执行面向产品的生产和面向消费的交换两种不同职能必然会使得一部分时间不能完全投入到生产过程，这就内在地要求对生产和交换进行分工；二是生产过程通过分工和协作降低学习费用，通过企业内的分工实现总的生产时间的节约。

实质上，我们可以把企业减少个别劳动时间归因于两个方面：一是面向消费的交换过程借助于专业化的流通组织；二是对生产过程实行分工协作。超额利润的获取是暂时的，由于横向的竞争，导致每一个生产企业逐渐将交换的职能分离，从而专注于生产过程的分工协作，此时，这些企业都依赖独立化、产业化的商业资本。

这里需要指出的是，从生产企业分离的交换主要是指生产企业作为卖方、消费者作为买方时的交换。生产企业只是借助于流通组织间接地实现与消费者之间的交换。从社会的角度看，原本生产企业与消费者的一次交换分裂为生产企业与流通组织、流通组织与消费者的两次交换。其中隐含的经济前提是：生产企业与流通组织交换所耗费的劳动时间要小于生产者直接面对消费者交换的劳动时间。

进一步地，如果我们将流通组织的交换活动视为一种"分销服务"，生产者通过独立的流通组织把产品卖出去，就相当于生产者购买了一种"分销服务"，从而区别于直接雇佣销售人员和建立分销机构。这样，生产企业与流通组织之间的交换实质上是商品与"分销服务"的交换。流通厂商以一定的采购价支付给生产者货币，从而取得商品的所有权。生产者则是通过让渡商品的部分价值潜在地购买了

"分销服务"。只不过这种让渡主要通过流通商与消费者的交换过程来实现。让渡的价值量则主要取决于流通组织的运营效率。由此可见，这背后实质上是激励机制和风险机制的双重转移。

如果流通组织缺乏横向竞争，其在与生产企业之间的纵向竞争中将处于有利的地位，从而可以通过较低的采购价获得商品，进行一定的价格加成后卖给消费者，从而实现自身分销服务价值的最大化。产业资本创造的剩余价值的很大一部分要让渡给商业资本，由此我们可以将商业资本获得的利润超出平均利润的部分，称为买方垄断利润。

这种买方垄断利润的存在，会吸引资本流入流通部门，从而使得利润率平均化。只不过，在流通领域，这种利润率的平均化又受到流通组织"空间先行优势""正反馈效应"以及消费需求的多样性等因素的影响，呈现零售市场的寡头企业与大量中小企业并存的格局。

上述分析表明，流通组织既可能通过提高流通过程的一般交易效率增进流通渠道效率，也可能通过扩大流通组织和生产企业之间个别交易效率差距损害流通渠道效率。本质上看，流通渠道本身就是纵向分工网络，如果将纵向分工网络协调问题归结为利益的协调问题，那么着眼于利益结构层面，应该以渠道效率的增进为目标将流通组织效率与个别交易效率的分析相结合，探索微观渠道层面经济循环畅通的利益协调机制（详细的模型分析见第5章）。

3.4 本章小结

本章所做的工作是论证分工网络的协调问题成为流通分析对象的经济合理性。首先需要指出的是，分工与分工网络并不是一个概念，笔者在对分工的概念进行梳理的基础上对分工网络进行了界定，认为其是一种在所有权明确的前提下参与分工的经济主体及其商品交换关系通过经常性的交互作用形成的线图系统。

从大的范围看，这种线图系统可以看作宏观总体的市场，也可以将其抽象为横向分工网络。这种横向分工网络的形成过程可以还原为处于向市场经济体制过渡的经济体，而横向分工网络的扩张过程则可以还原为市场经济体制的不断完善。从小的范围看，这种线图系统可以看作流通渠道系统，也可以将其抽象为纵向分工网络。这种纵向分工网络的形成过程就是流通渠道转换为中间商介入，而纵向分工网络的扩张过程则可以还原为流通渠道在空间上的延伸。

在分析的过程中，本章首先归纳概括了流通演进与分工网络的阶段性特征。当人类处于物物交换阶段时，分工网络呈现的特征是稀疏性，或者说是散点式，甚至此时根本就不存在分工网络。当货币介入交换时，物物交换发展为简单商品流通，可以将简单商品流通的形态本身抽象为分工网络，但是由于简单商品流通阶段的地域范围有限，专业化商人还没有出现，因此此时的分工网络呈现的特征是小尺度性。当专业化交换的商人介入商品流通时，货币的增值追求驱动着商人从事高风险的长距离贸易，从而沟通了不同地域之间的经济联系，分工网络呈现出大尺度性。

本章基于经济发展的不同历史阶段，对流通促进分工协调的作用进行历史演进分析，主要阐明了前资本主义时期交换的空间集中，及集市和城市的形成对于小尺度分工网络起着协调的作用；资本主义时期分工网络具有扩张的本性，并且也正是分工网络的外生性扩张和内生性扩张动态地协调着剩余价值生产与剩余价值实现之间的矛盾，从而协调着分工网络本身。

然后，从社会化大生产的一般性出发，论证了"流通过程效率提升增进分工网络协调"这一表达，主要从三个层面进行概要的分析，即宏观总体上，流通组织效率与一般交易效率的互动机制可以促进横向分工网络的扩张与协调；微观结构上，工商业之间的合作与竞争行为会导致渠道效率不同，因此应该以增进渠道效率为目标，应用流通组织效率和个别交易效率概念分析纵向分工网络协调机制的构建思路；政策层面上，流通演进与创新的经济合理性标准在于节约流通成本和促进利益的公平分配，从而促进财富增长与市场秩序的统一。

第 4 章

流通促进经济循环的效率驱动机制

4.1 基本模型

基于第3章的政治经济学分析，在本章的模型构建中，我们一是运用西方经济学的研究方法揭示横向分工网络协调的本质在于社会劳动的按比例配置，从而既继承了马克思主义政治经济学的理论观点，也保持了研究方法的主流化；二是揭示流通组织中劳动生产率提升的宏观经济意义：促进了一般交易效率的提升，推动了分工的扩展深化，实现了经济的发展跃迁。

我们的模型具体分为两个：一是静态均衡模型；二是动态均衡模型。静态均衡模型首先假定交易效率既定，分析市场出清时投入生产与流通的均衡社会劳动比例，进而分析各种参数变化对于均衡比例的影响。动态均衡模型主要是引入商品流通演进机制，即处于自给自足状态的人口不断通过商品交换进入分工网络，将一般交易效率动态化，进而分析在均衡的路径上分工网络的扩张。在此基础上，分析人口总量增长的经济效应。

4.1.1 模型基本假设[①]

假设在一定时期内社会人口的总数为 L_T，每个人拥有1个单位的劳动禀赋。假定参与分工网络的社会劳动量为 L，用于生产和流通的劳动总量为 μL，$0 < \mu < 1$。其中，L_c 用于流通部门的产品销售，L_p 用于生产部门的产品生产，即 $L_c + L_p = \mu L$；$L_T - L$ 为自给自足的人口总量。

---

① 我们模型的行为假设以及函数形式主要参考了藤田昌久的城市模型，萨洛普的圆周模型。但是，本章的模型构建引入了社会劳动的配置结构，从而在上述模型的基础上，通过进一步的分析可以服务于本章的研究目的。

1.生产部门①

假设社会的最终产品为 X，它是由各种中间产品组合进行生产的，每一个中间产品由专业化的生产者进行生产，劳动是唯一的投入。中间产品通过 CES 函数的形式组合为最终产品。生产部门的生产函数系统由下式组成：

$$q_i = \max \left\{ \frac{l_i}{\phi} - A, \ 0 \right\} \tag{4-1}$$

$$\sum_i^N l_i = L_p \tag{4-2}$$

$$X = \left\{ \int_0^N [q(i)]^\rho \, di \right\}^{1/\rho} \tag{4-3}$$

其中，（4-1）式为中间产品的生产函数，l_i 为劳动投入；（4-2）式为劳动总量约束；（4-3）式为最终产品生产函数。$\phi > 0$，$A > 0$，$0 < \rho < 1$。

进一步，假设中间产品的定价为 $p(i)$，最终产品的批发价标准化为 1，则最终产品的生产者的最优化问题可以表达为：

$$\max \prod = X - \int_0^N p(i)q(i)di \tag{4-4}$$

中间产品 i 的生产者的最优化问题可以表述为：

$$\max \prod_i = p(i)q(i) - wl_i \tag{4-5}$$

其中，w 为劳动力市场的均衡工资率。

2.流通部门

假设流通部门中有 M 个流通组织，每个流通组织以等间距分布在一个周长为 g 的圆周 Z 上，任一个流通组织 j 从最终产品的生产部门以采购价 1 购入产品，然后以零售价格 p_j 销售给消费者。为简化分析，这里假定产品从生产者到流通组织之间的运输费用为零。其隐含

---

① 藤田昌久，蒂斯. 集聚经济学［M］. 刘峰，等译. 成都：西南财经大学出版社，2004：132-135.

的经济意义在于最终产品在生产者之间是完全竞争的。假设 x_j 单位销售量所需的流通劳动投入量由下式决定：

$$l_j = \lambda x_j \qquad\qquad (4\text{-}6)$$

其中，$\lambda > 0$。

若 1 单位流通劳动的工资率为 w，流通组织 j 的最优化问题为：

$$\max \prod_j = (p_j - 1)x_j - w\lambda x_j - c \qquad\qquad (4\text{-}7)$$

其中，c 是固定成本。

3. 消费者行为[①]

假设参与分工网络的每个人都是消费者，在周长为 g 的圆周上均匀分布，并且分布密度为 f，则 $L = gf$。对于任一个处在圆周 s 处的消费者（$s \in Z$），他的收入为 y，购买最终产品的成本为 $p_i + t|s - s_j|$。

其中，p_i 为其支付的最终产品价格；t 为单位距离的流通费用；$t|s - s_j|$ 为其总的流通费用。

若消费者从消费产品中获得的效用为 $\underline{u}$，则消费者的间接效用函数为：

$$V_j(s) = \underline{u} + y - p_j - t|s - s_j| \qquad\qquad (4\text{-}8)$$

对于处在 s_j，s_{j-1} 之间 s 处的消费者，当 $V_{j-1}(s) = V_j(s)$ 时，其购买是无差异的。对于处在 s_j，s_{j+1} 之间 s' 处的消费者，当 $V_j(s') = V_{j+1}(s')$ 时，其购买是无差异的。因此，对于处在 s_j 处的流通组织 j 来说，其产品的需求函数可以表述为：

$$x_j = D(p_{j-1}, p_j, p_{j+1}) \qquad\qquad (4\text{-}9)$$

---

① 藤田昌久，蒂斯. 集聚经济学 [M]. 刘峰，等译. 成都：西南财经大学出版社，2004：164-165.

4.1.2 市场实现条件下的均衡劳动配置

现在，我们来求解市场实现下的均衡劳动配置及其决定因素。

从消费者开始，根据 $V_{j-1}(s) = V_j(s)$，$V_j(s') = V_{j+1}(s')$，可以得出：

$$s = \frac{p_{j-1} - p_j + tg/M}{2t} \tag{4-10}$$

$$s' = \frac{p_{j+1} - p_j + tg/M}{2t} \tag{4-11}$$

由（4-10）式和（4-11）式以及消费者的分布密度 f，可以得出流通组织 j 的需求函数为：

$$x_j = (s + s')f = \frac{p_{j-1} + p_{j+1} - 2p_j + 2tg/M}{2t} f \tag{4-12}$$

假设流通组织之间进行价格竞争，由（4-7）式和（4-12）式，可以得出流通组织 j 最优化问题的一阶条件：

$$\frac{p_{j-1} + p_{j+1} - 2p_j + 2tg/M}{2t} f - \frac{f}{t}(p_j - 1) + \frac{fw\lambda}{t} = 0 \tag{4-13}$$

由对称性可知，当价格竞争形成纳什均衡时，均衡的价格为：

$$p^e = 1 + t\left[\frac{g}{M} + \frac{w\lambda}{t}\right] \tag{4-14}$$

假定销售市场可以自由进入，即均衡时，流通组织的利润为零。此时，可以确定市场上均衡的流通组织数量为：

$$M^e = g\sqrt{\frac{tf}{c}} \tag{4-15}$$

流通部门所需要的均衡劳动量为：

$$L_c^e = \lambda M^e x^e = \lambda gf \tag{4-16}$$

此时，社会劳动用于生产部门的总数量为：

$$L_p = \mu L - L_c^e = (\mu - \lambda)gf \tag{4-17}$$

由生产部门的最优化问题，即（4-4）式，根据其一阶条件，可以得到：

$$q^*(i) = Xp(i)^{\frac{1}{\rho-1}} P^{\frac{1}{1-\rho}}$$ (4-18)

总支出为：

$$PX = \int_0^N p(i)q^*(i)di$$ (4-19)

其中，$P \equiv \left[\int_0^N p(j)^{\frac{\rho}{\rho-1}} dj\right]^{(\rho-1)/\rho}$ 为中间产品部门的价格指数。由于最终产品部门产品的批发价已经标准化为1，而 X 为正数，因此在完全竞争均衡时，根据零利润条件，可以得出 $P^e = 1$。

由中间产品的最优化问题，即（4-5）式、（4-1）式及（4-18）式，根据其一阶条件，并且由模型的对称性，可以得到：

$$p^e(i) = \frac{w\phi}{\rho}$$ (4-20)

由中间产品生产的零利润条件和模型的对称性，可以得到中间产品的均衡产量：

$$q^e = \frac{\rho}{1-\rho} A$$ (4-21)

由（4-21）式和（4-1）式，可以得到劳动力的均衡需求：

$$l^* = \frac{A\phi}{1-\rho}$$ (4-22)

假设劳动力市场无摩擦，由（4-17）式可知，当生产部门的劳动力全部就业时，中间产品的数量可以由下式决定：

$$N^e = \frac{(\mu-\lambda)gf}{l^e} = \frac{(\mu-\lambda)gf(1-\rho)}{A\phi}$$ (4-23)

由（4-3）式、（4-21）式、（4-23）式，可以得到：

$$X^e = A^{1-\frac{1}{\rho}}\phi^{-\frac{1}{\rho}}\rho(1-\rho)^{\frac{1}{\rho}-1}[(\mu-\lambda)gf]^{\frac{1}{\rho}}$$ (4-24)

根据市场出清条件，即 $X^e = gf$，可以得出社会劳动用于生产和流通的比例：

$$\mu^e = \lambda + \left[\frac{(gf)^{1-1/\rho}}{B} \right]^\rho \tag{4-25}$$

其中，$B = A^{1-1/\rho} \phi^{-1/\rho} \rho (1-\rho)^{(1/\rho)-1}$。

（4-25）式给出了静态均衡条件下社会劳动配置于商品生产和流通的比例，其相应地决定了社会劳动的配置结构。

4.1.3 均衡与非均衡的转换

在本章的模型框架下，当一个社会在特定时期内，流通组织效率一定，生产技术、消费偏好等既定时，横向分工网络达到均衡的条件是社会劳动用于生产与流通的比例必须满足（4-25）式的条件。

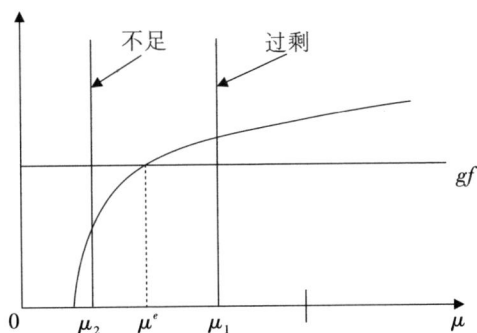

图 4-1　社会劳动配置结构失衡

在图4-1中，如果一个社会在特定时期投入到生产与流通的比例 $\mu_1 > \mu^e$，那么私人部门的最优化选择并不能保证市场出清，反而导致总体生产出现过剩。如果一个社会在特定时期投入到生产与流通的比例 $\mu_2 < \mu^e$，那么私人部门的最优化选择也不能保证市场出清，反而导致总体生产能力不足，消费者的需求得不到保证。由于商品经济会导致生产者"无规则的任意行动"，而"无规则的任意行动"会带来生产相对过剩问题，因此在现实中，投入到生产与流通的比例 $\mu_1 > \mu^e$

成为一种较为常见的状态。由此可见，非均衡向均衡的转换主要基于社会劳动的优化配置，即按比例配置。

马克思在《致路·库格曼》中写道，"人人都同样知道，要想得到和各种不同的需要量相适应的产品量，就要付出各种不同的和一定数量的社会总劳动量。这种按一定比例分配社会劳动的必要性，绝不可能被社会生产的一定形式所取消，而可能改变的只是它的表现形式，这是不言而喻的。自然规律是根本不能取消的。在不同的历史条件下能够发生变化的，只是这些规律借以实现的形式"。[1]

4.1.4　比较静态分析与命题体系

根据（4-25）式，通过对模型参数的比较静态分析，可以得到如下命题：

命题4.1　假设其他条件不变，当流通部门的劳动生产率提高时，整个社会用于生产和流通的必要劳动比例下降，即社会劳动可以得到节约。

证明：由（4-6）式可以得到 $\frac{x_i}{l_i} = \frac{1}{\lambda}$，即 λ 越小，流通部门的劳动生产率越高，与此同时，$\frac{\partial \mu^e}{\partial \lambda} = 1 > 0$，即此时的 μ^e 越小。故得证。

命题4.2　假设其他条件不变，当中间产品生产部门的劳动生产率提高时，整个社会用于生产和流通的必要劳动比例也会相应地减少，即社会劳动可以得到节约。

证明：由（4-1）式可知，当 ϕ 变小时，中间产品生产部门的劳动生产率提高，而根据（4-25）式，$\frac{\partial \mu^e}{\partial \phi} = (gf)^{\rho-1}B^{-\rho}\phi^{-1} > 0$，$\mu^e$ 也相

---

① 马克思，恩格斯.马克思恩格斯选集：第四卷［M］.中共中央马克思恩格斯列宁斯大林著作编译局，译.北京：人民出版社，1995：368.

应变小。故得证。

命题 4.3 假设其他条件不变,当中间产品生产的学习费用下降时,中间产品的种类数增加,整个社会用于生产和流通的必要劳动比例也会相应地减少,即社会劳动可以得到节约。

证明:将(4-25)式代入(4-23)式,可以得到:$N^* = \frac{(1-\rho)B^{-\rho}}{A\phi}(gf)^{\rho}$,且 $\frac{\partial N^*}{\partial A} < 0$,即 A 越小,N^* 越大。由(4-25)式,$\frac{\partial \mu^e}{\partial A} = (gf)^{\rho-1}B^{-\rho}(1-\rho)A^{-1} > 0$,即 A 越小,μ^e 越小。故得证。

命题 4.4 当其他条件不变时,一个市场区域的人口密度提高时,中间产品的种类数提高,并且社会用于生产和流通的劳动比例也会相应地减少,社会劳动可以得到节约。也就是说,人口密度的提高可以促进社会分工深化和社会劳动的节约。这可以称为一定区域内人口增加时带来的密度经济效应。

证明:将(4-25)式代入(4-23)式,可以得到:$N^* = \frac{(1-\rho)B^{-\rho}}{A\phi}(gf)^{\rho}$。进一步地,根据 $\frac{\partial N^*}{\partial f} = \frac{(1-\rho)\rho B^{-\rho}g^{\rho}f^{\rho-1}}{A\phi} > 0$ 以及 $\frac{\partial \mu^e}{\partial f} = (\rho-1)g^{\rho-1}B^{-\rho}f^{\rho-2} < 0$,故得证。

命题 4.5 当其他条件不变、人口密度不变,且市场区域扩张时,可以带来中间产品种类数的提高,社会用于生产和流通的劳动比例也会相应地减少,社会劳动可以得到节约。也就是说,市场范围的扩张可以促进社会分工深化和社会劳动的节约。这可以称为市场范围扩张带来的市场厚度效应。

4.1.5 若干推论

推论 4.1 提升流通组织效率的意义在于节约社会劳动。流通部门劳动生产率的提高可以节约流通领域沉淀的社会劳动，"可以使商品的价值顺利实现；可以使商品及时发挥效用，满足包括生产消费和生活消费等在内的社会消费的需要；也能缩短商品流通时间，节约商品流通费用"。

从经济史的角度看，以媒介商品交换为己任，专门从事流通劳动的商人阶层进一步把分散进行的流通劳动集中在少数专业的流通劳动者手中，使流通劳动从生产过程中分离出来、独立起来。这不仅大大节约了用于流通部门的支出，而且大大提高了流通劳动的效率和整个社会的劳动效率，加快了商品从生产领域向消费领域的运动过程。

推论4.2　必须坚持生产技术创新与流通组织创新并举。

推论4.3　在分工网络中，要发挥人口规模扩张的积极经济效应[①]。在其他条件不变的情况下，如果处于分工网络的人口总量增长，那么最终产品的需求将会增加，在均衡的时候，将促进中间产品种类数的增加。中间产品种类数的增加又提高了最终产品的劳动生产率，从而节约了社会劳动时间。

需要指出的是，人口规模扩张的积极经济效应可以分为三种类型：一是密度经济效应（如图4-2所示）；二是市场厚度效应（如图4-3所示）；三是密度经济效应和市场厚度效应并存（如图4-4所示）。密度经济效应是指市场区域不变，人口规模扩张提高了市场区域的经济密度从

---

①　这里之所以强调在分工网络中人口规模扩张可以发挥积极的经济效应，是因为只有在分工网络中人口规模的扩张才能直接导致最终产品需求规模的扩大，从而刺激生产领域分工的细化，带来中间产品种类数的增加，并且在市场实现的条件下节约社会劳动，促进社会福利水平的提高。

与此形成对照的是，处于小商品生产状态的乡村人口规模发生扩张，所形成的是单一产品生产的劳动投入过密化（黄宗智，1988）。为了维持人口的生存，大量的社会劳动必须投入到劳动密集型产品的生产过程中，所形成的仅仅是单一产品生产过程的分工，并且这种分工带来的仅仅是每一个单位劳动的报酬的降低。这种过密型增长所带来的结果是即使这些产品生产可以通过商品化融入资本主义分工网络，但是参与产品生产的人口仅仅能够维持糊口的水平，人口规模的扩张并不能形成对其他商品的需求，从而难以促进分工网络的扩大。

因此，我国明清商品流通实践的典型特征是：城市的商品很少流通到乡村，而乡村的产品却可以流通到城市，城乡之间没有形成互动的双向流通机制。

而带来分工深化和劳动节约；市场厚度效应是指人口密度不变，由于市场区域的扩张（地方市场扩张为国内市场，进而扩张为国际市场）带来分工深化和劳动节约。

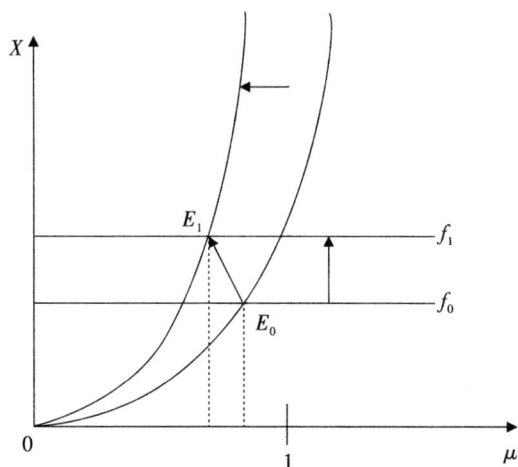

图4-2　密度经济效应：分工深化与劳动节约

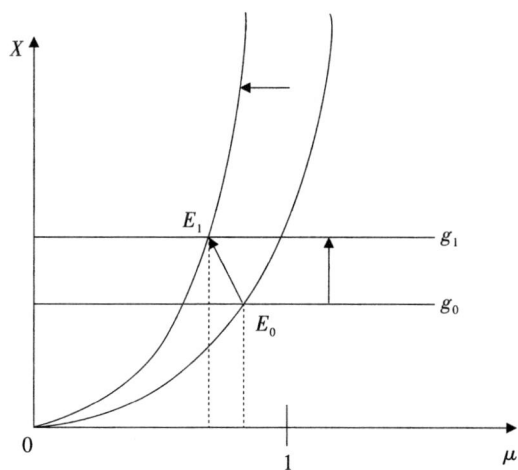

图4-3　市场厚度效应：分工深化与劳动节约

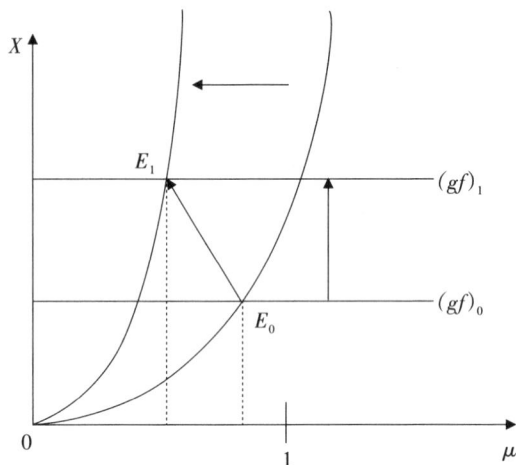

图 4-4　密度经济效应与市场厚度效应并存

4.2　流通效率提升的经济增长效应

4.2.1　引入一般交易效率的生产函数

假设社会劳动的 $1 - \mu$ 部分用于知识生产部门，这一部门生产出来的产品是用于提高社会一般交易效率的制度性知识和技术性知识。假设用于提高一般交易效率的制度性知识 k_1 和技术性知识 k_2 的生产函数分别为：

$$k_1 = a_1(1 - \mu)L \tag{4-26}$$

$$k_2 = a_2(1 - \mu)L \tag{4-27}$$

其中，a_1，$a_2 > 0$ 分别代表制度性知识和技术性知识的生产效率。

假设一般交易效率由制度性知识和技术性知识共同决定，其生产函数为：

$$k = \min\{k_1^b k_2^{1-b},\ 1\} = \min\{a_1^b a_2^{1-b}(1 - \mu)L,\ 1\} \tag{4-28}$$

其中，$0 < b < 1$。

我们现在引入时间因素，假设第 t 期的一般交易效率为 $k(t)$，那么第 $t+1$ 期进入分工网络的人口 $L(t+1)$ 由下式决定：

$$L(t+1) = L(t) + k(t)(L_T - L(t)) \tag{4-29}$$

（4-29）式的经济含义在于当期的一般交易效率会导致下一期处于自给自足状态的人口中有 $k(t)$ 部分进入分工网络。求解（4-29）式的差分方程，可以得到如下关于 $L(t)$ 的表达式：

$$L(t) = L_T - (L_T - L(0))\prod_{i=0}^{t-1}(1 - k(i)) \tag{4-30}$$

由（4-25）式、（4-28）式可以得到 t 期市场均衡时的一般交易效率表达式：

$$k(t) = \psi_1 L(t) - \psi_2 L^\rho(t) \tag{4-31}$$

其中，$\psi_1 = a_1^b a_2^{1-b}(1-\lambda)$，$\psi_2 = \dfrac{a_1^b a_2^{1-b}}{B^\rho}$。由（4-30）式和（4-31）式，可以得到关于 $k(t)$ 的递归表达式：

$$k(t) = \psi_1\left[L_T - (L_T - L(0))\prod_{i=0}^{t-1}(1 - k(i))\right] - \psi_2\left[L_T - (L_T - L(0)\prod_{i=0}^{t-1}(1 - k(i)))\right]^\rho$$

$$\tag{4-32}$$

由（4-32）式可知，$k(t)$ 由 t 期之前各期的一般交易效率累积决定。这表明，在本章的框架下前一期均衡时的一般交易效率决定了后一期均衡时的一般交易效率，并且形成一种累积因果效应。由此区别于交易效率外生决定的观点，我们的分析结论表明，交易效率的不断提高是一个演化的结果。这里的机制主要集中在（4-29）式，理论假设的设定所包含的隐含前提是：一个社会的人口逐渐通过商品交换进行经济生活的组织，并且由此协调彼此的经济利益。

正如我们在第 3 章关于交换关系普遍化的演化博弈分析所表明的，随着时间的推移，商品交换将成为一种普遍的客观存在，商品流通是一个客观的经济过程，越来越多的人通过商品交换进入分工网络，从而通过密度经济效应和市场厚度效应降低社会用于生产与流通的必要劳动比例，相应提高社会用于交易效率部门的劳动时间，进一步促进一般交易效率的提高（如图4-5所示）。

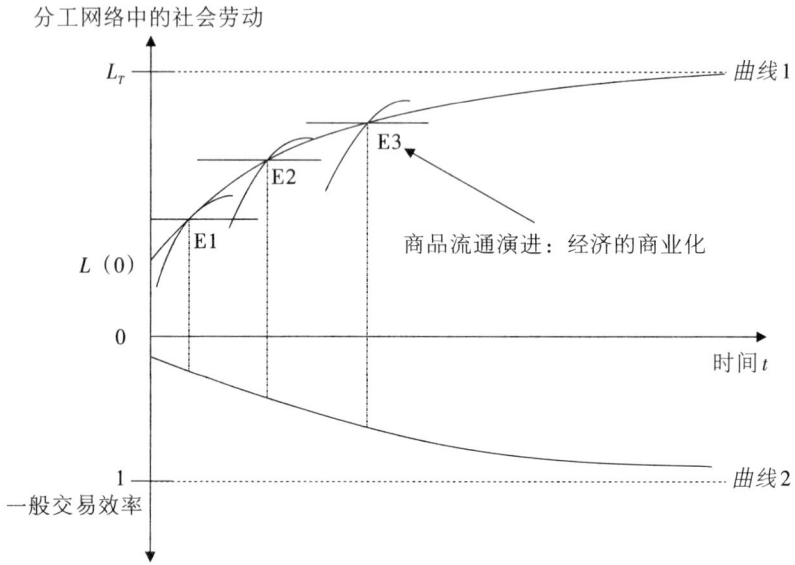

图 4-5　一般交易效率与经济的商业化协同演进

进一步地，由（4-25）式、（4-28）式、（4-30）式，可知：

$$k(t+1) - k(t) = a_1^b a_2^{1-b}[(1 - \mu^e(L(t+1)))L(t+1) - (1 - \mu^e(L(t))L(t))]$$
$$\geq a_1^b a_2^{1-b}[(1 - \mu^e(L(t))(L(t+1) - L(t)))] > 0 \tag{4-33}$$

由（4-33）式可知，随着时间的推移，一般交易效率是不断提高的。此外，由（4-32）式可知：

$$\frac{\partial k(t)}{\partial k(t-1)} = \psi_1 \left(L_T - L(0) \prod_{i=0}^{t-2}(1 - k_i)\right) + \psi_2 \rho \left[L_T - (L_T - L_0) \prod_{i=0}^{t-1}(1 - k(i))\right]^{\rho-1}$$
$$(L_T - L_0) \prod_{i=0}^{t-2}(1 - k(i)) > 0 \tag{4-34}$$

由（4-34）式可知，前一期的交易效率越大，则当期的交易效率也越大。进一步地，由（4-32）式，可以求得：

$$\lim_{t \to \infty} k(t) = \psi_1 L_T - \psi_2 L_T^\rho = a_1^b a_2^{1-b}(1 - \mu^e(L_T))L_T \tag{4-35}$$

当时间趋向于无穷大时，全部人口都将卷入分工网络，社会一般交易效率达到最大值；在其他条件不变的情况下，社会劳动得到了最大程度的节约。由于一般交易效率的最大值为1，因此，（4-35）式要求模型参数都在一定的限定范围内。在模型分析中，我们假定这些参数满足这一条件：$a_1^b a_2^{1-b} (1 - \mu^e(L_T)) L_T \leq 1$。

　　在新兴古典经济学框架下，交易效率的不断提高可以促进分工的不断演进：从自给自足到局部分工再到完全分工。在本章的模型中，我们没有采用超边际的方法，而是采用一种能够揭示商品流通演进机制的差分方程，在其基础上，分析得出一般交易效率的演进过程。并且，在本章的模型中，我们能够得到一般交易效率与分工网络协同演进的结果。

　　由均衡的中间产品种类数表达式：$N^* = \dfrac{(1 - \rho) B^{-\rho}}{A \phi} (gf)^\rho$ 可知，当一般交易效率不断提高时（曲线2），卷入分工网络的社会劳动总量不断提高（曲线1），由此导致均衡的中间产品数量不断增多（如图4-6所示），并且由于是在均衡的意义上，即最终产品出清的条件下，因此此时的中间产品数量增多就意味着分工网络的扩张具有协调的意义，即没有带来产品的过剩或不足。

　　需要指出的是，我们这里没有考虑当自给自足的人口卷入分工网络之后所带来的其他成本。本章是在抽象的意义上论证商品流通演进的协调意义。商品流通演进似乎可以定义为经济生活的不断商品化或商业化。在本章的模型中，由于存在一个代表性的消费者，最终产品只是中间产品的复合产品，故模型中的中间产品种类数实际上对应着现实中用于最终消费的各类商品。由此，模型中中间产品种类数增加意味着分工网络的结构更为复杂。模型的分析基本上与我们在现实中的观察是一致的。

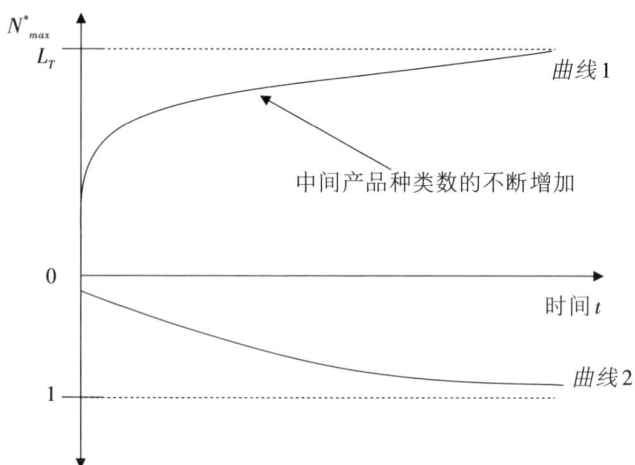

图 4-6 中间产品种类数与一般交易效率协同演进

在模型中，当一个社会的人口卷入分工网络，形成市场均衡时，中间产品种类数会增加，同时最终产品的产出也会相应增加。如果我们将最终产品的产出对应一个国家的财富，显然，由模型得出的一个推论是交易效率较高的国家或地区经济体较为复杂，同时其也较为富有。这一点可以通过《金融时报》2009 年 7 月 16 日的一篇文章得到佐证。"现代经济体的产品数量多得惊人：在伦敦、东京及纽约等现代经济环境中，可能存在 100 亿种不同的产品和服务。在一个传统的采猎社会，这个数字更接近于 300。"[①]

4.2.2 具有人口总量差异的经济发展路径比较

现在假定存在两个经济体，其中经济体 1 的社会人口总量为 L_{T1}，经济体 2 的社会人口总量为 L_{T2}，并且经济体 1 不存在经济商品化或商业化的动力机制，而经济体 2 存在上节模型中的一般交易效率演进机制。我们来比较一下两个经济体的分工网络扩张程度。

---

① 哈福德 D. 哪种经济体更富有 [N]. 金融时报，2009-07-16.

当 $L_{T1} > L_{T2}$ 时，如果经济体1进入分工网络的比例为上节模型中计算的均衡比例，而经济体2的均衡比例随着时间不断演化。由图4-7，当处于初始状态时，经济体1的一般交易效率高于经济2的一般交易效率，经济体1的初始分工水平高于经济体2，但是由于各方面的原因，经济生活的商品化、商业化受到抑制，处于自给自足状态的人口不能转换为分工网络人口，而经济体2由于采取商品化的政策或制度，推动着经济体的分工水平不断增长，在这个过程中其赶超了经济体1。

从经济史的实践来看，大致说来，中国的经济曾经比西方国家发达，但后来被西方国家赶超了。本章的模型分析得到的一个有趣的结论是，从历史上看，传统中国没有形成有关经济生活的普遍商业化机制，因而被西方国家阶段性赶超。

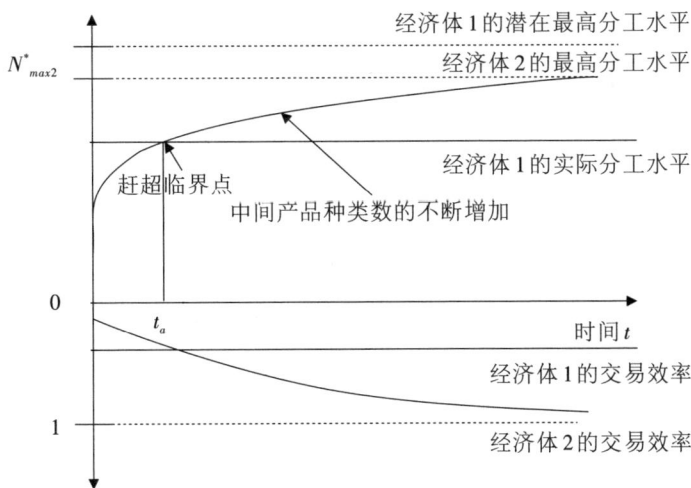

图4-7　经济体2在 t_a 时点实现对经济体1的赶超

进一步地，如果通过改革，为经济体1塑造了一种商品化或商业化的机制，大量的人口将被卷入分工网络，从而可以实现对经济体2的赶超。由此我们可以直接得到：

命题 4.6 在一个人口总量较大的国家，如果通过制度创新、技术创新和组织创新形成了商品流通演进的机制，随着经济生活的不断商品化，大量的人口将被卷入分工网络，从而形成一种经济发展的正反馈机制，且交易效率与分工网络扩张协同演进，促进了经济体复杂程度的提升，为经济体创造了更多的财富，那么最终有望实现对发达经济体的赶超（如图 4-8 所示）。

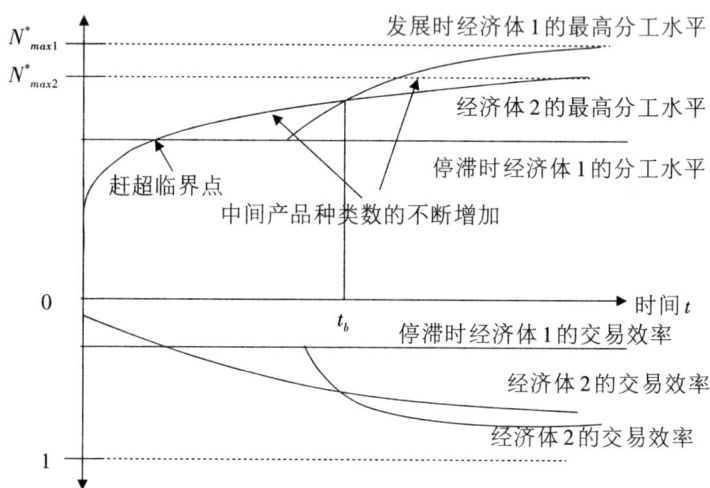

图 4-8 经济体 1 在 t_b 时点实现对经济体 2 的赶超

从模型可以看出，人口规模最终决定一个经济体的最高分工水平，但是其中的关键机制是经济的商业化。上述结论也比较符合我国的经济发展实践。当市场逐渐成为资源的配置机制时，大量的人口进入分工网络，从而推动了经济增长。

由以上分析可见，人口规模大对于经济发展不一定就是制约因素，关键在于一个社会能否形成一种由交换和流通联结的分工网络，发挥社会协作力的财富创造效应。正如高涤陈先生所言，"商品经济形式作为社会经济有机体的经络系统和循环系统，既在推动自己存在的基础——社会分工深化的过程中，不断强化自身的功能，同时又推动着社会经济向更高阶段发展；而社会分工、生产专业化越发展，就越需要商品经济形式来维系它们之间的关系"。[①]

4.2.3 流通组织效率提升的动态效应分析

从静态角度来观察问题，流通组织效率提升可以提高流通组织的经济效益。在本章的模型中，由于假定销售市场可自由进入，因此均衡时流通企业只能获得零利润。这里的零利润是指经济利润，并不是会计利润。在现实中，企业的经济效益一般反映在会计利润上。显然，流通组织效率提升后，在完成既定的销售任务后可以降低劳动耗费，进而提高经济效益。这里的组织效率提升主要源于流通企业的内部资金配置与管理水平的提高及科学的经营决策以及服务质量的提高。

从动态角度观察问题，根据（4-32）式，流通组织效率提升，可以加快一般交易效率演进的速度，从而也相应加快一个社会中经济商业化的速度。在图4-9中，在t_1时点，由于外生因素导致流通组织效率提高，一般交易效率的均衡演进路径发生跃迁，由D1-D3路径转换为D1-D2路径。流通组织效率提高使得演进到既定交易效率水平$\bar{k}$的时间缩短，即由t_1到t_3缩短为t_1到t_2，这意味着经济创造财富的速度加快。

一般交易效率的提高，意味着更容易实现货畅其流。"越是货畅其流，也就是商品卖出的速度越快，商品就能在更大的规模上进行再生产，社会物质财富也就能越来越多地涌现出来。"

---

① 高涤陈，等. 社会主义流通过程研究 [M]. 上海：上海人民出版社，1988：6.

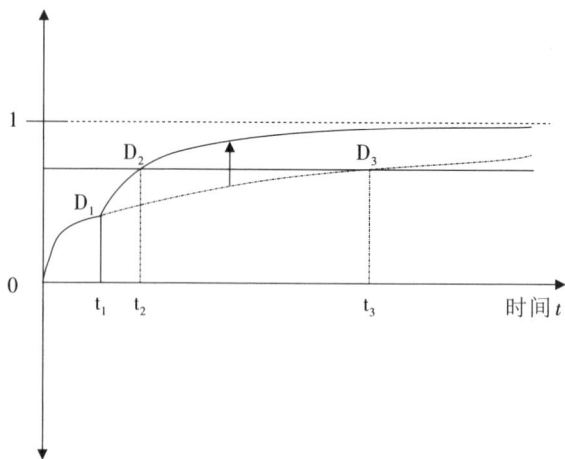

图 4-9　流通组织效率提升的动态效应

4.3　促进经济循环的效率驱动机制构建

4.3.1　开展流通创新不断提升流通劳动生产率

一方面，"生产的社会分工的发展，不但会使自然经济中的劳动产品成为商品，而且会导致中间产品不断增多，需要通过流通过程进入再加工的生产过程其才能变成最终产品。由此会引发商品交换量不断增加，商品交换愈益频繁，这就会大大增加流通领域的劳动量，势必要求商业人员随之增加"。但是，总体上商业人员并不是越多越好，而是要以其数量是否与流通组织数量与结构相适应为效率标准。

由此，在保持商品流通过程顺畅的前提下提高流通劳动生产率，是节约劳动规律的必然要求。"增加商业人员应与新增网点相结合，防止由于只增加人员不增加网点而造成人浮于事，这样既降低全员劳动效率，也不利于消费者购买和企业间的商品购销。"①

另一方面，正如我们在模型中揭示的，流通劳动生产率的提高可以节约社会劳动，促进社会分工网络的扩张。根据马克思关于劳动是物质规定性和社会规定性相统一的理论，可以得出组织商品流通的劳动大致可以归结为生产性劳动（高涤陈，1995）。

从流通组织外部来看，由于流通组织介于生产与消费之间，因此提高流通劳动生产率不仅关乎流通组织自身，而且关乎生产和消费的各个方面。在经济发展的特定阶段，作为中介的流通组织必须通过适应性创新，通过流通组织的变革适应生产和消费的矛盾运动。由此，流通组织的创新机制包括流通业态创新机制以及服务创新机制。

例如，随着技术的进步，流通领域出现了百货商店、超级市场与连锁专营店等一系列新的业态，并且在未来，还会诞生新的业态。从流通组织内部来看，流通劳动生产率的提高依赖流通劳动者运用流通技术的能力以及流通劳动者的劳动积极性，由此流通组织的创新机制又包括管理创新机制。

4.3.2 构建流通先导的城市化与城乡协调发展机制

在模型的动态分析中，正是商品流通演进机制的存在，使得原本自给自足的人口不断被卷入分工网络。对应于经济实践和现实问题，这种商品流通演进协调的分工网络扩张主要体现为城乡二元经济结构逐渐转换为城乡经济一体化。

1.城市的集聚辐射功能与作为社会分工网络的城市

一般说来，以农业为基础的奴隶社会和封建社会产生了"城"，以传统手工业和商业为基础的小商品经济产生了"市"②（晏维龙，

---

① 高涤陈，等. 社会主义流通过程研究 [M]. 上海：上海人民出版社，1988：65.
② 晏维龙.交换、流通及其制度——流通构造演变理论 [M]. 北京：中国人民大学出版社，2003：189.

2003）。"市"原本就指交换活动，后来引申为交换活动的场所。从经济活动空间的角度看，城市集聚了大量的商品交易，其可以看作是集市空间的扩大化或集市结构的复杂化。

总的来说，城市是商品交换的场所。从经济联系的方式来看，考克斯（1965）将城市看作"分销组织"，并将城市的产业分为"形成城市的产业"与"服务城市的产业"[①]。其中，"形成城市的产业"主要指批发业，而"服务城市的产业"主要指零售业（夏春玉，2005）。在城市里，交换已经成为一种普遍的经济联系机制，将参与分工的各个专业化生产者有机地联系在一起，促进了城市经济的增长。由此，我们可以将城市看作是一个由交换和流通协调着的具有包容性和开放性的社会分工网络。

从经济史来看，城市由于集中了大量的交易，形成了密度经济性，使得工业生产开始向城市集中，从而城市的规模开始扩大（晏维龙，2004）。在杨小凯的城市形成模型中，城市的形成主要依赖交易效率的提高。而其模型设定主要是工业品的生产集中于某个空间从而形成城市。可见，这个模型应该是工业型城市形成模型，但是即使如此，也是建立在交易效率不断提高的基础上。马克思说："商业依赖于城市的发展，而城市的发展也要以商业为条件，这是不言而喻的。"[②]

城市除了具有集聚交易的功能外，还具有经济辐射的功能。根据系统论的观点，世界上任何一个有机系统，不但内部各要素之间相互联系，而且系统与外部环境之间也是有机联系的。城市与外界发生交换关系是城市持续存在和发展的前提与基础。由于商业交换的不断发展，城市作为分工网络能够不断扩张，与此同时，更多的人口被卷入

---

① 转引自：夏春玉. 现代流通理论［M］. 大连：东北财经大学出版社，2005：163.
② 马克思，恩格斯. 马克思恩格斯全集：第二十五卷［M］. 中共中央马克思恩格斯列宁斯大林著作编译局，译. 北京：人民出版社，1974：371.

城市分工网络，又促进了流通中商品结构的复杂化。

著名政治学家查尔斯·蒂利在《强制、资本与欧洲国家》一书中也指出："一个不平衡的城市贸易网络联结着这片领土的大部分，提供了从地中海延伸到东亚的更为繁荣的生产体系和商业体系。"[①]"贸易、仓储、银行业以及紧密依赖它们的生产都从相互接近中受益。在农业生产力确立的范围内，这种接近促进了密集的有着广泛的外部城市联系的不同的人口的集聚。"[②]"城市的增长刺激了水路和陆路运输的产生和改进；荷兰人优良的运河系统和可通行的河流水系降低了在城市群之间交往的成本，并提高了交往的速度，从而在城市化方面起了原因和结果的双重作用。"[③]

2.流通先导的城市化与城乡二元经济转化为一体化经济

所谓二元经济结构，是发展经济学中广泛运用的一个概念，用来描述发展中国家所普遍存在的商品性生产与自给性生产、城市发达经济系统与农村落后的生产、生活方式并存的经济现象。城乡二元经济结构向一体化经济转化是广大发展中国家面临的艰巨任务。经典的发展经济学理论表明，经济发展就是城市化、工业化和城乡差距缩小的过程，也是分工网络不断扩张的过程（杨小凯，1998）。

现有文献表明，我国的专家学者曾先后提出三种不同的城市化战略：大城市战略、中等城市战略和小城市战略。此外，目前也有学者提出实施城乡平衡的新型城市化战略。笔者认为，从城市的经济功能角度切入，倡导一种流通先导的城市化战略可能比较可取。

所谓流通先导是指通过构建现代流通体系促进要素和商品自由高效流通，传递消费者的偏好和相关商品的价格信息，实现产业部门的

---

① 蒂利 C. 强制、资本和欧洲国家（公元990—1992年）[M]. 魏洪钟，译. 上海：上海人民出版社，2007：5.
② 同上，20页。
③ 同上，21页。

分工协调和提高消费者的福利水平。与生产先导、消费先导不同的是，它可以兼顾生产和消费，协调分工深化带来的生产单一性与消费多样性矛盾以及城市化带来的生产集中性和消费分散性的矛盾，从而促进分工网络的均衡扩张。

流通先导的城市化战略则是指以提高城市承载能力为目标，通过创新流通制度、提升流通技术、发展现代流通产业带动产业结构的优化升级，进而构建城乡互动的流通系统，使之成为城市的集聚交易功能与经济辐射功能相互促进的载体，在城市的经济运行中形成一种集聚—辐射—集聚的正反馈机制或过程，即加强城市与乡村之间的经济联结，推动城市外部的农产品、劳动力、资金顺利地流入城市，以促进城市经济密度的提高，通过密度经济提高交易效率，发挥城市对乡村的经济辐射功能，从而促进乡村人口向城市集中，并且实现城市与农村、城市与城市之间的协调互动发展。

4.3.3 基于流通的价值实现不断完善国家经济治理机制

1.自发调节的弊端与国家经济治理的必要性

自由主义经济学关于计划经济不可行的论断的显性前提是计划的范围涉及所有分散式的经济个体。显然，由于有限理性和信息问题，计划经济不可行。因此，从根本上讲，包括奥地利学派在内的自由主义经济学派批判的计划经济应理解为一种计划产品经济体制。

在马克思主义经济学派看来，市场机制可以避免计划产品经济体制的弊端。但是这种微观意义上的市场调节只是基于微观主体自身的局部利益或个体利益，因而"在调节范围上具有不完全性，难以将社会劳动按比例分配于某些公共部门等；在恢复平衡方面则具有事后性，重大比例关系的合理实现往往需要较长时间，并一定会伴随着社会劳动的巨大浪费；而这种调节本身又不可避免地具有盲目性、无序性、短期性，不可能从宏观上做到统筹兼顾，难以自动实现社会经济发展的所有预期目标"。

并且，"这种自发配置或调节社会劳动的方式，通常仅在不存在垄断的完全竞争条件下，才能有效地发挥其正确组织经济活动的作用。而在商品经济的发展过程中，垄断的产生却是不可避免的。所有这些都使得纯粹的市场调节实际上是不存在的"①。因此，必须通过宏观经济治理将市场扩展的自发性、盲目性等负面效应限定在可控的范围内。

计划经济不可行的隐性前提是经济体之间具有同质性，无法通过对比实现理性的社会建构。自由主义经济学派信奉"自发演进观"，它是在过度抽象的条件下得出的结论，是一种"过度的无为"。而纯粹的计划产品经济体制又是一种"理性的狂妄"。

在现实中，对于广大发展中国家，市场经济在很大程度上是一个全新的产物，建立市场经济制度在本质上是一个制度模仿和制度创新的过程。一方面，发展中国家可以通过建设市场体系，培育和利用市场机制，克服复杂的信息问题带来的决策失误；另一方面，完全可以通过参照发达国家的经济发展实践，吸取有益的政策经验，利用长期积累下来的知识和理性建构国家发展所需要的制度、政策等，对经济总量的平衡，经济结构的及时性调整，社会公正、生态环境等方面进行有计划的调控和引导。

2.国家经济治理促进经济循环的机制路径

当货币介入商品流通之后，一方面提高了流通的效率；另一方面，也为国家征收流通税提供了便利，在一定的税收水平下国家可以采用精简的管理组织，进一步节约了社会用于征税这方面的资源，降低了社会劳动的非生产性消耗，相对地提高了生产性劳动的比例，从

---

① 蒂利 C. 强制、资本和欧洲国家（公元990—1992年）[M]. 魏洪钟，译. 上海：上海人民出版社，2007.

而增加了社会的财富，这反过来又可以增加税收收入。换句话说，货币从流通中出现固然是商品使用价值和价值矛盾运动的结果，但是国家层面也存在着经济生活货币化的激励。由于交易量的扩张与分工网络的扩张有着密切的关系，因此国家在促进经济循环的过程中具有经济利益上的激励和动力。

目前，由美国经济社会学领域的主要代表人物弗雷戈斯坦等人开创的组织制度学派，综合应用制度经济学和社会学理论创设的"政治—文化"方法，将微观与宏观的市场现象统一起来，提出"市场场域理论"，以此考察维持市场稳定的方法。该理论认为，奥地利学派主张的市场原教旨主义要想充分地发挥自由调节的能力，必须依赖维护商品流通秩序的法治建设，依赖国家对于各种公共物品的投资。因此，国家可以通过直接干预市场，使市场变得稳定。可见，坚持市场配置资源的基础性地位并且对商品流通过程进行必要的宏观调控应该是商品经济发展过程中一个普遍性的规律和准则。

其一，国家可以通过投资制度环境建设维护国内的交易秩序与安全，为经济主体选择专业化生产降低风险。当更多的人进入分工网络时，市场交易量必然扩大，从而政府征收交易税就有了更宽广的税基。单从经济性考虑，政府提供各种公共物品，可以获得一种规模经济。这是因为市场交易量越大，分工网络越扩张，提供某一固定公共服务的平均成本就越低。此时，政府可以在维持财政收入不变的条件下通过降低税率，促进投资水平的提高，从而进一步拓展分工网络。从社会的角度来看，政府收入的增加又可以为各种再分配政策的制定与实施提供基础，从而能够更好地维护社会的公平正义。

其二，国家通过创建全球市场进一步扩大分工网络的地域范围，从而可以更大程度地获取贸易利益。在开拓市场方面，国家可以消除不同区域的进入壁垒，建立指导经济主体交易互动的普遍规则。"要想形成特定商品的统一市场，要有普遍意义上的规则存在。欧盟已经开始通过消除贸易壁垒和设定欧洲范围内的指导企业的新规则，来创建统一的市场。"①

乔纳森H.特纳认为政府需要："（1）将国内的区域和市场组合成一个统一的交易系统；（2）通过自身的地缘政治活动鼓励国内生产和市场分配系统与超国界的地区相联系。"②统一大市场可以形成正确的价格信号，从而形成优化资源配置的机制，引导各种生产要素在时间、空间、质量和数量上进行最优组合，也有利于企业摆脱"大而全""小而全"的格局，从而形成社会分工网络的协调扩张。

其三，国家可以通过投入资金进行流通基础设施建设，提高流通效率，促进分工的扩展，同时也可以通过对人口的教育，减弱分工对人口素质造成的消极影响。涂尔干认为，交通和通信技术的提升会缩小行动者之间的空间，导致资源的竞争加剧，不太适应者会寻求新的资源空间，并因此促进劳动分工的拓展③。马克思认为，分工在促进经济进步的同时，会导致人的异化。

阿里吉认为，亚当·斯密在《国富论》和《道德情操论》所表达的观点并不是建立一个自我调节的市场理论，而是预先设定一个强大的国家：能够创造并且不断催生市场存在的条件；它利用市场作为政府的有效工具；它调节市场的运行；它还积极干预以便校正或克服市场在社会上或政治上产生的不良影响④。由此可见，国家经济治理在促进经济循环中有着不可替代的作用。

我国改革开放以来，政府在道路、电信等能够提高交易技术水平

---

① 格斯坦 F. 市场的结构 [M]. 甄志宏，译. 上海：上海人民出版社，2008：91.
② 特纳 J H. 社会宏观动力学 [M]. 林聚任，等译. 北京：北京大学出版社，2006：40.
③ 特纳 J H. 社会宏观动力学 [M]. 林聚任，等译. 北京：北京大学出版社，2006：13.
④ 阿里吉 J. 亚当·斯密在北京——21世纪的谱系 [M]. 路爱国，等译. 北京：社会科学文献出版社，2009：35.

的基础设施上进行了大量投资，并且逐步改革了户籍制度，大大提高了交易效率，从而在很大程度上奠定了工业化和城市化的流通基础，使分工网络的扩张进程大大加快。可见，交易效率的提高对于分工网络的内生性扩张也具有相应的促进作用。但是仍存在一些阻碍交易效率的因素，必须通过制度变革加以克服。

4.4 本章小结

本章主要对流通效率促进经济发展跃迁的机制进行模型分析，在特定的假设前提下分析了社会劳动的均衡配置结果主要由哪些因素决定。这是从静态均衡的角度进行分析。在对均衡结果进行比较静态分析之后得到了一些理论命题。在本模型的框架下主要的结论是社会劳动用于生产与流通的适当比例主要取决于生产部门的劳动生产率、生产产品的学习费用、流通组织的劳动生产率、市场的区域范围、市场区域中的人口密度等因素。进而，笔者提出流通组织效率提升的意义在于节约社会劳动，必须坚持生产技术创新与流通组织创新并举，在人口规模扩张中加强统一大市场建设等观点。

在动态均衡分析中，通过构建一般交易效率的生产函数，求解出一般交易效率的递归表达式，揭示了一般交易效率的提高具有累积效应。经济的商业化进程与一般交易效率协同演进。在具体的分析中，我们比较了两个具有人口总量差异的经济体，在一个国家人口较多，但商品流通发展停滞的情况下，其经济增长将被另一个人口较少，但是商品流通不断演进的国家赶超。但是，只要人口数量较大的国家大力发展商品流通，促进一般交易效率的提升，最终又会赶超人口规模较小的国家。

结合模型分析得出的相关理论命题，本章提出了促进经济循环的机制构建路径，主要包括：通过流通组织的业态创新、服务创新和管理创新，不断提升流通劳动生产率，从而节约社会劳动，促进一般交易效率提升，进而促进分工网络扩张和财富增长；构建流通先导的城市化和城乡协调发展机制，在城市的经济运行中形成一种集聚—辐射—集聚的正反馈机制或过程，从而促进乡村人口向城市集中，并且实现城市与农村、城市与城市之间的协调互动发展；基于流通的价值实现不断优化国家经济治理机制。

第 5 章

流通促进经济循环的利益协调机制

5.1 流通渠道、议价权力及其福利效应

5.1.1 流通渠道形成及结构特征

随着社会化大生产的不断发展，进入流通中的商品纷繁复杂，商品作为流通客体，其运动过程相应地也变得非常复杂。如果不加以适当的分类，就不能很好地研究商品流通的运行规律性。康德意义上的"理性为自然立法"实质上就是人类通过对事物的分类达到认识世界的目的。我们比较关注的是，由于纵向分工涉及纵向上的技术、职能关系和交换关系，因此这里需要进一步的界定。生产过程的分工形成了中间产品生产者与最终产品生产者之间的分立，两者的交换形成的是纵向生产网络。流通过程的分工形成了最终产品生产者与中间商的分立，两者的交换形成的是商品流通渠道，呈现纵向分工网络的典型结构。

需要指出的是关于中间产品和最终产品的划分，理论界尚未达成统一认识。刘炳英（1988）在《马克思主义原理词典》中对中间产品和最终产品的定义是："在形成最终产品之前需要加工或再加工的产品。一定时期可供消费和使用的产品，往往需要经过一系列加工过程，不断改变形态才能完成。中间产品的质量和数量在很大程度上决定着最终产品的质量和数量，为最终产品的实现创造条件，其价值须在最终产品中体现。从产品的特点看，生产是为了生产有用的物品。因此，只有当生产物已具备完整的使用价值时，才叫最终产品，如一台机器、一辆汽车等。而一个零件，一个齿轮，还没有形成独立的使

用价值，就叫中间产品。"①

从国外文献来看，里昂惕夫认为，中间产品既可以用来作为最终产品生产的投入品，也可以用于最终消费的目的。梯若尔（Tirole，1997）认为直接面对消费者的商品是最终产品，而中间产品是相对于最终产品而言的。

笔者认为，生产是为了满足人类本身的需要，因此能够作为生活消费品并且通过流通过程进入非生产性消费领域的产品可以称为最终产品。晏维龙（2003）根据有形商品的来源和用途的不同将其分为最初商品、中间商品和最终商品。一般说来，最初商品是指直接从自然界获得的资源。中间商品是指由最初商品转化而来可以进入生产性消费的商品。最终商品主要指用于非生产性消费的商品②。本章的定义与这一划分是比较一致的。

最终产品经由生产者、批发商、零售商转移到消费者手中形成了典型的商品流通渠道。按照市场营销学的理解，渠道有宽窄、长短之分。如果从职能分工和网络结构的角度看，不同类型的流通渠道又可以抽象为纵向分工网络，其典型的结构可以用图形进行描述，也可以用数学进行更为一般的抽象。

1.图形描述

在图5-1中，渠道成员之间的关系是交易关系，交易关系构成了分工网络中的链条，每一个渠道主体构成了纵向分工网络中的节点，节点和链条形成了一个完整的纵向分工网络。之所以称之为纵向分工网络，是为了和产业组织理论研究文献中关于纵向结构（Vertical Structure）、纵向关系（Vertical Relations）方面的研究对应起来。将流通渠道称之为纵向分工网络，也便于应用网络结构理论对流通渠道

---

① 刘炳瑛. 马克思主义原理辞典 [M]. 杭州：浙江人民出版社，1988：93-94.
② 晏维龙. 交换、流通及其制度 [M]. 北京：中国人民大学出版社，2003：35.

权力问题进行解释。这样称谓完全是出于理论解释的需要，并不是对流通渠道概念的否定。

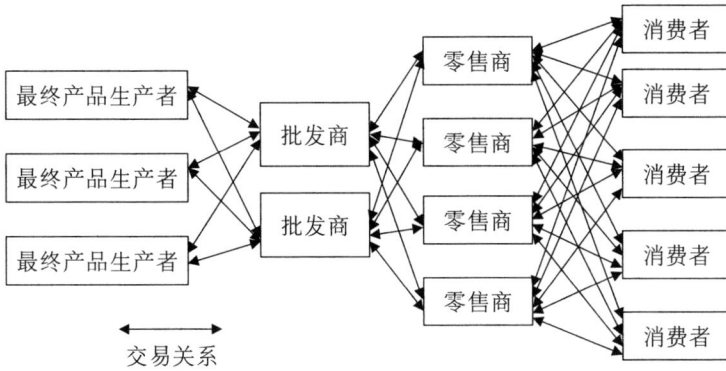

图5-1 典型的纵向分工网络结构

2.数学描述

Samuel Bowles（2009）关于网络的定义是：一个网络由点和链组成，假设有 n 个点，那么最多的链有 $n \times n$ 个。进一步地，我们可以将网络结构用下式表示：

$$G_{network} = \left\{ (N, g) \Big| N \rightarrow (1, 2, \cdots, n); \quad g \rightarrow \begin{bmatrix} g_{1,1} & g_{1,2} \cdots & g_{1,n} \\ g_{k1} & g_{k2} \cdots & g_{k,n} \\ g_{n,1} & g_{n,2} \cdots & g_{n,n} \end{bmatrix}, g_{ii} = 0, g_{ij} = 0, 1 \right\}$$

其中，$G_{network}$ 表示网络结构；N，g 分别表示点和链；$g_{i,j} = 1$ 表示 i，j 建立连接，即形成一条链；$g_{i,j} = 0$ 表示 i，j 没有建立连接，即两者之间不存在链。

具体到最终商品流通形成的纵向分工网络结构，假定商品从生产领域到消费领域，交易环节数为 m，显然，商品所有权主体数为 $m + 1$。假设生产者在序列中的位置标记为1，而最终消费者在序列中的位置标记为 $m + 1$，假定序列中任意位置 k 上有 x_k 个主体，那么纵向分工网络结构可以定义为：

$$G_{c-network} = \left\{ (N, g) \middle| N \to \left[1, 2, \cdots, x_1 ; \ 1, 2, \cdots x_k ; \ \cdots ; \ 1, 2, \cdots x_{m+1}\right], g = \begin{bmatrix} 0 & X_{1,2} & 0 \cdots & 0 \\ X_{21} & 0 & X_{2,3} \cdots & 0 \\ \cdots & \cdots & & \cdots \\ 0 & 0 & X_{m+1,m}, & 0 \end{bmatrix} \right\}$$

其中，$X_{k, k+1} = \begin{bmatrix} 1, & 1, & \cdots, & 1 \\ 1, & 1, & \cdots, & 1 \\ 1, & 1, & \cdots, & 1 \end{bmatrix}_{x_k \times x_{k+1}}$ ； $X_{k+1, k} = X_{k, k+1}^T$。

5.1.2 渠道议价权力的内生机制

1.社会网络视角下的绝对议价权力：结构洞分析

资源依赖理论认为，行动者控制和解决内部与外部资源依赖问题的能力的大小决定了行动者在组织内部所拥有权力的大小。行动者在企业中的地位、行动者具备的专业知识、行动者与组织外部环境的关系等因素构成了能力的来源。权力的平衡与否取决于资源依赖关系的变化。

Burt（1983）利用资源依赖理论，在美国的企业和产业部门之间建立了网络联系模型。他认为，企业与关键供应商和关键客户之间的网络关系会影响企业的盈利能力，如果供应商很多，而客户很少，那么优势就在客户一边；反之，优势就在供应商一边。从理论上来说，这种不对称状态可以为拥有资源优势的企业创造出高于平均水平的利润，也会使那些没有资源优势的企业变得不稳定[①]。

夏春玉（2005）将渠道权力定义为："在渠道系统中，某个渠道成员能够影响、控制甚至改变其他渠道成员的能力。某个渠道成员是否具有权力及其权力的大小，既取决于他在渠道系统中所处的地位及其相应的职能，也取决于他能为其他渠道成员所提供的支援，以及其

---

① 弗雷戈斯坦. 市场的结构 [M]. 甄志宏，等译. 上海：上海人民出版社，2007：172.

他渠道成员对他的依赖程度。"①

笔者认为，应当将渠道权力区分为绝对议价权力和相对议价权力。其中，绝对议价权力是指渠道成员拥有完全的渠道控制能力。相对议价权力是指在交易机会均衡的条件下，某个渠道成员能够比其他渠道成员获得更多的交易权利。显然，相对议价权力与前文所提出的个别交易效率概念关联密切。

Burt（1992）提出的"结构洞理论"可以对绝对议价权力做出解释。假设社会网络中有 N 个节点，那么由排列组合知识可知，最多的连线为 $\frac{N(N-1)}{2}$。进一步假设，实际的连线图为 L，那么此网络图的密度计算公式为：

$$\rho = \frac{L}{N(N-1)/2} = \frac{2L}{N(N-1)}$$

其中，结构洞比例为：$\theta = 1 - \rho$。根据伯特的理论，结构洞比例越大，网络中必定存在更多的中介节点，并且这些中介节点拥有权力。

假定流通过程的纵向分工网络结构如图5-2所示，其中，节点数是3，最多的联系数也是3，但是实际的连线数是2，结构洞数为1，因此该网络的密度为2/3。处于中介节点位置的是中间商，从而此时的中间商拥有绝对的议价权力。

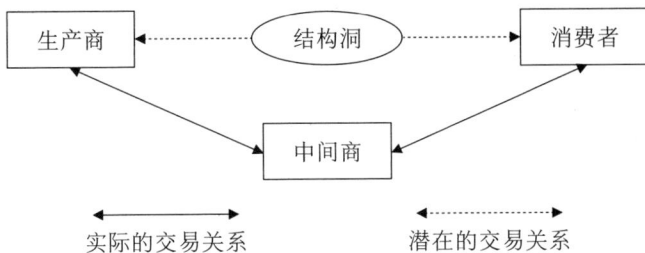

图5-2 流通过程中的结构洞与中间商的绝对议价权力

① 夏春玉. 当代流通理论 [M]. 大连：东北财经大学出版社，2005：250.

这种情况之所以会发生主要是因为生产商直接与消费者交易的成本太高，以致两者根本无法建立交易关系。另外就是，图5-2的结构中，中间商只有一个，所以生产商无法与另一个中间商建立交易关系，因此获得了绝对的议价权力。但是在现实中，中间商一般不会只有1个，因此还必须分析相对议价权力的决定因素。

2.流通渠道理论的相对议价权力：个别交易效率分析

假定生产者的潜在数目为 N 个，每一个生产者拥有相同的资本禀赋 k_1，他们分散地通过中间商销售商品。假定市场上中间商的潜在数目为 M 个，任一个中间商拥有的资本禀赋为 k_2，但是生产者与中间商之间有空间距离 d。假设任一个生产者与中间商交易的机会 e 由生产者拥有的资本禀赋和空间距离共同决定，即 $e_1 = \dfrac{k_1}{d}$；显然，$e_2 = \dfrac{k_2}{d}$；令 $f: e_1 \to x_1$, $x_1 \in (0, 1)$；$g: e_2 \to x_2$, $x_2 \in (0, 1)$，且 $f' > 0$, $f'' < 0$；$g' > 0$, $g'' < 0$, $f(0) = g(0) = 0$, $f(+\infty) = g(+\infty) = 1$，这两个映射都表明：交易机会越大，生产者与中间商越能够彼此充分接触，因此市场的竞争效应越大。

此时，我们也可以将 x_i 定义为交易主体的个别交易效率。f', g' 反映了交易机会转换为个别交易效率的能力。这里的定义为交易知识形成个别交易效率的差异留下了余地。进一步，假设交易知识积累得越多，交易机会转换为个别交易效率的能力就越强。

进一步地，令 $\phi = \dfrac{x_1 M}{x_2 N} = \dfrac{f(e_1) M}{g(e_2) N}$，如图5-3所示，假定 $\phi \leqslant \widehat{\phi}$，中间商拥有相对议价权力，即中间商相对于生产商拥有更多的交易机会，根据讨价还价理论，外部选择决定了相对议价权力的归属。当 $\phi \geqslant \overline{\phi}$ 时，生产者拥有相对议价权力；$\widehat{\phi} < \phi < \widecheck{\phi}$ 时，生产者与中间商的议价权力相当，这个假定意味着在一定的参数范围内，市场是完

全竞争的，我们并没有要求生产者与中间商数目趋向无穷大，而是要求两者相互讨价还价的机会大致均等。应该说，这个假定是比较符合历史事实的。

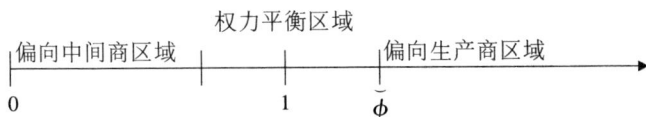

图5-3　相对议价权力的结构及其条件

由上述假设与定义，我们可以得到如下命题：

命题 5.1　在生产商、中间商的潜在数量相同、资本禀赋相同、交易距离相同的条件下，如果中间商拥有的交易知识比生产商多，那么中间商更有可能拥有相对议价权力。

证明：由于中间商拥有的交易知识比生产商多，根据上面的假定，可以得出：$f'(\bar{e}) \ll g'(\bar{e})$。其中，$\bar{e} \in [0, +\infty)$，为任意给定的交易机会。也就是说，在交易机会相同的条件下，中间商将交易机会转换为个别交易效率的能力更强。

由 $f(e_1) = \int_0^{e_1} f'(\bar{e})d\bar{e}$，$g(e_2) = \int_0^{e_2} g'(y)dy$，$e_1 = e_2$，可得：$f(e_1) < g(e_2)$。

显然，$\phi = \dfrac{x_1 M}{x_2 N} = \dfrac{f(e_1)M}{g(e_2)N} = \dfrac{f(\bar{e})}{g(\bar{e})} < 1$；$(M = N, e_1 = e_2)$，故得证。

现在的问题是中间商拥有更多的交易知识，是通过什么样的机制使其获得相对议价权力？这需要通过经济理论加以进一步的解释。

3.中间商相对议价权力的内生形成：一个非合作博弈均衡

中间商相对议价权力实质上是指在纵向分工网络中中间商在交易中拥有了比最终产品生产商更大的议价权力，并且笔者认为这种议价权力的形成是投资选择的结果。中间商本身就是从事专业化交易的流通组织，由于专业化经济本身带来的交易知识积累，加上大规模投资于销售网络建设，例如，现实中的门店复制与连锁化经营等，交易知识和销售网络可以大幅度地提高消费者购物的便利性，拓展消费者多样化选择的空间，从而降低消费者的单位购买成本。

消费者购买成本不仅仅包括经济意义上的成本，还包括非经济的成本。例如心理成本、运输成本、等候成本、存储成本、信息成本等。特别是当城市化进程推进的时候，消费者与生产者之间的分离就更明显，大量的零售组织从事的专业化交换可以将生产和消费更好地结合在一起。

并且，流通组织通过提供各种分销服务可以降低消费者的总购物成本，从而使得成本发生转移，为消费者带来福利增加。这一点在买方市场的主导下显得更为明显。"生产越是以交换为基础，完成交换职能的流通劳动就越重要。"[①]在买方市场为主导的市场态势下，制造业企业单靠价格竞争难以获得竞争优势，也难以将产品分销出去。在日益激烈的市场竞争中，产品的价格和技术差别正在缩小，服务已成为全部经营活动的出发点和归宿。服务的品质成为影响消费者购买的重要因素之一。

本质上看，中间商依靠投资形成了一个聚集大量消费的流通组织，这个组织与生产商交易时具有相对议价权力。正是由于中间商投资于能够降低购买成本的技术使得中间商成为一个代表大量需求的消费者，并且其会选择能够影响个别生产商的市场需求函数，并使之发生变动。鲍尔森（2007）认为，如果一项交易，买方的选择能够使卖方的需求曲线发生移动，而不使需求量沿着需求曲线变动，就说明买方对卖方拥有影响力。笔者根据这一思想，构造了一个非合作博弈模型对中间商相对议价权力的形成及其影响进行深入分析。

基本假设：假设市场上存在两个进行古诺博弈的生产商，市场需

---

① 高涤陈，等. 社会主义流通过程研究 [M]. 上海：上海人民出版社，1988：85.

求函数为：

$$p = a - b(q_1 + q_2) \tag{5-1}$$

每一个生产商的成本函数为：

$$c_i = cq_i \tag{5-2}$$

现在，我们来讨论基准情形，即不存在中间商时的市场均衡价格、均衡产量以及消费者实际支付的价格。

基准情形：不存在中间商时，单位产品的购买费用为 T_1，由消费者承担。

由生产者 i 的利润最大化以及模型的对称性，可以得出如下结论：

$$\text{Max } \pi_i = \big(a - b(q_1 + q_2)\big)q_i - cq_i$$

均衡价格为：

$$p^e = \frac{a + 2c}{3} \tag{5-3}$$

均衡产量为：

$$q_1^e = q_2^e = \frac{a - c}{3b} \tag{5-4}$$

均衡利润为：

$$\pi_1^e = \pi_2^e = \frac{(a - c)^2}{9b} \tag{5-5}$$

消费者实际支付的价格为：

$$p = p^e + T_1 \tag{5-6}$$

现在考虑中间商存在的情形。

中间商存在情形：假设存在一个中间商，消费者到中间商那里购物的单位产品费用为 T_2，如果中间商的定价为 p_m，当 $p_m + T_2 \leqslant p^e + T_1$ 时，消费者将转向中间商那里购物。现在考虑，以中间商与供应商一对一的讨价还价确定采购价 p_w。博弈过程如下：第一阶段，中间商给出采购价 p_w。第二阶段，供应商选择是否接受 p_w，如果一方接受，另一方拒绝，则中间商与接受方达成交易，拒绝方按照残差市场的需求制定自己面向消费者的价格；如果两方均接受，则中间商与两方同时达成交易；如果两方均拒绝，两方选择古诺均衡定价。

假设，当中间商制定 p_m 的零售价时，

$$p_m = a\gamma - bq_m, \quad , \quad p_d = (1 - \gamma)a - bq_d \tag{5-7}$$

其中，第一个需求函数是中间商面临的市场需求曲线，零售价格满足条件 $p_m \leqslant p^e + T_1 - T_2$，否则中间商的市场需求为零。第二个需求函数是市场残差需求曲线。

我们现在讨论三种情况：（接受、拒绝）；（接受、接受）；（拒绝、拒绝）。因为生产商是对称的，因此（接受、拒绝）和（拒绝、接受）的结果是对称的，对分析结论不构成影响。

第一种情况：一方接受，另一方拒绝。

此时，中间商与其中一方达成交易，中间商选择能够最大化其利润的零售价和采购量。经过计算，我们可以得到：

中间商的均衡利润为：

$$\pi_m = \max(p_m - p_w)q_m = \frac{[a\gamma - p_w]^2}{4b} \tag{5-8}$$

均衡的零售价为：

$$p_m^e = \frac{a\gamma + p_w}{2} \tag{5-9}$$

均衡的采购量为：

$$q_m^e = \frac{a\gamma - p_w}{2b} \tag{5-10}$$

接受方的利润为：

$$\pi_{ia} = (p_w - c)q_m^e = \frac{(p_w - c)[a\gamma - p_w]}{2b} \tag{5-11}$$

拒绝方的最大利润为：

$$\pi_d = \max[p_d - c]q_d = \frac{[(1 - \gamma)a - c]^2}{4b} \tag{5-12}$$

拒绝方的均衡定价为：

$$p_d^e = \frac{(1 - \gamma)a + c}{2} \tag{5-13}$$

拒绝方的均衡交易量为：

$$q_d^e = \frac{a(1 - \gamma) - c}{2b} \tag{5-14}$$

第二种情况：双方均接受。

此时，中间商与两个生产者都达成了交易，中间商把采购价看作自己的边际成本，按照利润最大化的决策，选择了均衡的采购量。

中间商的最大利润为：

$$\pi_m = \frac{(a - p_w)^2}{4b} \tag{5-15}$$

市场均衡价格为：

$$p_m^e = \frac{a + p_w}{2} \tag{5-16}$$

市场均衡交易量为：

$$q_m^e = \frac{a - p_w}{2b} \tag{5-17}$$

接受方的利润为：

$$\pi_1^a = \pi_2^a = \frac{(p_w - c)(a - p_w)}{4b} \tag{5-18}$$

第三种情况：双方均拒绝。

此时，中间商没有任何产品可卖，生产者之间进行古诺竞争，情况与基准情形相同。

中间商的利润为：

$$\pi_m = 0 \tag{5-19}$$

拒绝方的利润为：

$$\pi_1^d = \pi_2^d = \frac{(a - c)^2}{9b} \tag{5-20}$$

假定供应商之间是一个静态博弈。中间商的采购价 p_w 的 接受，拒绝｝成为供应商的策略选择。博弈的支付矩阵如图5-4所示。

生产商1

	接受		拒绝	
接受	$\dfrac{(p_w-c)(a-p_w)}{4b}$,	$\dfrac{(p_w-c)(a-p_w)}{4b}$	$\dfrac{(p_w-c)[a-\gamma p_w]}{2b}$,	$\dfrac{(p_w-c)[(1-\gamma)a-c]^2}{4b}$
拒绝	$\dfrac{[(1-\gamma)a-c]^2}{4b}$,	$\dfrac{(p_w-c)[a-\gamma p_w]}{2b}$	$\dfrac{(a-c)^2}{9b}$,	$\dfrac{(a-c)^2}{9b}$

生产商2 在表格左侧。

图5-4　生产商之间的静态博弈

我们根据占优均衡的概念，分析得出｛接受，接受｝成为纳什均衡的条件。当生产商2选择接受的时候，生产商1选择"接受"比选择"拒绝"会带来更大的利润。由于零售商知道上述博弈的支付结构，假定零售商选择 $p_w=\dfrac{a+c}{2}$，使生产商1在接受时的利润大于拒绝时的利润，即：

$$\frac{(a-c)^2}{16b}>\frac{[(1-\lambda)a-c]^2}{4b}\Rightarrow\lambda>\frac{a-c}{2a} \tag{5-21}$$

与此同时，在 $p_w=\dfrac{a+c}{2}$ 的条件下，生产商2拒绝时，生产商1依然选择接受的条件是：

$$\frac{(p_w-c)[a\gamma-p_w]}{2b}>\frac{(a-c)^2}{9b}\Rightarrow\lambda>\frac{17a+c}{18a} \tag{5-22}$$

将（5-21）式和（5-22）式相比，只有当 $\lambda>\dfrac{17a+c}{18a}$ 时，中间商的出价 $p_w=\dfrac{a+c}{2}$ 可以使得｛接受，接受｝成为纳什均衡。此时，生产商陷入囚徒困境，即｛拒绝，拒绝｝本身可以给生产商带来更高的收益 $\dfrac{(a-c)^2}{9b}>\dfrac{(a-c)^2}{16b}$。由此，我们可以得到命题5.2。

命题5.2　由于中间商的存在，其通过降低消费者购买成本，集聚大量的消费者需求，拥有消费者网络，使得中间商转向任何一家供应商都会使得供应商之间面临的需求水平不对称，当这种需求水平不对称程度超过一定的数值时，中间商就具备了影响生产商策略选择的能力，导致生产商接受中间商的采购价。我们可以将这种影响力称为渠道权力。由此可见，中间商相对议价权力的博弈均衡的解释在于作为买方的中间商决策可以使得作为卖方的生产商陷入囚徒困境，从而其会接受中间商的出价。

在中间商获得相对议价权力之后，如何进一步提高渠道效率呢？假定中间商获得相对议价权力之后，进行组织创新，将两个生产者通过供应链联盟的方式组织起来，先合作进行生产和流通，然后再分配总的利润。

通过计算，合作后的总利润为 $\frac{(a-c)^2}{4b}$，假设中间商分配给两个生产商的利润为 $\frac{(a-c)^2}{8b}$，其中每一个生产商的利润为 $\frac{(a-c)^2}{16b}$，显然，在生产商利润保持不变的条件下，中间商获得的利润为 $\frac{(a-c)^2}{8b} > \frac{(a-c)^2}{16b}$，从而中间商将相对议价权力转化为组织租金。这部分组织租金（O_{rent}）可以界定为：组织创新的渠道利润与纯粹市场交易时的渠道利润之差。在本章的模型中，$O_{rent} = \frac{(a-c)^2}{4b} - \frac{3(a-c)^2}{16} = \frac{(a-c)^2}{16b}$，中间商凭借其相对议价权力完全占有了这部分租金。由此，我们可以得到命题5.3。

命题5.3　在生产商陷入囚徒困境的情况下，拥有相对议价权力的生产商可以通过组织创新，创造相对于纯粹市场交易的组织租金，获取全部的合作剩余，并在总体上增加渠道的利润。

但是不管是市场交易式的纯粹竞争，还是组织创新式的合作竞争，它们是否会损害社会福利呢？它们对于渠道效率的影响是什么？

这就需要进一步的分析。

5.1.3 中间商运用渠道议价权力的福利效应

1.纯粹竞争情形

在本模型中，只有当 $p_m^e + T_2 \leqslant p_1^e + T_1$ 时，消费者才会选择到中间商那里购物，即当购物成本节约 $\Delta T = T_1 - T_2 \geqslant p_m^e - p_1^e = \frac{5}{12}(a - c)$ 时，中间商可以吸引消费者进入卖场购物。但是，这种相对议价权力的存在是否会造成社会福利损失？

我们首先给出社会福利水平的计算公式：

存在中间商时的社会福利：$SW_m = \pi_m + \pi_{1a} + \pi_{1b} + \frac{1}{2}(a - p_m^e)q_m^e - T_2 q_m^e$

不存在中间商时的社会福利：$SW_G = \pi_1 + \pi_2 + \frac{1}{2}(a - p^e) \times 2q^e - 2T_1 q^e$

经计算，可以得到中间商存在时的社会福利：

$$SW_m = \frac{7}{32b}(a - c)^2 - \frac{(a - c)T_2}{4b}$$

中间商不存在时的社会福利：$SW_G = \frac{4}{9b}(a - c)^2 - \frac{2(a - c)T_1}{3b}$

我们根据两者的大小比较和中间商相对议价权力与社会福利的关系总结出如下命题。

命题5.4　如果 $SW_m \geqslant SW_G$，即 $T_2 \leqslant \frac{8}{3}T_1 - \frac{65}{72}(a - c)$，中间商相对议价权力的存在使得社会福利水平提高。如果 $T_2 > \frac{8}{3}T_1 - \frac{65}{72}(a - c)$，则中间商相对议价权力的存在使社会福利受到损害。

进一步地，考虑到中间商拥有相对议价权力的前提条件为：$T_2 \leqslant T_1 - \frac{5}{12}(a - c)$，由于 T_2，$T_1 > 0$，可以推断：$T_1 > \frac{5}{12}(a - c)$。

如图5-5所示，当中间商拥有相对议价权力时，就意味着 $T_2 \leqslant$

$\frac{8}{3}T_1 - \frac{65}{72}(a-c)$的条件成立，即纯粹市场交易状态下，中间商拥有相对议价权力是可以促进社会福利水平提高的。

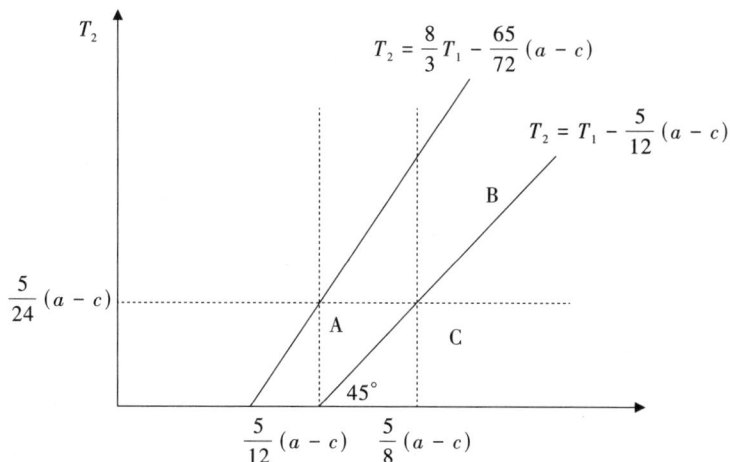

图5-5　中间商相对议价权力的福利效应

如果我们把消费者直接到生产商那里购物的费用理解为直接流通渠道的一部分，那么当直接流通渠道的初始流通费用较低时，中间商的介入并不能为消费者节约足够多的购物费用，从而中间商没有获得相对议价权力的空间。此时，直接流通渠道可能比间接渠道更有效率，对于一些商品交易方式，采取直接的流通渠道可能更为合适。

"在集中生产对应集中消费、大规模生产对应大规模消费的情况下，其仍然是最为便捷、最为经济、最为合理的产销见面方式。"[①]而在简单商品生产占主导地位的阶段，消费者与生产者直接见面的成本并不太高，"很大一部分生产者把他们的商品直接卖给消费者，或者为消费者的私人订货而生产"。

当直接渠道的初始流通费用较高，中间商介入时，只要能够降低消费者的购物成本，消费者选择从中间商那里购物更经济，从而中间

---

① 晏维龙. 交换、流通及其制度［M］. 北京：中国人民大学出版社，2003：169.

商相对议价权力的存在是可以增进社会福利的。因此,命题5.4的经济含义在于当社会分工逐渐深化时,生产与消费的分离程度提高,消费者直接到生产者那里购物的成本较高,此时的流通组织如果能够进行连锁化经营、规范经营、文明经营,降低消费者购买的各类经济的和非经济的成本,以顾客满意为目标,那么流通组织的存在即使降低了渠道的总利润,但是由于消费者效用的增加,也会在总体上促进生产者、流通商和消费者利益的协调(如图5-6所示)。

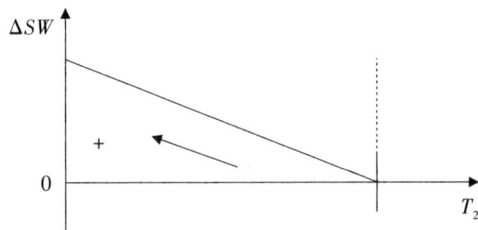

图5-6 直接渠道初始费用较高与社会福利的增进

进一步的问题是,在何种条件下中间商更容易形成相对议价权力?我们通过分析消费者进入流通组织中购买的临界条件进行判断,由 $\Delta T \geqslant \dfrac{5}{12}(a-c)$ 可知,当 a 变小或 c 变大时,在 T_1 既定的条件下,中间商更容易形成相对议价权力。这里的经济解释在于, a 变小意味着对于该产品的市场需求处于萎缩状态,换句话说,生产商的产品处于一种供过于求状态,此时中间商获得相对议价权力比较容易,这比较符合现实中我们观察到的情况。 c 变大意味着生产商的成本较高,生产商处于成本劣势的情况,难以通过价格竞争吸引消费者。这也比较符合现实中观察到的情况。由此可以得到命题5.5。

命题5.5 当商品的市场需求处于萎缩状态,生产商的边际成本提高时,中间商更容易通过投资于降低消费者购买费用的技术装备获得相对议价权力。当产品处于生命周期的衰退期时,中间商更易获得流通渠道的主导权①。

2.合作竞争情形

在合作竞争的条件下，按照联盟利润最大化的假设，求解出：

$$\pi_c = \frac{(a-c)^2}{4b}, \quad p_c^E = \frac{a+c}{2}, \quad q_c^E = \frac{a-c}{2b}$$

其社会福利为：

$$SW_c = \pi_c + \frac{1}{2}(a - p_c^E)q_c^E - T_2 q_c^E = \frac{3(a-c)^2}{8b} - \frac{a-c}{2b}T_2$$

通过比较 SW_c，SW_m，我们可以判断中间商的组织创新是否可以带来社会福利的增进。经过计算，当 $T_2 \leqslant \frac{5}{8}(a-c)$ 时，中间商的组织创新可以带来社会福利的增进。当 $T_2 > \frac{5}{8}(a-c)$ 时，拥有相对议价权力的中间商的组织创新可能会带来社会福利的恶化。

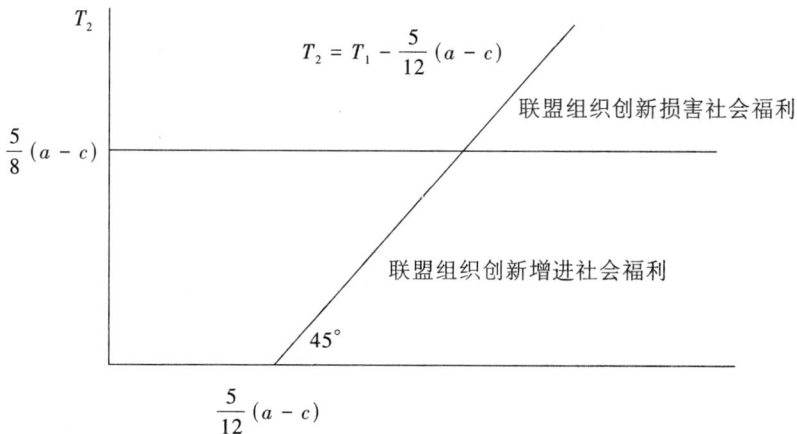

图5-7 中间商联盟组织创新的社会福利效果

如图5-7所示，拥有相对议价权力的中间商通过后向一体化既可能增进社会福利，又可能损害社会福利，最终结果取决于直接流通渠

---

① 命题5.5的结论与晏维龙（2004）、阿西莫格鲁等（2007）的研究结论是一致的。其中，阿西莫格鲁等在合作博弈的框架内得出讨价还价能力取决于产品是否具有替代性以及产品的市场需求弹性。产品的替代性越大，市场需求弹性越小，该产品的生产者在讨价还价中越处于不利地位。

道的消费者购买成本和中间商能够给消费者节约的购买成本这两个参数的大小。

上述分析表明，只要中间商投资于能够节约消费者购买成本的技术开发、组织和管理活动，那么其通过吸引消费者进入销售网络，就获得了与生产商议价的权力。这种议价权力能够为其扩大"战略选择空间"：中间商既可以通过纯粹的市场交易获得大部分的渠道利润，又可以通过组织创新进行后向一体化或者以建立联盟的方式扩大渠道利润。中间商的战略选择对于以社会福利为标准的渠道效率的影响需要结合具体情况加以细致分析。

5.2 议价权力、创新投资与渠道动态效率

5.2.1 模型的基本假设

动态效率主要是由产业组织中企业的行为对于创新投资的影响来体现。假设拥有相对议价权力的中间商在总利润分配上可以获得超过 1/2 的份额。生产商投入研发费用在产品的质量改进上，并且这种投入的成本是沉没的、专用的。生产商通过投入创新性资产生产某种创新产品。假设在 $t+1$ 期，生产商投入数量 I 的创新性资产后以一定的概率 P 使得创新产品的价值提高到 I，假定决定概率 P 的因素主要有生产商的资本规模 K，$K_t = \beta V_{it}$。其中，$\beta \in (0, 1)$；V_{it} 为第 t 期生产商获得的合作剩余。进一步，假设：

$$P = P(K_t) \qquad (5\text{-}23)$$

其中，$P' > 0$；$P'' < 0$。这表明生产商原有的资本越多，获得技术的机会越多，就越有可能创新成功。

中间商对最终产品的贡献为一个固定值 V。生产商的创新性资产投资的成本函数为:

$$C(I) = \lambda I^k, \quad \lambda > 0, \ k > 1 \tag{5-24}$$

上式表明,成本函数为严格凸函数。

中间商和生产商签订了一份采购合约,因为专用性的创新资产投入及其成本难以被第三方证实,因此契约是不完全的。根据 Hart (1995),在这种情况下,会发生敲竹杠(Hold-Up)问题。因为中间商拥有较强的讨价还价能力,因此事后双方的合作剩余 $V_{j \cup i}$ 根据纳什讨价还价原理进行分配,中间商和生产者分到的合作剩余分别为:

$$V_{jt+1} = \alpha V_{j \cup i} \tag{5-25}$$

$$V_{it+1} = (1 - \alpha) V_{j \cup i} \tag{5-26}$$

其中,$\alpha > \dfrac{1}{2}$,刻画了中间商的讨价还价能力,α 越大,说明中间商的买方议价权力越强。

假定博弈分为 0 期、1 期和 2 期。在 0 期,双方缔约;在 1 期,生产商投入专用性创新资产;在 2 期,双方对合作剩余进行讨价还价。

5.2.2 基准情形的创新投资水平

作为一个理论基准,我们考虑能够最大化社会总产出的最优创新资产投入水平。这个水平事实上是社会所追求的一个目标,希望能够以此提高市场的动态效率。根据上述假设,满足社会最优的目标函数为:

$$\underset{I}{Max} \ R(I) = V + PI - C(I)$$

根据最优化的一阶条件,可以得到:

$$P = C'(I) \tag{5-27}$$

将(5-23)式和(5-24)式代入(5-27)式可得,社会最优的创新资产投入水平为：

$$I^* = \left[\frac{P(\beta V_{it})}{\lambda k} \right]^{\frac{1}{k-1}}$$ (5-28)

5.2.3 实际情形的创新投资水平

现在，我们根据中间商和生产商的博弈关系，分别计算两者签订契约后的期望利润。

生产商的期望利润为：

$$\Pi_i = (1-\alpha)V_{j\cup i} - C(I) = (1-\alpha)(V+PI) - \lambda I^k$$ (5-29)

生产商最大化其期望收益，根据一阶条件，可以得到：

$$I^{**} = \left[\frac{(1-\alpha)P(\beta V_{i,t})}{\lambda k} \right]^{\frac{1}{k-1}}$$ (5-30)

根据（5-30）式，我们可以得到中间商的最大期望利润，其由下式决定：

$$\prod_{j,t+1} = V_{j,t+1} = \alpha(V+PI^{**}) = \alpha \left(V + \left(\frac{1-\alpha}{\lambda k} \right)^{1/(k-1)} \left(P(\beta V_{i,t}) \right)^{k/(k-1)} \right)$$ (5-31)

由（5-28）式和（5-30）式可知，

$$I^{**} < I^*$$ (5-32)

由此可见，在买方拥有相对议价权力的情形下，生产组织的创新性资产投资是不足的，因为其无法获得全部的创新收益。这实际上意味着生产组织的创新激励不足。由此我们可以得到命题5.6。

命题5.6 在契约不完全的条件下，上游生产组织的创新性资产投入不足。并且，下游流通组织买方相对议价权力的存在，会加剧上游生产组织的创新激励不足问题，使得创新水平远低于社会意愿水平（如图5-8所示）。

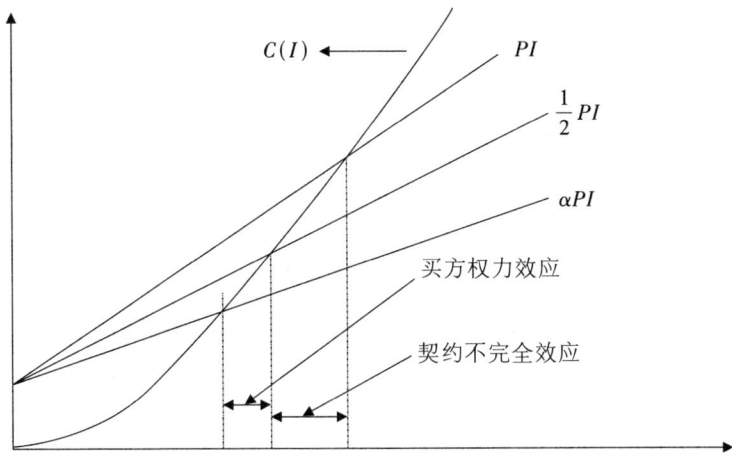

图5-8　中间商相对议价权力加剧了研发费用投入不足

如图5-8所示，在契约不完全条件下，机会主义行为的存在本身会造成创新资产投入不足，但是由于买方议价权力的存在，又进一步加剧了创新资产投入不足。一方面，流通组织提高劳动生产率可以促进社会一般交易效率；另一方面，流通组织效率提高又可能会形成相对议价权力，并且会造成动态效率损失。那么，在既定的渠道权力格局下，如何进行协调呢？

假设中间商通过组织创新，将生产者纳入自己的联盟，中间商承诺与生产商分担创新投入的成本，即生产者实际承担的成本为$(1-\alpha)C(I)$。此时，生产商的最优化投资决策为：

$$\underset{I}{Max}Max\,\Pi_i = (1-\alpha)V_{j\cup i} - C(I) = (1-\alpha)(V+PI) - (1-\alpha)\lambda I^k$$

显然，根据一阶条件，可得知此时的创新投资就是社会最优水平的投资水平I^*。此时的中间商获得的利润为：

$$\Pi'_{j,\,t+1} = V_{j,\,t+1} = \alpha(V+PI^{**}) = \alpha\left(V + \left(\frac{1}{\lambda k}\right)^{1/(k-1)}\left(P(\beta V_{i,\,t})\right)^{k/(k-1)} - \right.$$

$$\left. \lambda\left(\frac{P(\beta V_{i,\,t})}{\lambda k}\right)^{k/k-1}\right) \tag{5-33}$$

由（5-31）式和（5-33）式，经过化简可以得到：

$$\Delta\prod\nolimits_j = \prod\nolimits'_{j,\,t+1} - \prod\nolimits_{j,\,t+1} = \alpha\left(\left(1 - \frac{1}{k}\right) - (1-\alpha)^{\frac{1}{k-1}}\right)\left(\frac{1}{\lambda k}\right)^{\frac{1}{k-1}}\left(P\left[(\beta V_{it}\right]\right)^{\frac{k}{k-1}}$$

$$(5-34)$$

由（5-34）式，我们容易得到，只要满足 $1 - \frac{1}{k} - (1-\alpha)^{\frac{1}{k-1}} \geqslant 0$，中间商就可以在既定的成本参数下选择分担一部分创新成本，从而实现社会最优的创新投资水平，并且带来自身利润的增加。将 $1 - \frac{1}{k} - (1-\alpha)^{\frac{1}{k-1}} \geqslant 0$ 改写为如下表达式：

$$\alpha \geqslant 1 - (1 - \frac{1}{k})^{k-1} \tag{5-35}$$

令 $y(k) = 1 - (1 - \frac{1}{k})^{k-1}$，我们通过数值模拟可以得到，当 $1 < k \leqslant 2$ 时，拥有相对议价权力的中间商愿意分担生产商创新成本，从而使得创新投入达到社会最优水平。当 $k > 2$ 时，只有扩大利润分配比例 α，中间商才愿意承担相应的创新成本。

对于生产商来说，此时的利润变化为：

$$\Delta\prod\nolimits_{i,\,t+1} = \prod\nolimits'_{i,\,t+1} - \prod\nolimits_{i,\,t+1} = (1-\alpha)P(I^* - I^{**}) + \lambda I^{**k} - (1-\alpha)\lambda I^{*k}$$

$$(5-36)$$

将（5-28）式和（5-30）式代入（5-36）式，经过化简可以得到：

$$\Delta\prod\nolimits_{i,\,t+1} = (1-\alpha)(1 - \frac{1}{k})P^{\frac{k}{k-1}}\left(\frac{1}{\lambda k}\right)^{\frac{1}{k-1}}[1 - (1-\alpha)^{\frac{1}{k-1}}] > 0 \tag{5-37}$$

根据上述分析，我们可以得到命题5.7。

命题5.7　在流通组织能够从合作剩余中获得的比例达到一定数值时，它愿意承担生产组织的部分创新成本，从而使得创新投入达到社会最优水平。此时，流通组织的组织创新有效地协调了相对议价权力带来的创新投入不足。因此，从动态效率来看，拥有相对议价权力的中间商通过组织创新，可在协调纵向分工网络中从低度的利益均衡转换为高度的利益均衡，实现帕累托改进。

在现实中，拥有相对议价权力的中间商通过供应链管理，参与生产商的创新活动，例如，英国马狮公司与供应商合作，根据消费者需求特点参与创新产品的设计、生产等过程，为马狮公司创造巨大利润的同时，也给生产商带来了收益。

5.3 经济循环的利益协调机制构建

5.3.1 渠道相对议价权力的转移机制

在营销管理中，利特尔（1970）①分别从经济权力和位置权力的角度分析了厂商或大型零售商适合成为渠道领导者的原因。从经济权力的角度来看，由于大型厂商和零售商都具有较强的经济实力，因此都可能获得渠道领导者的地位，这是从实证意义上得到的结论。

从规范的意义上看，利特尔认为，如果新产品的开发费用没有超出社会所能承受的范围，那么生产商拥有相对议价权力的渠道系统更有利于消费者，因此生产者应该成为渠道的领导者。但是，从位置权力来看，生产商和中间商拥有相对议价权力的条件各有不同。

1.生产商拥有相对议价权力的条件

从位置权力来看，大型厂商拥有相当的资本规模，可以通过开发新产品，创造或引导市场需求，培养消费者的品牌忠诚度，这样就会使得中间商面临的市场需求曲线向内移动，中间商面临的市场需求萎

---

① LITTLE W R.The marketing channel：Who should lead this extra-corporate organization [J]．Journal of Marketing，1970，34（1）：31-38．转引自：夏春玉．当代流通理论［M］．大连：东北财经大学出版社，2005：247．

缩意味着大型厂商可以使得中间商接受厂商的出价条件。这样，大型厂商获得了相对议价权力。

2.中间商拥有相对议价权力的条件

一般说来，中间商的区位布局更接近消费者，因而其更了解市场需求，并且通过为消费者节约购物成本，可以为渠道系统创造一定的附加价值。因此当中间商在零售终端吸引了大量消费者之后，生产商面临的市场需求曲线会向内移动，正如模型所分析的，生产商陷入了囚徒困境，会接受中间商的出价，中间商获得了相对议价权力。从这个意义上讲，大型厂商或零售商都有可能成为渠道的领导者。

3.相对议价权力的转移机理

从概念上看，渠道相对议价权力可以认为是"一个渠道成员对处于同一渠道系统内不同层次上的另一个渠道成员的营销决策变量施加影响和控制的能力"。[①] 一般认为，获得渠道相对议价权力的渠道成员拥有渠道的主导权。随着社会分工的深化、供需态势的转换，流通渠道相对议价权力发生转移，渠道控制权运用的结果导致了不同的渠道利益分配格局。晏维龙（2004）认为"商品流通渠道的分层结构因社会分工深化而产生，并且这种分层结构在一定的环境条件下有助于降低流通费用，提高流通效率，但是不同的渠道控制权归属会产生不同的渠道利益分配格局"。[②]

从产品的生命周期来看，在新产品的开发阶段，消费者对于新产品的市场需求较大，生产者节约购买费用的效用要低于消费新产品增加的效用。从合作博弈理论的附加值概念来看，生产商的创新为消费者带来的附加值要高于中间商为消费者带来的附加值。此时，在合作

---

① 张闯，夏春玉. 渠道权力：依赖、结构与策略 [J]. 经济管理，2005（2）：64-70.
② 晏维龙. 生产商主导还是流通商主导——关于流通渠道控制的产业组织分析 [J]. 财贸经济，2004（5）：11-17.

剩余中，生产者必然获得较大的份额，从而意味着，生产者拥有相对议价权力。随着产品不断成熟，消费者更加关心购买成熟产品的费用。此时，中间商能够给消费者带来更多的附加值，能够分享到更多的合作剩余，因而中间商拥有了相对议价权力。

新中国成立以来，我国的流通渠道主导权归属大致经历了三个阶段：在计划经济时期，受国有商业体制的影响，流通渠道主导权归属于批发商，这属于制度强制型主导模式。在转轨经济时期，随着市场的发育壮大、市场体系的不断扩张，生产商通过自建销售机构完成产品的分销，逐渐主导流通渠道，这实际上属于市场诱发型主导模式。在买方市场时期，大量生产和多样化消费的矛盾进一步加深，这就需要流通组织创新服务方式，流通地位得到强化，而零售商专业化于"交易的生产"，具有比较优势，因而零售商逐渐主导流通渠道。

流通组织效率提升的利益分配影响，可以运用第2章的流通效率概念进行分析，如图5-9所示。首先，将流通过程的交换权利可能性曲线定义为凹向原点的曲线，生产企业和流通企业共同分享流通过程的交换权利，初始分配是公平分配（E点）。

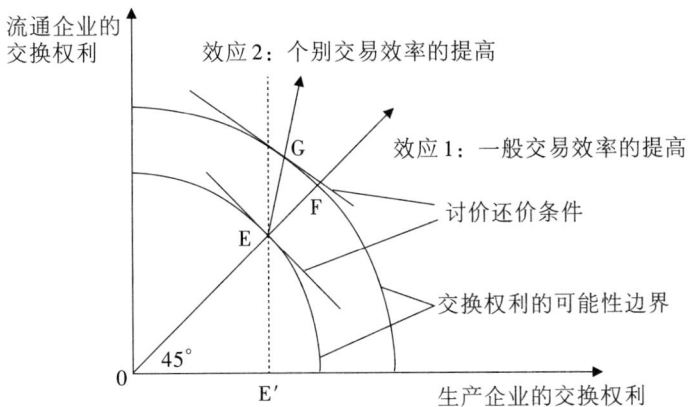

图5-9　流通组织效率提升的双重效应

其次，假设生产效率不变，流通组织效率的提高一方面提高了社会一般交易效率，促进了社会交换权利可能性边界的扩展（E→F）。另一方面，如果流通组织的个别交易效率提高的幅度大于生产企业个别交易效率提高的幅度，从而在新的权利可能性边界上，流通企业可以获得的份额要比生产企业大，那么此时的利益分配格局有可能落在G点。从G点的位置来看，相比原来的E点，生产企业获得了交换权利的增加。因此，流通组织效率的提高实现了帕累托改进。但是利益分配的格局也可能落在EE′直线的左端，此时流通组织效率的提高降低了生产企业的交换权利水平，从某种意义上看，零售商获得渠道主导权非常有可能导致这样的结果。

5.3.2 中间商拥有议价权力与滥用议价权力的区别

首先需要明确的是，拥有议价权力并不意味着滥用议价权力。理论上分析得出的中间商拥有议价权力与现实中中间商滥用议价权力有着本质的区别。在理论上，拥有议价权力是指中间商可以使生产商陷入囚徒困境，接受中间商的出价，从而使得生产商的利润转移到中间商手里。同时，社会福利并不一定受到损害。在实践中，滥用议价权力主要是拥有议价权力的中间商通过收取通道费、延期付款、零利润生产等纵向约束手段，进一步压缩生产商的利润空间，损害社会福利的行为。

1.拥有议价权力与滥用议价权力的条件不同

中间商拥有议价权力主要源于中间商的投资选择。正如我们在模型中所揭示的，在现代零售卖场的经营中，零售商通过高效的产品组合、高效的定价与促销、高效的新品引进，为消费者提供服务，从而降低消费者的购买费用，为渠道系统创造更多的附加值。中间商的相对议价权力并不源于其面对消费者时的定价能力，而源于中间商由于拥有庞大的消费者群体而获得的采购势力，或者可以称之为买方势力。

现实中，中间商滥用议价权力主要源于规制缺失和竞争环境扭曲。由于我国对跨国零售的法律规制还不够完善，显然很难适应情况千差万别的现实情况。

2.中间商是否滥用议价权力的标准在于是否降低了社会福利

从理论上，中间商在现实中是否滥用了议价权力主要取决于其行为是否损害了社会福利。目前，关于中间商收取生产商通道费的研究并没有得出一致的结论。例如，"有限货架假说"认为中间商收费只是提高了低质量产品进入超市的门槛，是激励相容的制度安排。而"市场势力假说"或者"反竞争假说"则认为通道费是零售商滥用市场势力的表现形式，并且在很大程度减弱了零售商之间的相互竞争；通道费成为一种门槛，大型生产商由于资本规模较大，可以利用交纳通道费排挤中小生产商（汪浩，2006）。

笔者（2009）提出："零售商对差异化产品的生产商收取一次性通道费和比例性通道费可以将生产商的利润压低，但是对差异化产品的均衡定价没有任何影响；零售商对差异化产品生产商收取的比例性通道费可以用于提供高水平的零售服务，吸引更多的消费者进入零售卖场，同时降低同质产品的均衡价格，提高零售者的福利水平；零售商对同质产品收取的一次性通道费和比例性通道费会抬高同质产品的均衡价格；零售商对同质产品收取的通道费会降低消费者的福利水平。"[①]

2016年11月，国务院办公厅印发《关于推动实体零售创新转型的意见》（国办发〔2016〕78号），指出要"鼓励企业加快商业模式

---

① 庄尚文，赵亚平. 跨国零售买方势力的福利影响与规制思路——以通道费为例的模型分析 [J]. 财贸经济，2009（3）：113-137.

创新，强化市场需求研究，改变引厂进店、出租柜台等传统经营模式，加强商品设计创意和开发，建立高素质的买手队伍，发展自有品牌、实行深度联营和买断经营，强化企业核心竞争力"。

对于以超市为代表的实体零售企业来说，这一提法的指向性十分明确，即要改变当前以出租货架并收取后台费为主要利润来源的商业模式，提升服务市场需求的能力，实施依靠赚取购销差价盈利的买断经营。事实上，这一提法也与业界已经出现的转型实践相呼应：一些新的零供合作理念，如"共建公平透明的合作规则，回归简单的买卖关系""降低渠道费用，挖掘消费热情"等已在一定程度上成为业界共识，一些实体零售企业也因在盈利模式上的率先转型而广受赞誉。①

无论是 2006 年出台的《零售商供货商公平交易管理办法》，还是2015 开始酝酿的《零售商供货商公平交易管理条例》②，都以"规制"的思路干预市场行为。但对通道费模式的规制在具体操作上是困难的，在理念上也有违市场经济的精神。在业界已开始摒弃通道费这一粗放模式，回归零售业"商品买卖"的本职工作的情况下，有关部门应联系业界实际，对零售业的积极变化进行鼓励和引导。

在具体操作上，一要充分发挥各类企业发展基金的作用，为零售企业的数字化、智能化改造等能力投资提供支持；二要充分发挥行业协会的作用，加强对零售企业转型典型案例的宣传，为业界的模式转型提供信心和经验；三要推动有关部门协同制定和实施相关政策，为企业商业模式的选择和转型提供清晰的政策环境。

---

① 2015 年 1 月 9 日，在中国连锁经营协会和华润万家有限公司的提议下，华润万家、家乐福、宝洁、伊利、立白等 11 家企业的高层在深圳湾召开会议，探讨未来零供关系健康发展的路径，达成以"建立有利于提高供应链效率的零供公平交易条款"为主要内容的"深圳湾共识"。同期，武汉中百、合肥乐城等零售企业因在盈利模式上摒弃通道费的率先转型获得了中国连锁经营协会零售创新大奖。
② 见商务部《2015 年规范市场秩序工作要点》（商办秩函〔2015〕77 号）。

5.3.3　渠道动态效率与分工网络内生性扩张

1.分工网络外生性扩张的限制因素

正如本书第3章所指出的，分工网络的扩张可以分为外生性扩张和内生性扩张。外生性扩张主要是指分工网络在更大的地域范围展开，从而将大量的人口卷入分工网络，协调剩余价值生产与剩余价值实现的矛盾。在当今经济全球化的条件下，分工网络的扩张已经延展至全球。但是，实践已经表明，有的国家在经济全球化的条件下陷入了"低水平均衡陷阱"，有的国家陷入了"高水平均衡陷阱"，人均收入增长都停滞了。

由此可见，分工网络外生性扩张必然会因为资源的有限或人口的压力陷入停滞，也会因为贸易保护主义等因素受到限制。并且，分工网络的外生性扩张还会受到各个国家不同的经济政策环境的影响。例如，在2008年国际金融危机的背景下，我国的出口需求急剧下降，导致了经济下滑。

由此，笔者联想到阿里吉（2009）关于亚当·斯密"自然"增长道路的论述。他认为，斯密所主张的是这样一条道路：先发展农业，农业有了剩余，再发展国内贸易，在促进国民财富不断增长的前提下，再发展国际贸易，从而进一步增加国民财富。换句话说，分工网络的外生性扩张应该遵循一条"自然"的道路。

2.动态效率与分工网络扩张机制转换

流通渠道组织协调可以创造出一种动态效率，即渠道主体的利益分配能够增进创新投资水平，不断增加流通中新产品的数量，从而在生产过剩、消费现代性的背景下不断缓解生产与消费的矛盾，促进社会分工网络的内生性扩张。

与此同时，消费需求的异质性、多样性，流通组织本身的多样化，也能够有效地协调各种具体的产销矛盾。因此，业态创新理应成为一种能够促进分工网络内生性扩张的手段，从而促进分工网络的协调。一个富有效率的纵向分工网络结构也应该以促进利益协调，增进分工主体的创新为标准。只有如此，由产品创新、组织创新推动的流通体系结构性变革才能够与横向分工网络的外生性扩张"携手并进"，不断进行社会劳动的优化配置，从而通过商品交换推动资本积累和经济增长。

5.3.4　流通渠道成员的竞合关系优化

1.流通渠道利益协调的本质

理论上，流通渠道的形成依赖建立在信任和利益基础上的交易关系。流通渠道的协调主要是交换权利的公平分配，也就是说，流通渠道的主体获得的交换权利应该与其对分工网络的附加值对等，交换权利的分配格局由合作博弈的夏普利决定。

在本章中，流通组织获得相对议价权力主要是源于流通组织对于流通渠道的贡献。从制度层面看，流通组织通过交换的专业化，积累了声誉，构建了商品交换顺利进行所需要的信任，从而提高了交易量，协调了生产和消费的矛盾。流通组织从行商到坐商的演进也反映了流通组织支撑大规模交易量的历史贡献。起初是商人，特别是行商，通过联盟的非正式制度约束着商人之间的道德风险（Grief，1995），商人集团通过相互给予信任、市场信息和优惠待遇减少了国际贸易中的不确定性[①]。但是，这并不能保证商人们作为一个整体对生产者和消费者采取机会主义行为。

为了获得长期的交换利益，行商发展为坐商，通过在空间上固定

---

① 蒂利 C. 强制、资本与欧洲国家 [M]. 魏洪钟，译. 上海：上海人民出版社，2007：58.

的组织模式来协调生产和消费，空间上固定的组织承担着重复博弈的职能，从而能够形成一种声誉机制，约束着流通组织的道德风险，为支撑大规模的交易量提供了信任基础。

从技术层面看，随着技术的进步及其在流通领域的应用，流通组织的管理效率逐渐提高，甚至出现了大规模的连锁化组织，从而进一步推动了市场范围的扩大。由于能够集中大量的社会消费需求，本质上看，流通组织是将数目众多的买者化为少数几个买者，从而为自身创造一种能够与生产者讨价还价的买方权力，并使得卖者陷入囚徒困境，流通组织获得生产者创造的收益。

这种相对议价权力在缺乏竞争机制的作用下会形成一种"正反馈"效应，使得拥有相对议价权力的流通组织在实践中滥用买方权力，从而形成利益冲突。这一点可以从城市商业发展中大型零售商的行为中找到例证。因此，流通渠道的协调需要一定的机制保证。

2.通过技术创新构建议价权力拥有者的横向竞争机制

流通渠道主体的横向竞争机制主要是指存在着大量的潜在进入者，使得相对议价权力不能滥用，拥有相对议价权力的主体不能持续获得权力租金，从而形成了利益分配的均衡格局。

以流通组织获得相对议价权力为例，在模型中拥有议价权力的中间商如果获得了全部的组织租金，且没有横向竞争机制存在，那么很可能会造成社会福利的损失。只有存在大量的潜在进入者，才能使得在位的流通组织通过各种管理创新、服务创新进一步降低消费者面临的购买费用，从而推动总流通费用的节约，增进社会福利。而从理论和实践来看，横向竞争机制的存在与制度环境、技术条件等因素具有密切的联系。

在一个社会的法治环境、道德水平等衡量制度质量的指标不断变好，交易双方的机会主义行为受到限制，特别是交易技术水平不断提高的情况下，经济运行中的交易机会不断增多，各种新兴的流通组织就会产生，从而构成对在位流通组织的潜在竞争。例如，信息技术发展起来之后，基于互联网的交易平台本质上也是一个流通组织，其运行具有高效率取决于交易信息搜寻费用的下降以及具有交易安全的资金流技术。

在交易平台上进行交易，构建信任主要靠的是对平台进行长期的声誉投资以及各种技术化的支撑手段。这样一种交易平台必然会对传统的诸如连锁大卖场、超市等流通组织构成竞争，从而使其滥用相对议价权力的行为受到限制。交易平台降低了空间上的进入壁垒，大大加剧了流通组织横向上的竞争，节约了流通费用，从而在更大范围内协调了生产与消费的矛盾，并且大大降低了社会劳动按比例配置的调整成本。

3.通过组织创新构建议价权力拥有者的纵向抗衡机制

议价权力拥有者的纵向抗衡机制是指流通渠道中处于弱势的交易主体通过横向合作增强自身的讨价还价地位。抗衡机制的提法主要源于加尔布雷斯的"抗衡势力"。约翰·肯尼思·加尔布雷斯（John Kenneth Galbraith）在 1952 年提出：买方垄断势力的形成可以中和卖方垄断势力，而且把这种可以中和另外一种垄断势力的垄断势力称为"抗衡势力"（Countervailing Power）。加尔布雷斯的本意是大型零售商的买方权力可以减少生产者垄断给消费者带来的福利损失。这个结论有一个隐含的前提就是大型零售商会把成本节约的好处转移给消费者。很多学者认为，对于这个前提，加尔布雷斯没有做出解释。笔者的模型表明，大型零售商之所以能够拥有买方权力，完全是因其能够给消费者带来足够的好处。

现在的问题是，中间商如果拥有相对议价权力，而生产者却没有，显然应该从生产者角度建立一种抗衡机制，从而使利益的分配大致均衡。生产者之间可以通过合作开发新产品，从而创造新的市场需求，使得相对议价权力转移到生产者手里。此为其一。其二，生产者之间建立共同销售联盟，即在销售产品的过程中合作，不仅采用联合推广的方式推出产品，分摊流通费用，而且可以采取拒绝供应的方式，共同抵制中间商滥用议价权力的行为。例如，上海炒货协会对抗家乐福的进场费。

从农产品流通实践来看，如果把农村的小农户抽象为模型中的生产者，农村市场上的大型中间商抽象为模型中的中间商，小农户与中间商的交易过程中，农户一般处于不利的讨价还价地位，因此农户基于利益增加的内在激励可以成立合作社，实现农户的联合，从而抗衡中间商的出价行为，有利于进一步提高农产品售价和农户收益。农户专业合作社通过利益的均衡机制可以促进农户进一步扩大投资规模，减少专用性投资不足带来的损失，即减少事前交易费用。

从中间商自身的交易费用来看，直接与合作社交易可以简化契约订立、履行的对象和路线，降低事前和事后的契约费用，从而扩大合作剩余。即使分享合作剩余的比例发生变化，但是由于合作剩余本身的扩大，所以容易形成双赢的利益格局。由此可见，通过组织创新的方式构建议价权力拥有者的抗衡机制，要建立在正和的利益创造与公平的利益分配的基础之上，从而实现帕累托改进。只有如此，才能实现流通渠道的协调。

5.4　本章小结

本章研究了微观渠道层面的经济循环畅通机制，侧重研究流通渠道的利益协调问题。主要是对第4章被抽象掉的流通过程中利益冲突问题进行展开分析，多角度分析了影响利益冲突的重要因素——渠道权力是如何形成的以及具有什么样的社会福利效应。在具体的分析中，本章首先将渠道权力分为两类：绝对议价权力和相对议价权力。在分析绝对议价权力时，应用社会网络分析中"结构洞"的概念讨论了绝对议价权力的形成。

在现实中，渠道权力更多地表现为相对议价权力，所以本章重点分析相对议价权力的形成。通过一个非合作博弈模型，分析了中间商，即流通组织，通过投资于降低消费者购买费用的技术将大量的消费者纳入其销售网络，从而代表了一个有着大量消费需求的消费者，因而获得了相对议价权力。相对议价权力的博弈论解释就是中间商的策略选择能够使生产商陷入囚徒困境。

这样一种建模思路反映了流通渠道本身具有双边市场特征：流通组织本身可以看作一个平台，平台的一边是流通组织与消费者交换形成的市场；平台的另一边是流通组织与生产商交换形成的市场。由于生产商可以直接与消费者交换，因此随着流通组织的介入，流通组织获得相对议价权力本质上还是源于消费者的购买需求。

接着，本章分析了在流通组织具有买方相对议价权力的条件下，这种议价权力对于生产商创新投入的影响，从而分析了动态效率问题；提出了流通组织拥有议价权力进行组织创新从而促进动态效率的利益分配条件。最后，提出了促进流通渠道利益协调的机制构建思路。

下篇
促进经济循环的流通数字化创新

第 6 章

数字平台主导的流通模式创新①

---

① 第 1 节至第 3 节引自：王维，庄尚文. 网络平台主导的贸易消费一体化机理与产业升级 [J]. 现代经济探讨，2018（10）：98-103. 第 4 节引自：庄尚文，陈王蕙. 数字经济时代算法权力问题及其审计规制探讨 [J]. 吉林工商学院学报，2021（4）：75-79.

6.1 研究背景与文献回顾

6.1.1 研究背景

互联网拓展了交易时间，丰富了交易品类，加快了交易速度，减少了中间环节。消费者通过信息产品的消费，比如手机、平板电脑等，能够快速进入互联网。搜索引擎可以向消费者免费提供信息搜寻服务；电商平台对商品进行分类管理并建立多维度的搜索与匹配模型，为消费者实现个性化需求与商品信息的精准匹配提供了技术基础，减少了消费者在商品搜寻、购买、使用等过程中的时间耗费，提升了消费过程效率。数字平台面向全球联结跨境的生产与消费活动，在一定的经济条件下，促进了贸易消费一体化模式，即流通组织的新模式的形成。

从政策实践看，数字平台主导的流通组织新模式集中体现在国家大力推动的跨境电子商务，尤其是跨境 B2C 的发展。面对当前全球经济深度调整背景下国际贸易减速的不利影响，互联网与国际贸易实现融合，传统电子商务平台升级为跨境电子商务平台，建立直接面向国外消费者的产销平台，有利于实现国际贸易渠道的拓展与商品出口量的增加，从而扩大对外贸易规模与效益，促进开放型经济向更高层次发展。

相关研究表明，2014 年跨境 B2C 在全球的市场规模超过 2 300 亿美元，2020 年接近 1 万亿美元，其在整体 B2C 电商中的比重将从 2014 年的 14.6% 增加到 2020 年的 29.3%。消费者规模也将从 2014 年的 3.09 亿人增加到 2020 年的超过 9 亿人（刘维林，2016）。抓住全球跨境电商B2C的发展机遇，大力发展跨境电子商务平台，一方面可以促使中国传统零售业转型升级；另一方面可通过消费需求引导生产领域的产品创新，促进其他产业转型升级。

6.1.2 文献简要回顾

现有文献对于平台主导型贸易消费一体化模式的经济机理的分析并不多见。在国际贸易理论中，类似的研究集中分析中间商的功能与作用。例如，中间商的网络可以降低国际贸易的搜寻成本（Rauch and Watson，2004；Blum，et al.，2010），帮助中小企业降低国际贸易成本（Ahn，et al.，2011），可以提高贸易自由化的社会福利水平（Antras and Costinot，2010）。

在上述文献基础上，国内学者杜群阳和郑晓碧（2015）运用超边际方法研究了职业中间商嵌入对国际贸易的影响机制。廖晓伟等（2013）将双边市场理论、网络外部性引入国际贸易问题的研究，提出平台贸易的理论范式，但并未深入展开模型研究。

大部分产业经济学的理论文献一般是从供给端来研究产品价值的实现，比如尽可能掌握关键的资源，通过掠夺性定价、策略性限制等产业竞争手段，在更广泛的市场范围内采取最有效率的生产组织方式追求规模经济。从消费端来看，信息经济时代消费需求呈现高度个性化、多样化等特征，消费者对所需要的商品需要更充分的考虑和选择时间，产品对于消费者的价值更加依靠消费者在消费过程中结合其他互补性产品或服务、配合原先累积的经验及知识、花时间产生出来（许牧彦，2007）。

消费者的消费过程成本不仅仅包括经济意义上的价格成本，还包括心理成本、运输成本、等候成本、存储成本、信息成本等非价格成本（Bencourt，1992）。消费过程中消费者享受的服务可以看作家庭生产函数的固定要素投入，使得消费者面临着较低的最终产品价格，因而其是增加消费者福利的手段（Bencourt，1992）。

上述分析表明，在互联网条件下，一方面，消费者的消费过程成本可以大大降低；另一方面，数字平台基于消费流量的积累可以形成规模报酬递增机制，从而获得更大的贸易收益。

在此基础上，通过对数字平台的最优定价选择分析，从理论上解释了数字平台可以通过提升消费者净间接效用，吸引大量平台外消费者进入平台内部消费，从而获得规模报酬递增，并且揭示了基于消费过程成本节约的报酬递增所形成的垄断并不会对社会福利造成负面影响（本章第二部分）；第三部分引入数字平台商与商品提供商分工的问题，对基本模型进一步扩展，讨论由数字平台主导的贸易消费一体化的实现条件。第四部分是模型分析结论与讨论；最后是促进产业升级的政策建议。

6.2 数字平台主导的流通模式与供给质量提升

6.2.1 消费者偏好与需求分析

假设消费者进入数字平台仅存在固定成本，包括进入数字平台所需要的移动终端的购置成本、数字平台的注册成本等。这些同时构成了消费者获取 n 种产品的消费技术成本。由此，可以定义如下消费者净间接效用函数：

$$NV = v(p,\ I,\ n) - k(m)n - f \tag{6-1}$$

其中，m 为消费者拥有的消费技术水平，为了获取该技术，消费者付出的固定成本为 f。假设固定成本可以 1：1 转化为效用损失。消

费过程成本 $k(m)n$ 是非货币成本，主要是一种效用损失。假设 $k' < 0$，其经济含义在于消费技术水平越高，消费 n 种商品的边际消费过程成本越小，即消费过程效率越高。为了便于分析，假设 $k(m) = e^{-m}$。$v(p, I, n)$ 为消费者的间接效用函数，可以通过求解在一定的预算约束下消费者直接效用函数最大化问题得到。

假定每个消费者拥有的货币收入禀赋为 $I + f$。平台商通过提供消费技术装备，提升消费净效用来扩大消费者数量。同时，平台商也提供商品，即此时不存在平台商与商品提供商的分工。消费者的保留效用为 v_0。为了获得消费者的间接效用函数形式，也为了便于进一步分析，假设代表性消费者的直接效用函数为熵函数的形式：

$$U(x_0, y) = \frac{1}{\alpha}(1 + Ln\beta)y - \frac{1}{\alpha}yLn\frac{y}{\alpha} + x_0 \qquad (6-2)$$

其中，x_0 为平台外的商品，价格标准为 1。$y = \left\{\sum_{i=1}^{n} x_i^{\rho}\right\}^{1/\rho}$ 可以看作平台内商品的组合数量。$1/(1 - \rho)$ 是平台内部各种商品之间的替代弹性（这里假定效用函数对平台内的每种商品是对称的）。此外，为了保证效用函数的凸性，假定 $0 < \rho < 1$。

消费者进入平台消费商品的约束条件为：

$$x_0 + \sum_{i=1}^{n} p_i x_i = I \qquad (6-3)$$

由消费者效用最大化问题的一阶条件以及模型的对称性，可以得到：

$$x_i = \alpha\beta n^{-1/\rho}\exp\left(-\alpha p n^{(\rho-1)/\rho}\right) \qquad (6-4)$$

$$y = \alpha\beta\exp\left(-\alpha p n^{(\rho-1)/\rho}\right) \qquad (6-5)$$

将（6-4）式和（6-5）式代入（6-2）式，可以得到消费者的间接效用函数为：

$$v(p,\ n,\ I) = I + \beta \exp\left(-\alpha p n^{(\rho-1)/\rho}\right) \qquad (6\text{-}6)$$

根据前文定义的消费者净效用函数，得到：

$$NV = v(p,\ n,\ I) - k(m)n - f \qquad (6\text{-}7)$$

6.2.2 数字平台的最优选择

假设平台内组合商品的固定生产成本为 g，边际生产成本为 c，提供消费技术 m 的固定成本为 F；数字平台的收益来源于向消费者收取的平台进入费用 f、商品销售收益 $(p-c)y$。假设消费者是价格接受者，数字平台为了自身收益的最大化，选择组合商品的定价水平为 p，商品种类数为 n，平台进入费用为 f。数字平台面临的约束条件为 $NV(m,\ p,\ I) \geqslant v_0$；否则消费者在平台外消费，即数字平台的利润最大化问题的表达式为：

$$Max\,\pi(p,\ n,\ f) = f + (p-c)y - g - F \qquad (6\text{-}8)$$

$$s.t.\,v(p,\ n,\ I) - k(m)n - f \geqslant v_0 \qquad (6\text{-}9)$$

为了求得最优解，首先构造拉格朗日函数：

$$L = \pi(p,\ n,\ f) + \lambda(v(p,\ n,\ I) - k(m)n - f - v_o) \qquad (6\text{-}10)$$

有一阶条件：

$$\frac{\partial L}{\partial f} = 1 - \lambda = 0 \qquad (6\text{-}11)$$

$$\frac{\partial L}{\partial p} = \frac{\partial \pi}{\partial p} + \lambda \frac{\partial v}{\partial p} = 0 \qquad (6\text{-}12)$$

$$\frac{\partial L}{\partial n} = \frac{\partial \pi}{\partial n} + \lambda \left[\frac{\partial v}{\partial n} - k(m)\right] = 0 \qquad (6\text{-}13)$$

由（6-11）式-（6-13）式，可以得到：

$$p = c + \frac{1 - n^{\rho-1/\rho}}{\alpha n^{\rho-1/\rho}} \qquad (6\text{-}14)$$

$$1 - m = \frac{1-\rho}{\rho} p n^{-1/\rho} [1 + (p-c)\alpha] y \qquad (6\text{-}15)$$

由（6-5）式、（6-14）式和（6-15）式，可以得到垄断竞争均衡结果为：

$$m = \frac{[\beta(\rho - 1)n^{1/\rho} + \beta(\rho - 1)n(\alpha c - 1) + \rho n^2 \exp(1 + (\alpha c - 1)n^{\rho - 1/\rho})]}{\rho n^2 \exp(1 + (\alpha c - 1)n^{\rho - 1/\rho})} \quad (6\text{-}16)$$

均衡时最优商品种类数由（6-16）式隐含地决定；最优定价由（6-14）式和（6-16）式共同决定。

由（6-14）式可知，在垄断均衡条件下，数字平台关于商品的定价高于商品的边际成本，高出的部分由消费者进入均衡时平台所选择的最优商品种类数决定。换言之，数字平台通过选择最优商品种类数，受到消费者净间接效用的约束。数字平台的利润最大化是建立在消费者进入均衡的基础之上，因此并没有给消费者带来福利损失，反映了网络经济条件下竞争性垄断的市场运行规律。

6.2.3　比较静态分析

首先由（6-14）式，可得：$\frac{\partial \bar{p}}{\partial \bar{n}} > 0$。令（6-16）式等号右端为 $\Phi(\bar{n})$，可以得到：

$$\frac{\partial \bar{n}}{\partial m} = \frac{1}{\Phi'(n)} \quad (6\text{-}17)$$

进一步可以计算出：

$$\Phi'(n) = \frac{\beta(1 - \rho)n^{-1/\rho - 3} \exp((1 - \alpha c)n^{\rho - 1/\rho} - 1)}{\rho^2} \zeta(n) \quad (6\text{-}18)$$

其中，

$$\zeta(n) = (\rho - 1)n^2(\alpha c - 1)^2 + (2\rho - 1)[n^{2/\rho} + (\alpha c - 1)n^{\rho + 1/\rho}] \quad (6\text{-}19)$$

结合（6-17）式和（6-18）式，我们可以得到：

当 $0 < \rho \leqslant 0.5$ 时，$\frac{\partial(\bar{n})}{\partial m} < 0$；当 $0.5 < \rho < 1$ 时，$\frac{\partial \bar{n}}{\partial m} > 0$ $\quad (6\text{-}20)$

由（6-8）式、（6-14）式和（6-16）式，可以得到：

$$\frac{\partial \pi(\bar{n})}{\partial m} = \pi'(n)\frac{\partial \bar{n}}{\partial m} \tag{6-21}$$

其中，$\pi'(n) > 0$。由（6-20）式和（6-21）式，可以得到如下命题：

命题 6.1　在特定的效用和成本结构下，当数字平台供给商品的替代弹性超过一定的阈值时，数字平台的消费技术水平越高，在消费者进入均衡时，数字平台所提供的最优商品种类数也就越多，并且可以获得更大的组合商品定价空间以及更高的利润水平。因此，数字平台基于消费过程成本节约，吸引平台外消费者进入平台消费，能够形成报酬递增机制，并且并未损害消费者的福利。

在均衡时，$\bar{f} = v(\bar{p},\ \bar{n},\ I) - k(m)\bar{n} - v_0$。

由 $\frac{\partial \bar{f}}{\partial v_0} < 0$，$\frac{\partial \bar{\pi}}{\partial v_0} < 0$ 可知，消费者保留效用提高将会降低平台的进入费用以及平台最优化选择的利润水平。由此，可以得到：

命题 6.2　在平台上商品种类数不变的条件下，数字平台之间的竞争将会降低消费者购买技术装备的费用，同时降低平台最优利润水平。同时为了维持利润水平不变，数字平台必须不断提高消费技术装备水平，增加商品种类数以及相应的消费者净效用。这意味着数字平台的竞争优势主要来源于降低消费者购买消费技术装备的费用以及提高消费过程效率从而促进商品种类数的增加。

6.3　数字平台主导的贸易利益创造与产业升级

为了更好地刻画由数字平台主导的贸易消费一体化机理，我们在基本模型的基础上，做进一步扩展。假设平台商与商品提供商合作，平台商专注于提高消费者的消费过程效率，平台商品提供商专注于提高商品生产效率。消费者对平台商品付费，从而构成平台贸易利得的最终来源。同时，平台与商品提供商通过纳什讨价还价的方式分享贸易收益。

6.3.1 消费过程效率与数字平台主导的贸易利益

由（6-4）式 $x_i = \alpha\beta\hat{n}^{-1/\rho}\exp\left(-\alpha p\hat{n}^{(\rho-1)/\rho}\right)$，$\beta$ 刻画了商品 i 的市场需求规模。现假设消费者对数字平台上商品 i 的消费需求规模 β 均匀分布在 $[0, A]$ 上，概念密度函数为 $f(\beta)$。α 为平台商品提供商投入的广告，假设其能够转换为需求规模的比例为 φ，φ 由数字平台的消费过程效率决定。其经济含义在于如果平台可以提高最终消费者的消费过程效率，则可以吸引大量的消费者进入平台，商品服务商投入的广告将更有效果。

假设广告的成本函数 $c(a)$ 为严格递增凸函数，为便于分析，假设 $c(a) = a^2/2$。由于分工与专业化的经济效应，假设平台商品 i 的固定生产成本为：θg，其中 $0 < \theta < 1$。

总的贸易收益由下面的最优化问题决定：

$$\prod = \int_0^A (p-c)\alpha(\beta+\varphi a)\exp\left(-\alpha p\hat{n}^{(\rho-1)/\rho}\right)f(\beta)d\beta - c(a) - \theta g + f \qquad (6\text{-}22)$$

由最优化的一阶条件：$\dfrac{\partial \prod}{\partial a} = 0$，$\dfrac{\partial \prod}{\partial p} = 0$，可以得到：

$$\tilde{p} = c + \frac{1}{\alpha}\hat{n}^{(1-\rho)/\rho} \qquad (6\text{-}23)$$

$$\tilde{a} = \varphi\hat{n}^{(1-\rho)/\rho}e^{-\xi} \qquad (6\text{-}24)$$

$$\prod = \frac{1}{2}\hat{n}^{(1-\rho)/\rho}e^{-\xi}\left[A + \varphi^2\hat{n}^{(1-\rho)/\rho}e^{-\xi}\right] - \theta g + f \qquad (6\text{-}25)$$

由于定价选择没有变化，根据 $NV(m, p, I) = v_0$，可得：

$$\tilde{f} = \left(\frac{A}{2} + \varphi\tilde{a}\right)\left[1 - \left(\frac{1}{\rho} - 1\right)\xi\right]e^{-\xi} + I - v_0 \qquad (6\text{-}26)$$

$$\tilde{\Pi} = \frac{1}{2} \hat{n}^{(1-\rho)/\rho} e^{-\xi} \left[A + \varphi^2 \hat{n}^{(1-\rho)/\rho} e^{-\xi} \right] - \theta g + \tilde{f} \tag{6-27}$$

6.3.2 数字平台主导模式的形成条件

上述贸易利得主要基于平台与商品提供商的合作，而其分配则基于双方的纳什讨价还价。根据纳什讨价还价的原理，平台商品提供商 i 的利润为：$\bar{\pi}_i = (1 - \gamma) \overline{\prod}$ 。

其中，γ 刻画了数字平台相对于商品提供商的议价权力。进一步假设平台商品提供商 i 在平台以外可以获得的保留利润为 π_0，因此平台商品提供商 i 加入平台贸易网络的条件是：

$$(1 - \gamma) \overline{\prod} \geqslant \pi_0 \tag{6-28}$$

数字平台选择专业化提高消费效率，分享平台贸易利益的条件是：

$$\gamma \overline{\prod} \geqslant \bar{\pi}^e \tag{6-29}$$

其中，$\bar{\pi}^e$ 为不存在分工条件下，数字平台在市场的需求规模 β 服从 $[0, A]$ 上的均匀分布且投入广告之后能获得的最大利润。由于此时，平台商不再专注于消费过程效率的提升，因此 $\varphi^e \leqslant \varphi$。

如果满足上述两个条件，则数字平台主导型贸易就会带来帕累托改进。这就在一定程度上揭示了我们从现实中观察到的平台贸易现象背后的经济机理。

由上述两个条件，可以得到：

$$\Phi + (1 - \theta)g - \pi_0 \geqslant 0 \tag{6-30}$$

其中，$\Phi = \left(\varphi^2 - \varphi^{e2} \right) \left[\frac{1}{2} \hat{n}^{1-\rho/\rho} + 1 - \left(\frac{1}{\rho} - 1 \right) \xi \right] \bar{n}^{1-\rho/\rho} e^{-2\xi}$

在平台的消费效率效应一定的条件下，即 φ 不变时，平台内贸易发生的条件是：

$$\theta \leqslant \hat{\theta} = 1 - \frac{1}{g}(\pi_0 - \Phi) \tag{6-31}$$

由 $\dfrac{\partial \hat{\theta}}{\partial c} < 0$，$\dfrac{\partial \hat{\theta}}{\partial \pi_0} < 0$，可得：

命题6.3　在数字平台的消费过程效率不变的条件下，如果平台商品生产的边际成本越小，平台商品提供商在平台以外获得的保留利润越小，则对平台商品提供商来说，平台内贸易所需的生产效率阈值 $\hat{\theta}$ 越大。因此，数字平台主导的贸易消费一体化模式就更容易形成。

在平台商品提供商的生产效率一定的条件下，即 θ 不变时，则平台内贸易发生的条件是：

$$\varphi \geqslant \hat{\varphi} = \left[\frac{\pi_0 - (1-\theta)g}{\left[\hat{n}^{1-\rho/\rho}/2 + 1 - (1/\rho - 1)\xi \right] \hat{n}^{1-\rho/\rho} e^{-2\xi}} + \varphi^{e2} \right]^{1/2} \tag{6-32}$$

由 $\dfrac{\partial \hat{\varphi}}{\partial c} > 0$，$\dfrac{\partial \hat{\varphi}}{\partial \pi_0} > 0$，$\dfrac{\partial \hat{\varphi}}{\partial \varphi^e} > 0$ 可得：

命题6.4　在平台商品提供商的生产效率不变的条件下，如果平台商品生产的边际成本越小，平台商品提供商在平台以外获得的保留利润越小，则对于平台商来说，平台内贸易发生的消费过程效率阈值 $\hat{\varphi}$ 越小。因此，由数字平台主导的贸易消费一体化模式就更容易形成。

6.3.3　平台主导的产业升级机制与路径

1.数字平台获取规模报酬递增需要考虑消费者超边际均衡

数字平台消费效率的高低取决于其提供给消费者用于购买过程的技术装备能否降低消费者购买过程成本，由数字平台主导的贸易消费一体化事实上介入了消费者的超边际决策：消费者在一定的预算约束下，通过最优化选择数字平台上的商品数量和种类来最大化其直接效用水平；然后，消费者会选择能够给其带来最大间接效用水平的数字平台。从现实案例看，京东与腾讯合作，提升了移动端的消费过程效率，带来了不同城市用户规模的快速增长。

2.数字平台获取市场垄断地位受到消费者选择行为的制约

数字平台基于消费者效用提升获得的市场垄断地位不会对社会福利水平造成不利影响，这是因为消费者净效用的满足影响平台的利润实现，并在一定条件下形成数字平台的规模报酬递增机制。其理论意义在于从消费过程效率角度证明了即使数字平台具有垄断地位，但在信息经济条件下要想获得消费者锁定和边际报酬递增的经济效果，则需要建立在不断提高消费者净效用的基础之上，这与现实中互联网企业更加注重用户体验的普遍做法是一致的。

3.数字平台主导的流通组织新模式是技术进步的结果

在信息经济时代，随着信息消费基础的不断完善，信息消费的市场需求规模进一步增长；信息技术进步降低了信息产品生产的固定成本和边际成本；信息产品的分销主要依靠数字平台，在平台以外的保留利润较小，因此按照模型分析结论，信息产品更容易形成数字平台主导的贸易消费一体化。

从现实案例来看，苹果手机作为平台，消费者在苹果应用商店下载付费软件，这属于基于移动终端的贸易消费一体化，谷歌搜索作为平台，商品提供商可以在平台上做广告，然后销售商品，并向谷歌支付一定的广告费用。谷歌的广告收入占总体营业收入比重达到90%左右。当商品提供商与消费者处于跨境状态时，这属于基于搜索引擎平台的贸易消费一体化。

4.数字平台基于消费过程效率的提升可以促进产业结构升级

近几年受新冠病毒感染的影响，电商的规模有了显著的扩大。线上购物减少了感染风险，网购人数明显增加。所以2019—2020年的净销售额增幅达到了37.63%，是近几年来的最高增长率。商品种类数的增加体现了产业分工的深化与结构升级，从而表明互联网所代表的信息产业通过消费端的效用机制可以促进传统产业的升级。

6.4　数字平台主导的算法权力问题及规制

不管是国内，还是国外，普遍的共识是数字平台基于大数据和算法运用可以精准满足消费者需求，形成大数据零售商业模式，日益改变微观经济运行基础（何大安，2018），促进线上线下渠道实现充分融合。但正如汉斯所言："技术上最伟大的胜利与最大的灾难几乎并列。"数字经济催生出一种依托互联网、大数据和智能算法形成的新型权力形式，即算法权力。

当前，因滥用算法权力导致的乱象层出不穷，如大数据杀熟，平台"二选一"，用户隐私泄露等，严重扰乱了市场秩序，损害了公众利益。这对监管体系的变革和完善提出了新的要求：既要促进互联网平台的发展，又要合理规制其算法权力滥用。2020年11月我国市场监管总局起草了《关于平台经济领域的反垄断指南（征求意见稿）》，目的在于防范大型平台企业利用市场优势地位限制竞争、形成垄断。本节拟从多维度探讨算法权力的概念内涵，多层面剖析算法权力的经济社会影响，并提出算法权力滥用的审计规制思路，即构建一套包含预警、监管和问责的规制系统，从而促进完善互联网平台的监管体系以及数字经济的可持续发展。

6.4.1 权力与算法权力的本质

1.权力的多维性

权力可以分为国家权力和社会权力。国家权力依靠制度和职位，表现为一方服从于另一方的关系特征，本质上是一种强制性力量，其来源大致可分为三类：

（1）君权神授。天子的权力由上天赋予，臣民生来就处于被统治地位。

（2）契约共识。霍布斯认为每个人生而有权，为了荣誉，整个社会都处于一种竞争和猜疑的状态中，渴望和平的人疲于争斗放弃了权利交与第三方，由此产生以契约为基础的权力；洛克则认为自然状态下人处于完备无缺的状态中，每个人都平等自由，拥有私人财产，而为了保护自己的财产，人们按照契约组成国家，权力由此诞生。

（3）暴力垄断。马克思、恩格斯在《共产党宣言》中指出，"原来意义上的政治权力是一个阶级用以压迫另一个阶级的有组织的暴力"，国家是政治权力的集中体现，其本质是阶级统治的工具。

社会权力是社会主体凭借其拥有的资源而对社会其他成员产生的影响力和支配力，关于其内涵，大致有四类观点：

（1）不对等的强制关系。亚里士多德认为权力是主人与奴隶之间的不对称关系，即主人完全拥有某个奴隶。韦伯认为："权力是某个社会关系中一个行为者将处于不顾反对而遵循自己意志的地位的概率，不管这种概率所依据的基础是什么。"受韦伯权力理论的影响，美国政治学家达尔进一步认为权力不归任何人所有而是人与人之间的关系。

（2）实现利益的能力。多数学者认为权力是使掌权者做成某事的能力。结构功能主义的代表人物帕森斯认为权力是一种保证集体组织系统中各个单位履行相互约束力的普遍化能力。波朗查斯则认为权力是一个社会阶级实现其特殊的客观利益的能力。

（3）基于合法性的服从。权力不仅表现在一方使用某种能力使得另一方达到某个状态，也可以认为是一方因为其合法性地位而使得另一方自愿服从。

（4）基于依赖性的经济权力。经济社会学的开创者之一格兰诺维特认为，市场权力是一种基于依赖性的经济权力。当厂商控制了某些资源或是采取某种策略，使消费者对其有所依赖时，厂商就可以面向消费者制定高于竞争性水平的价格。需要明确的是，市场权力所创造的依赖是有限度的，会受到消费者需求弹性的影响。

2.算法权力的本质

算法本身只是在使用计算机时执行计算或解决问题的一系列指令，其在一定的经济社会条件下才能形成一种权力。

首先，基于算法的大数据分析运用海量的信息和社会资源，以低廉的成本加工提炼制造出具有使用价值的数据资产，这在一定程度上克服了人类智力、创意以及计算能力上的局限性，并由此获得了支配个体的基础力量。

其次，算法具有天然的技术优势。平台主体在某种程度上摆脱了法律与社会的规制，通过修改代码影响甚至控制着用户的行为。

最后，算法越来越多地被用于公权力系统，引导个人、政府、司法机关做出决策。此时的算法已不仅是一种独立的技术，而是与社会权力结构融为一体的自主性体系，从而完成了对社会的建构，成为一种新的权力形式——算法权力。有学者担心，算法极有可能成为威胁权利和自由的一种横向上的"非国家力量"。

从本质上看，算法权力属于一种社会权力。平台运用算法技术优势掌握了社会资源从而产生对个人和组织的影响与控制力，有学者如此描述:"由于信息化网络、人工智能的发展,掌握大数据和算法的企业和个人利用自身的技术优势把握住了海量的信息与社会资源,引导个人、政府和司法机关做出决策,形成了一股不可忽视的力量。"此为其一。

其二,算法形成了一种对社会总体的支配力。大数据、云计算等信息技术的高速发展,使得算法不断改进、焕然一新,成为一种支配社会甚至人类自身的权力,有学者认为:"算法权力是一种以技术为表象、资本为实质的新型权力形态,并且随着人工智能的不断发展,极有可能演变成对人类的技术优势甚至是霸权。"

6.4.2 平台算法权力的影响

1.对公共治理的影响

(1)促进治理效率的提升

如今,算法已深入政务、交通、司法等多个公共治理领域,越来越多的城市开始打造数字化治理机制,将算法引入公共治理极大地提高了城市运行效率,方便了人民的生活。2016年,阿里巴巴与杭州市政府联手打造智慧城市,时至今日已初具成效。

以企业优惠政策为例,相比于以前复杂的办理手续和审批流程,现在满足条件的企业只需将企业信息录入平台,政府补贴就会方便快捷地转入企业账户。此外,多地政府打造7×24小时智慧政务服务站,可供人们办理费用支付、票据打印、办件申报等业务,让业务办理做到随时随心。

(2)权力滥用与谋取私利

算法过度渗入公权系统也可能会出现算法权力滥用问题,一方面,算法的背后是资本,其以商业利益最大化而非社会公共利益最大化为宗旨,很有可能会在私利面前牺牲公利;另一方面,公权系统的算法缺乏相应的监管，因而也存在违规操作的可能性，比如，相关调查发现，美国警务预测系统中存在算法歧视问题，歧视涉及肤色、人种、宗教等多个领域，影响了司法机关的公正性，侵害了人类的平等权。

2.对产业发展的影响

（1）提高企业利润

数字经济时代，越来越多的企业开始引入算法到日常交易中以获得更大的利润。首先，算法定价降低了企业变更价格的成本，因为大数据分析让企业掌握了用户的消费需求和支付能力，同时可以对用户状况进行实时分析，进而可通过算法进行价格管理，所以定价成本就变得十分低廉。

其次，企业采用算法定价可以明显提高其价格，增加利润。研究人员通过计量分析和算法建模后发现，采用定价算法的企业与传统定价企业相比，平均价格高出5.2%，可变利润增加9.6%，同时，相比于以前的一年一变，其更频繁地依据市场情况变更价格，从而可以获得更多的利润。

（2）形成市场垄断

有资料表明，数字经济的高速发展并未给消费者带来福利，背后的原因就是企业利用算法实行价格合谋以形成市场垄断。一方面，算法的使用提高了供给侧的市场透明度，这既有利于经营者快速搜索信息以匹配共谋零售商，又有助于监督共谋偏差行为保证算法合谋的实施；另一方面，算法显著增加了经营者之间的交互频次，在降低成本的同时也减少了共谋行为被反垄断机构发现的风险。

相关调查报告显示，厂商会自行设计算法或通过第三方程序在线追踪竞争者的价格与商业信息。如亚马逊平台上已有85%的供应商使用BuyBox算法进行自动定价。相比于上述算法辅助共谋，算法自主共谋更令人担忧，这类由算法主导以更加隐蔽的方式实施合谋的定价为经营者垄断市场提供了更大的便利。

（3）排挤中小企业

大型互联网平台凭借其资本和技术优势形成了对行业的天然垄断，为了攫取更多的利润，抢占更大的市场，一方面，这些平台巨头可能会制定排他性的准入标准以此形成有利于自身的行业闭环；另一方面，它们会操纵市场，损害行业效率和公平以此获得最大的收益，至此中小企业的发展空间被压缩，整个行业的创新能力被削弱。

3.对消费者的影响

（1）消费者剩余被榨取

平台经济的发展给消费者带来了双重影响：一方面，平台经济中的算法定价可以匹配消费者的支付能力，满足不同消费者的需求，形成一种千人千价的模式，从整体来看起到了提高资源配置效率的作用；另一方面，算法共谋作为一种对平台经济的垄断严重地损害了社会福利，如大数据"杀熟"和平台"二选一"，其本质是对消费者剩余的榨取，侵害了消费者的利益。

（2）信息隐私被侵犯

通常来说，算法权力掌握的用户信息来源于用户不经意泄漏与Cookie追踪的被动泄漏。许多算法企业更在意消费者的浏览习惯，通过数据挖掘收集消费者其他信息，这会带来很多负面的影响：精神上，精准推送新闻的今日头条在很大程度上为人们编织了信息茧房，人们看到的永远是自己想看到的，获取的也是自己认知的观点，从而降低了对新鲜事物的包容度，受困在自己的想象空间里；物质上，精准推送商品的电商平台最终目的是赚取更多的利润，其精准推送商品会获得更多的下单量，有的时候也会形成一种非必要消费，甚至是多余消费。

（3）选择受到程序控制

在这个万物互联的智能时代，算法融入日常生活的方方面面，小到衣食住行，大到行政司法，都有算法的身影，人类俨然已处于由大数据算法逐渐占据统治地位的算法社会。一方面，算法为人们的生活带来了极大的便利，大型电子商务平台、网约车、在线酒店预订给人们带来了高效便捷的生活体验；另一方面，人们的一举一动都被智能机器监控，而掌握算法的人也在通过修改代码支配着人们的行为。算法社会里，代码拥有者拥有绝对的权力，掌管着算法社会的一切，人们被动进入了福柯意义上的圆形"监狱"，即算法"监狱"。

6.4.3 平台算法权力的规制

1.一般性的规制思路

（1）事前预防

一是政府加强对算法研发的主导，与高校合作共同开发或是直接让国有科研机构研发，从而掌握对算法技术的主导权，减弱对受商业利益驱动的资本依赖，从源头杜绝资本侵害公共利益。

二是在算法设计之初，就要求其符合道德伦理与法律规则，改进平台企业的服务条款使之合规，符合人们的道德理念。

（2）事中规制

首先是政府监管，政府可以建立信息开放共享平台，有效监督平台企业对用户数据的利用，及时发现并纠正企业滥用算法的行为，保障公民的合法权益。

其次是第三方监管，可以通过行业协会引领、专业协会审核的方式完成，数字行业协会应当制定行业规则规制算法滥用，从而形成行业自律机制，会计师事务所、律师事务所可以对数字技术的运行进行审查，尽早发现算法不当使用的迹象。

最后，还可以充分借助舆论力量，通过曝光的方式揭露不良企业的算法滥用行为，约束企业以合规方式使用算法技术。

（3）事后问责

明确算法的解释权从而增强算法透明度达到算法问责的目的被认为是一种有效规制措施。解释权分为两大类：以算法系统功能为中心的解释权模式和以算法决策为中心的解释权模式，应根据算法决策所处的具体阶段与时机适当选择。但有学者认为，实践中解释权没有技术上的可行性，于是提出基于实用主义解释理论和黑盒之内解释的技术方案来构造具有法理和实操性的算法解释权制度。

当然除了明确算法解释权，规制算法权力也可以通过完善人工智能监管法来实现，算法共谋的出现很大程度上源于传统的《反垄断法》难以完全规制基于算法的垄断行为，因此我国迫切需要设立更为完善的人工智能监管法律以更好地规制算法共谋。

从实践看，平台企业往往以商业利益为导向，因而无法保障用户的合法权益，此外，大众舆论也被认为是规制算法风险的一大工具，因为一旦被曝光滥用算法，企业的形象会受到严重的损害，进而丢失市场。但由于缺乏相关的算法知识，民众往往是利益受损方，在算法权力面前毫无抵抗能力，甚至无法察觉自身利益受损，所以可以寻求一个客观的第三方由其承担起监管算法风险的责任。

2.构建审计规制体系的思路

一般来说，国家审计既可以发挥经济监督职能，又可以实现对规制者的再规制，相比于平台企业和公众，国家审计具有显著的制度优势：独立性、代表性、专业性、法定性、经济性，可以使其在规制算法权力时更好地发挥作用。时至今日，国家审计机关成绩斐然且已有多项实际审计业务，审计体系渐趋成熟，国家审计可以担负起规制算法权力的重任。

此外，大数据审计具有鲜明的数据、业务和技术相互融合、相互促进的特征，具有监管数字市场的独特优势：①突破资源限制，赋予审计人员全面把握数据的能力，引入"总体=样本"的思维，提高审计人员在大量和具体的业务活动中发现舞弊行为的可能性；②突破时空局限，实时分析数据，帮助审计人员实时观察和发现企业经营管理过程中的错误和舞弊行为，从而及时纠正被审计单位可能存在的问题；③突破传统方法，高效审查数据，在智能互联的大环境下利用分布式拓扑结构、云数据库、联网审计、数据挖掘等新型的技术手段，帮助审计人员提高审计效率，达到高效监管的要求。

（1）建立算法风险的审计预警体系

当前，审计监督的基本思想就是风险防范，"审计免疫系统论"也被越来越多的学者接受并认可，而监管数字市场更要秉持防范风险的理念。首先，建立一个风险库，将平台经济中的风险事件归类入库，从而形成识别风险的基础。实践中可以借助智慧审计系统，以审计需求和法律法规为着眼点，通过分析业务数据和商业信息找到风险事件。

其次，建立风险指标体系，设立相应的风险因子，如价格异常、用户投诉、同行举报等，并按照相应的权重予以评分。实践中可以借助大数据审计的强大分析能力通过对数据进行相关性分析，找出风险因子数据，最后设定风险红线、预警阈值，这需要结合具体的行业经验、历史事实。

（2）建立大数据审计监管平台

算法程序的高效给人类生活带来了便利，但也给监管带来了问题，凭借着计算机每秒亿次级的运算速度，算法始终处于变化之中，因而静态的规章制度难免会出现监管不到位的情况。所以在数字经济的时代背景下，需要创新制度设计，动态地调整监管体系，可以建立由政府主导的大数据审计监管平台，对企业进行实时的动态监管。

凭借大数据，该监管系统可以建立一个数据仓库，储存被审计单位财务业务数据、审计署的审计结果数据以及第三方数据。借助云计算，该系统拥有分析挖掘数据从而找出问题的能力，首先是数据采集，理论上秉持审计署提出的五个关联的理念，实践中可以使用 AO、Oracle、SQL Server 等；其次是数据分析，大数据审计平台需要的是多行业的多维数据分析模型，可以使用分布式的数据挖掘方案，比如基于 Apache Hadoop 的 Mahout 和基于 AMP Spark 的 MLBase；最后，审计涉及面广，掌握信息较为全面，可以与国家市场监管管理总局建立算法权力滥用的协同监管机制。

（3）建立算法风险的审计问责制度

我国的审计问责制度属于行政型，对于行政领域的算法权力滥用问题，审计机关可直接进行处理，而如果算法权力滥用问题涉及经济犯罪，审计人员也有权将被审计单位移交司法机关处理，从而有助于健全算法权力的法学规制体系。此外，约谈作为一种创新管理体制机制的典型也是审计问责的重要形式之一，审计约谈对于企业内部控制质量的提高具有显著的作用，因为约谈的压力传导效应会影响企业的管理者使之更加合理地制定内控制度。

同理，当平台企业滥用算法权力被审计监管系统发现时，审计人员会约谈相应企业的高级管理层，并对已证实的违规行为发出警告，进而迫使高级管理层更加合理地使用算法技术。最后，审计可以对算法权力的直接监督机构进行再监督，从而进一步提升算法权力的规制效果。

6.5 本章小结

信息经济时代，越来越多的信息集中在数字平台上，并成为消费过程的投入品，平台基于信息分类、搜索以及广告等手段提高消费者的消费过程效率，数字平台主导的贸易消费一体化形成了一个基于提高产品种类数以及消费者净效用的福利增进机制，扩大了数字平台主导的贸易利益空间，由数字平台主导的各类经济主体实现了帕累托改进。由消费过程效率提升引发的社会分工逐渐深化，表现为最优产品种类数的增加，从而推动产业结构不断升级。

6.5.1 应基于数字平台的消费流量培育构建需求引导机制

数字平台贸易利益的创造主要基于用户体验及其相应的消费流量提升，并在消费流量提升中实现平台边际报酬递增。一方面，传统产业在转型升级过程中产生对信息产业相关产品的需求，带动信息产业本身的升级。例如，在竞争的市场结构下，为了赢得更多的消费流量，获取竞争优势，传统零售企业向数字平台商转型，因此需要加大数字平台的建设力度，提高消费技术装备水平，同时对信息产业相关的产品也产生了较高的购买需求，并形成了信息产业与传统产业的融合创新需求，从而形成信息产业升级的需求机制。

另一方面，数字平台的消费流量培育，为传统产业的产品创新及其分销提供了需求基础与实现途径，有利于传统产业本身的升级。在经济新常态背景下消费者的需求更加个性化和多样化，对于生产组织来说，既要精准匹配其多样化的需求，又要实现价值增值，从而内在地要求创新生产方式。

基于规模经济的价值增值机制所形成的大规模生产范式难以为继，甚至容易带来严重的产能过剩，因此迫切需要转换为更加适应消费需求特点的大规模定制范式，形成基于集成经济的价值增值机制。这里的集成经济主要是指对价值链多个环节进行纵向集成从而产生源于分工与专业化、协调与组织化的网络规模经济。数字平台的消费流量培育，降低了传统生产组织进行大规模定制的风险，有利于促进传统产业生产方式的转型升级。

6.5.2 应基于数字平台的全球贸易扩张构建利益诱导机制

在信息经济下互联网平台通过深度变革产业链主要环节，直接为消费者带来更低的价格，同时降低消费者获得产品或服务的时间、空间成本，快速积累消费购买力，然后将消费端的购买力转为平台产品供给端的议价力。因此，数字平台可以运用双边市场的优势最大程度地分享贸易收益，当双边市场扩展至跨境范围时，数字平台就完成了跨境贸易收益的深度挖掘，对一个国家的贸易发展和宏观经济产生深远影响，这种利益诱导机制直接激发了数字平台的一系列技术创新、运营创新、产品创新，从而推动互联网产业的升级。

从分享全球范围内产品和服务消费带来的贸易收益角度看，应从全球"互联网+"的经济范式出发，构建基于数字平台的商品和服务贸易网络。一方面，充分利用国际化的数字平台，比如苹果公司、谷歌公司、亚马逊公司，对信息产品进行跨境销售，实现信息产品出口贸易收益；另一方面，培育和创新中国自己的跨境平台，获取国外信息产品在中国分销的收益，真正形成以互联网为基础的经济发展新形态。

从实践来看，基于互联网的信息经济发展为推动传统产业的转型升级提供了现实可能。基于数字平台的全球贸易扩张有利于传统产业

基于数字平台面向全球进行生产要素的优化配置,从而建立信息产业
与传统产业的互动协同,促进整体产业结构的转型升级。

6.5.3 应通过制度建设完善数字平台算法权力的规制

社会主体运用其掌握的数据和算法技术形成对目标对象的影响力
与控制力。随着算法越来越多地进入公共治理与私人生活,算法权力
滥用对公共治理、产业发展和消费者权益产生了深刻的影响,因此算
法权力的规制问题不容忽视,如果不对其进行有效监管,其很有可能
演变成一种对人类或社会总体的"霸权"。

本章在归纳算法权力的概念内涵以及分析其经济社会影响的基础
上,从审计的角度提出了算法权力的规制思路,即建立一套事前预
警、事中监控和事后问责的算法权力监管体系,这对算法权力的规制
具有一定的借鉴意义。虽然学术界已经开展了算法权力规制的研究,
但仍任重道远,需要更多的社会科学与自然科学学者的协作,并通过
制度建设不断完善算法权力的规制体系,从而促进数字经济的健康
发展。

第 7 章

基于线上价格指数的流通调控创新①

---

① 本章内容引自：秦杰，李陈华，庄尚文．新冠肺炎疫情对线上商品价格变化的影响［J］．商业经济与管理，2021（12）：19-36．李陈华为本书的主要合作者。本章在前期发表的论文基础上进一步修改而成。

7.1　研究背景与文献简要回顾

7.1.1　研究背景

稳定的价格水平对于促进经济社会发展具有重要的现实意义。

首先，商品价格是经济运动过程中不同要素相互作用表现出的财富运动形式，稳定的价格能够满足市场需求，实现对经济的拉动作用。

其次，在市场制度中，价格系统是一种调节手段，作为"看不见的手"，调节生产和消费两端，促进供求关系实现均衡。

最后，合理的价格变化能够更加灵敏地反映市场供求变化，也能够使各类商品价格趋于合理。

本章结合新冠肺炎疫情与防控背景（研究数据的区间为2020年1—4月），基于对线上价格的观察，讨论如下问题：新冠肺炎疫情对商品价格的影响如何？价格水平能否保持总体稳定？

从现有文献来看，目前关于突发疫情的经济影响研究主要集中于经济增长、粮食安全、供应链以及全球产业等方面，受限于数据的可得性，突发疫情下关于商品价格微观层面的研究较少。本次新冠肺炎疫情不仅对我国的经济社会造成了冲击，还影响着商家与消费者博弈过程中商品价格的变化情况。

此外，公平定价理论认为商家在价格调整时会站在消费者角度判断价格是否合理，商家不当的调价行为会打破二者之间的合作关系。因此，本章以商品价格为研究对象，利用微观大数据探究疫情下商品的价格变化特征，结合公平定价理论分析新冠肺炎疫情对商品价格的影响，并提出相应的政策启示。

7.1.2 文献简要回顾

与商品价格变化密切相关的研究是价格黏性研究。商品价格变化体现了商家的定价策略和对外部冲击的反应，进而影响价格黏性。价格黏性是凯恩斯主义的关键假设，即价格并不会对总需求变化迅速做出反应。同时，价格黏性问题可以转化为市场效率问题：当商品价格具有弹性时，市场出清，社会资源得到充分利用，市场效率得到提高。反之，当商品价格具有黏性时，市场不能出清，需要政府进行干预。许多经验研究已经发现价格黏性的存在。

Borenstein 等（1997）比较汽油价格对原油价格调整的反应，根据汽油价格调整的不对称性发现价格在短期是有黏性的。Borenstein和 Shepard（2002）在此基础上考虑到调整成本和库存成本的影响，构建模型发现汽油批发价格对于原油价格反应的滞后性，同样得出汽油价格具有黏性的结论。Gorodnichenko 等（2015）、Cavallo 和Rigobon（2016）利用更加详尽的微观数据进行深入分析，同样证明了价格黏性的存在。

国外关于价格黏性的研究，受限于样本因素，早期主要集中于特定类别的商品。早期的研究发现，商品价格有着较高的价格黏性，并且菜单成本、黏性信息以及消费者情绪是生成价格黏性的重要原因。随着电子商务的发展，提高了商品样本频率。Bils 和 Klenow（2004）结合美国劳工统计局（BLS）的数据，研究了350种商品的价格变动情况，发现价格变化频率较为频繁，价格调整存在差异性，并且调价周期为4.3个月。

与之相似，Klenow 和 Kryvtsov（2008）对美国1988—2003年商品价格进行方差分解，发现调价周期为3.8个月，并且价格调整的模式为 TDP 模式。接下来，网络爬虫技术进一步丰富了商品的类别和频率，Cavallo（2017）首次使用大数据比较线上与线下商品价格的差异，认为线上商品有着较好的代表性。Cavallo（2018）通过抓取5个国家的在线商品日度数据，发现价格调整模式是 SDP 和 TDP 的组合。

国内学者则结合我国市场实际情况，对价格黏性问题进行研究。

早期关于价格黏性的研究集中于宏观经济层面：王健（1996）讨论了价格黏性的微观机理，认为价格选择效应和需求非对称性导致了价格表现出黏性。张耿（2005）强调了价格黏性在货币政策分析中的重要性，论证了放松完全理性假设的行为经济学方法的合理性。王胜和彭鑫瑶（2010）基于不对称价格黏性讨论了两国的货币政策和福利效用，认为定价机制的不对称导致了福利效用的差异。随着电子商务的发展，微观数据的可获得性有所提高，同时越来越多企业选择线上销售替代传统线下贸易，线上数据有着较好的代表性。

学者们对价格黏性进行了更加深入的研究：渠慎宁等（2012）利用国家发展改革委价格监测中心发布的36个城市的116种商品的价格数据，讨论价格波动现象，发现服务业价格黏性明显。金雪军等（2013）利用在线高频数据对价格黏性进行估算，发现价格调整周期为3.4个月，商品定价行为存在"选择效应"。黄滕和金雪军（2014）运用天猫商城的商品价格数据研究吉利数字偏好对价格黏性的影响，发现"吉利价格"的黏性更强，中国商品市场的尾数定价模式倾向于8尾数、9尾数以及方便定价，进一步表明文化对价格黏性的影响。

严玉珊（2020）发现中国线上市场存在明显的数字偏好。侯成琪和龚六堂（2014）利用宏观数据估计了中国八大类商品的价格黏性指数，发现部门价格黏性越强，对产出影响越大而对通货膨胀影响越小。姜婷凤等（2020）利用高频大数据测度商品价格黏性，并且测算货币政策的有效性,发现商品调价周期小于2个月,并且相同的货币政策对行业影响具有异质性。这些研究从商品价格的确定方式、调节方式以及测度方法等方面进行讨论,丰富了关于商品价格的研究,也为后续研究提供了借鉴。

可以看出,关于商品价格的研究经历了由小样本到大数据、从经验分析到实证研究的过程。新冠肺炎疫情对我国商品价格造成了不同程度的冲击,而现有文献中,少有关于突发疫情对价格变化影响的研究。并且在微观数据上,一方面,即时可用的数据,例如,新冠肺炎的每日现有确诊人数、现有疑似人数等并不能直接体现突发疫情对商品价格影响效果。另一方面,相关统计数据指标需要数月时间整理后才能公布,使得政府的宏观经济政策无法及时满足客观经济的要求。这限制了文献对商品价格在疫情这种外生的、意料之外的冲击下做出反应的讨论。

同时,考虑到在突发疫情下消费者情绪在定价策略中所起的作用,本章采用在线商品价格大数据,观察在新冠肺炎疫情下商品价格的调整方式,首先从消费者情绪角度探究突发疫情对商品价格变化的影响机制,其次从变化数量和频率两个方面说明商品价格的变化情况,识别商品价格黏性情况,最后将经验测度结果用于分析新冠肺炎疫情对商品价格的冲击效应。

相比现有文献,本章可能的贡献如下:

第一,观察疫情下商品价格的变化,通过对各类商品每日价格的数据分析,拓展突发疫情对商品价格影响的既定认识。

第二,考察商家调价行为,根据公平定价理论分析突发疫情和价格变化之间的内在机制,丰富了对商品价格黏性的解释。

第三,以高频微观大数据的方式反映商品价格的变化情况,更加客观地判断突发疫情对商品价格变化的影响,这对于数字经济下商品流通调控机制的构建有一定的参考意义。

7.2 线上商户的交错调价行为特征

7.2.1 数据的获取和处理

1.数据获取

本章所使用数据获取并整理的基本过程如下：第一步，收集商品名称、销售数量以及商品链接等。利用 Python 软件自动访问淘宝网站，依次进入女装、鞋靴、美食等48个商品主题页面，获取商品相关信息，并将商品信息存储于结构化的商品数据库中。第二步，在比价网站上按商品链接逐一查询，获得商品历史价格，并将得到的价格信息保存于数据库中。本次数据采集利用 Python 方法对商品信息进行抓取，采集时间自 2020 年 1 月 1 日开始，至 2020 年 4 月 1 日结束。

2.数据描述

本章数据集涵盖每天采集的来自淘宝网的 104 478 种商品和服务的信息，时间跨度从 2020 年 1 月至 2020 年 4 月，共有 121 天的 6 861 706 条观测。总体而言，本章数据集的主要特点是产品种类丰富、样本量大和时间频率高。表 7-1 描述了数据集的基本情况。

表 7-1 商品数据描述

总观测样本	6 861 706
产品数量	104 478 种
起止日期	2020 年 1 月 1 日—2020 年 4 月 1 日
产品信息	品牌、产品 ID、卖价、商品链接、销量等
零售商信息	零售商名称、零售商 ID、零售商所在地等

3.数据预处理

本章进行正式研究前，参照相关文献的方法对原始数据进行预处理。

（1）缺失值处理

本章的原始数据是对样本期间内商品价格进行连续观测获得的，但是由于软件自身或网络信号问题，导致商品价格信息的缺失。借鉴相关文献的处理方法，本章使用缺失前一天的价格信息进行补齐。

（2）异常值处理

异常值的出现会对价格变化的频率、分布情况等统计指标产生影响。借鉴Cavallo等（2010）的处理方法，本章将价格上涨超过500%或者价格下降超过90%的值定义为异常值。本章中的异常值占比较小，考虑到异常值的出现会对统计数据产生影响，因此予以剔除。

（3）样本期处理

样本期为商品价格信息从第一次出现到最后一次出现的期间长度，为保证观测样本的可行性，本章剔除了样本期小于7天的观测。

（4）打折调价处理

打折调价是商品价格下调一段时间后，又恢复原价的情况。本章借鉴Gorodnichenko等（2018）的方法，选择7天作为打折时间窗口，也就是商品价格下调持续时间7天内恢复原价。考虑到打折调价对商品的影响，因此本章剔除了打折调价的样本观测。

经过对原始数据进行预缺失值、异常值、样本期和打折调价的处理，最终得到81 951种商品，观测样本值为6 859 417个。

4.衡量指标

（1）商品价格指数

商品价格指数是反映商品价格变化的指数，能够显示价格变化的情况。通过对淘宝网获得的商品价格的指数化处理来衡量商品价格指数。本章使用Jevons几何指数公式计算商品价格指数。

首先，计算出每个商品i在t期的相对价格：

$$pcr_{ti} = p_t / p_{t-1} \tag{7-1}$$

其次，在t期对全部商品的相对价格进行几何平均，得出pcg_t。

$$pcg_t = \sqrt[n]{pcr_{t1} \cdot pcr_{t2} \cdot ... \cdot pcr_{tn}} \tag{7-2}$$

最后，对几何平均后的结果进行指数化处理，将样本期间的第一天设置为100进行换算[1]，最终得出商品价格指数pci_t。

（2）商品价格调整

商品价格调整反映商品在样本期间的商品价格变化情况。通过对淘宝网获得的商品价格统计商品的调整次数npc_{adjust}，并且算出商品在样本观测期中的价格变化次数占比。

$$pcf_{adjust} = \frac{npc_{adjust}}{obs} \times 100\% \tag{7-3}$$

7.2.2 线上商品价格变化

新冠肺炎疫情会改变商家的调价方式，从而对商品价格变化产生影响。由上述分析可知，在疫情发生时，消费者认知和社会环境的变化影响到消费者情绪。商家的定价行为将会考虑价格的合理性，避免引起消费者的负面情绪。接下来，本章将从商品价格的数量和频率两个方面来研究商品价格变化情况。

1.价格变化的描述

图7-1显示了商品价格指数的走势[2]。可以看出：商品价格指数走势总体上保持稳定。在新冠肺炎疫情发生后的1个月左右价格小幅

---

[1] 本章中样本期的第一天为2020年1月1日。
[2] 图中绿色虚线为卫生健康委首次汇总发布全国各省新增病例时间：2020年1月20日。当天习近平总书记对新型冠状病毒感染的肺炎疫情做出重要指示，指出要把人民生命安全和身体健康放在第一位，坚决遏制疫情蔓延势头。同时，钟南山院士等高级别专家组明确表示新冠病毒"人传人"。本章以该时间点作为新冠病毒感染在全国范围内发生时间具有一定的代表性。

上调，之后价格指数出现回落态势，随后又恢复稳定。在新冠肺炎疫情之初，商家对消费者情绪的试探使得价格水平出现小幅波动上升。

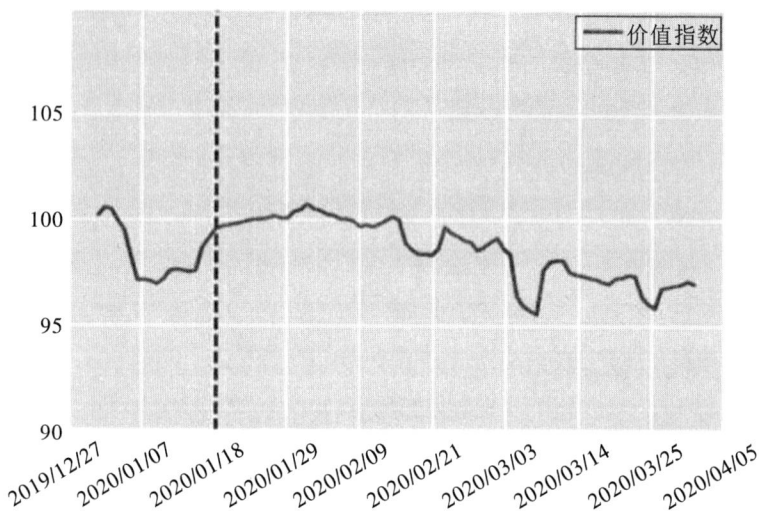

图7-1 价格指数

随着消费者获取疫情信息的不断丰富，消费者情绪发生改变，对于大部分商品①，消费者会希望商家适当减少利润，商品价格应该具有利他性。此时，商家考虑到消费者情绪，如果选择维持价格不变或者抬高价格，那么将会引起消费者不满，从而失去原有的合作关系，因此会选择适当调低商品价格，并且维持在一定价格水平上，所以价格会呈现稳态下调，并且在后期保持稳定。

为了进一步说明商品价格指数的准确性，本章将商品价格指数、CPI指数（月度）以及iCPI指数（周度）②进行比较。从图7-2中可以看出，价格指数、CPI指数和iCPI指数有着相似的趋势，说明样本价格有着较好的代表性。同时三者在整体趋势上保持稳定，在指数下跌后又很快恢复稳定。

---

① 不包括医疗保健类商品。
② CPI和iCPI数据分别来自于国家统计局每月公布的统计指标和清华大学iCPI项目组。

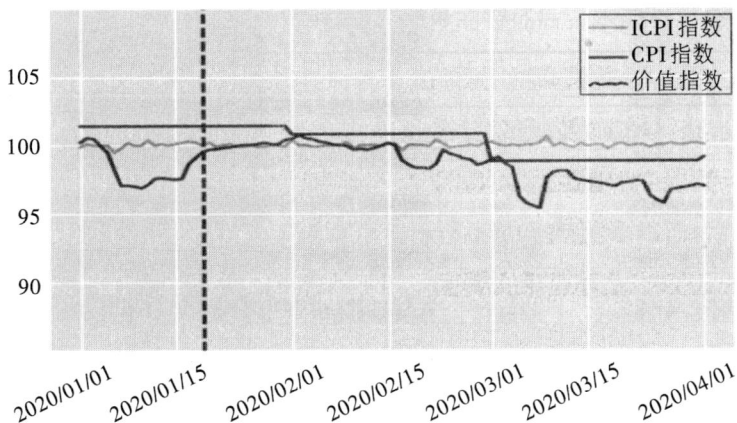

图 7-2　价格指数 vs CPI

2.价格变化：基于不同商品特征的分类

为了进一步研究商品价格在新冠肺炎疫情下的变化情况，本节将商品按照国家统计局居民消费价格指数的商品分类分为八大类，并分别进行研究，如图7-3所示①。可以看出，大部分商品②价格趋势与总体趋势相似，表明在商家和消费者的动态博弈下，商家在选择定价方案之前将消费者情绪视为定价策略的重要影响因素。

仅医疗保健类商品③在疫情发生后呈上升趋势，之后价格保持稳定。这反映了疫情下消费者对于医疗保健类商品的需求激增，面对特定时间节点的生产停滞和库存资源有限的供给条件，消费者愿意为有限的医疗保健类商品支付更高的价格，并且认为疫情条件下医疗用品价格的适当提高是合理的。因此，商家会选择适当提高医疗保健类商品价格。

---

　　①　这八个大类分别是：食品烟酒、衣着、居住、生活用品及服务、交通和通信、教育文化和娱乐、医疗保健以及其他用品和服务。
　　②　分别为：食品烟酒、衣着、居住、生活用品及服务、交通和通信、教育文化娱乐和其他用品和服务七类商品。
　　③　医疗保健类商品包括：消毒用品、体温计、医用口罩等。

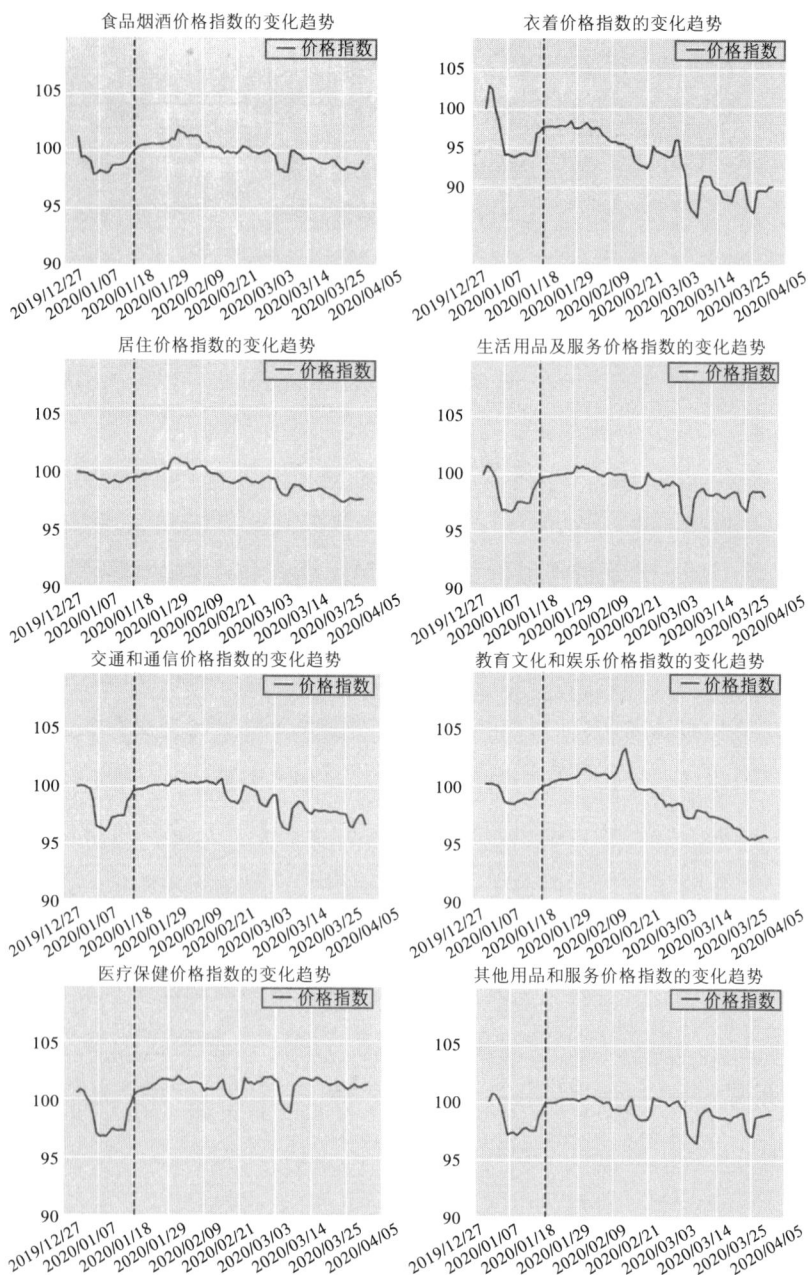

图7-3 分类别价格指数

3.价格变化：数量和频率

根据前文的分析，在新冠肺炎疫情初期虽然商品价格有所调整，但迅速恢复稳定。关于价格变化的研究，主要关注商家的调价方式。为了进一步探究商品价格变化情况，本节从价格变化的数量和频率两个方面进行讨论。

表7-2报告了价格变化的数量（比率）情况。8.65%的产品在样本期内调整价格1次以上，调价2次以上的商品比率为59.35%。无价格变化的商品比率为32.00%。单个商品平均调价5次，商品价格表现出较低的价格黏性。

表7-2   **价格变化的数量（比率）情况**   单位：%

指标	无价格变化比率	调价1次比率	调价2次及以上比率	单个商品调价次数	价格上调比率	价格下调比率
总体	32.00	8.65	59.35	5.34	17.03	25.47
食品烟酒	31.68	9.55	58.77	4.80	20.03	21.39
衣着	30.23	10.96	58.81	4.88	13.83	32.84
居住	55.67	11.21	33.12	1.67	9.90	14.20
生活用品及服务	29.54	6.82	63.64	5.69	15.82	23.29
交通和通信	25.65	7.25	67.10	6.06	15.16	34.50
教育文化和娱乐	35.81	9.88	54.31	4.51	15.93	28.35
医疗保健	35.19	9.88	54.93	4.18	22.75	17.54
其他用品和服务	30.33	7.32	62.35	6.97	21.57	22.45

值得注意的是，在价格发生变化的商品中，价格上调的比例为17.03%，价格下调的比例为25.47%。可以看出，大部分商品在样本期间内进行了价格调整，同时在调整过程中呈现下降态势。这进一步说明了商家

将消费者情绪作为定价决策的考虑因素，以保证定价的合理性。

同时，对商品进行分类可以看出：大部分商品的调价情况与总体情况相近，商品价格在调整过程中以下调为主，而医疗保健类商品价格上调比率为22.75%，价格下调比率为17.54%，说明了医疗保健类商品在样本期间呈现上调趋势，符合图7-4中的价格趋势。

表7-3报告了商品价格变化的方向情况。在本章所考察的81 951种商品当中，有57 812种商品出现了多次调价的现象。对各种调价行为占比的计算结果表明，价格调整样本中方向交错调价活动达到了83.65%，说明商家的调价方式多为交错调价。本章还将样本期间按新冠肺炎疫情前后进行划分，结论与上面一致，方向交错调价占比最高。

表7-3 　　　　　　　　　　价格变化的方向情况 　　　　　　　　　　单位：%

类型			全期间		疫情发生前		疫情发生后	
			占比	合计	占比	合计	占比	合计
总体	方向交错	上调	39.97	83.65	41.25	87.91	39.64	82.54
		下调	43.68		46.66		42.90	
	同向连续	上调	8.11	16.35	5.88	12.09	8.70	17.47
		下调	8.24		6.21		8.77	
食品烟酒	方向交错	上调	40.53	84.65	42.83	88.67	39.72	83.22
		下调	44.12		45.84		43.50	
	同向连续	上调	8.12	15.35	5.89	11.33	8.91	16.78
		下调	7.23		5.44		7.87	
衣着	方向交错	上调	43.41	88.51	42.28	88.93	43.69	88.41
		下调	45.10		46.65		44.72	
	同向连续	上调	4.44	11.49	3.97	11.08	4.55	11.59
		下调	7.05		7.11		7.04	

类型			全期间		疫情发生前		疫情发生后	
			占比	合计	占比	合计	占比	合计
居住	方向交错	上调	44.38	91.93	43.75	95.65	44.49	91.26
		下调	47.55		51.90		46.77	
	同向连续	上调	3.30	8.07	2.31	4.35	3.48	8.74
		下调	4.77		2.04		5.26	
生活用品及服务	方向交错	上调	42.63	88.69	42.90	91.51	42.55	87.90
		下调	46.06		48.61		45.35	
	同向连续	上调	5.66	11.31	3.70	8.49	6.21	12.10
		下调	5.65		4.79		5.89	
交通和通信	方向交错	上调	39.29	83.03	40.24	87.94	39.04	81.73
		下调	43.74		47.70		42.69	
	同向连续	上调	6.44	16.97	4.80	12.06	6.88	18.27
		下调	10.53		7.26		11.39	
教育文化和娱乐	方向交错	上调	37.49	78.00	40.12	85.16	36.88	76.34
		下调	40.51		45.04		39.46	
	同向连续	上调	10.32	22.01	7.79	14.84	10.90	23.66
		下调	11.69		7.05		12.76	
医疗保健	方向交错	上调	41.56	87.83	41.59	92.55	41.55	86.44
		下调	46.27		50.96		44.89	
	同向连续	上调	6.56	12.17	2.88	7.44	7.64	13.56
		下调	5.61		4.56		5.92	
其他用品和服务	方向交错	上调	37.56	79.91	41.25	84.31	37.11	78.86
		下调	42.35		41.76		41.75	
	同向连续	上调	11.44	20.09	9.71	15.69	12.09	21.13
		下调	8.65		7.28		9.04	

注：表中数据为上调、下调价格的情形占总调价次数的百分比。

为了更好地观察商品价格的调价方式，图7-4说明了全部商品价格在样本期间内每天的调整次数，横轴上方反映价格上调的次数，横轴下方反映价格下调的次数。

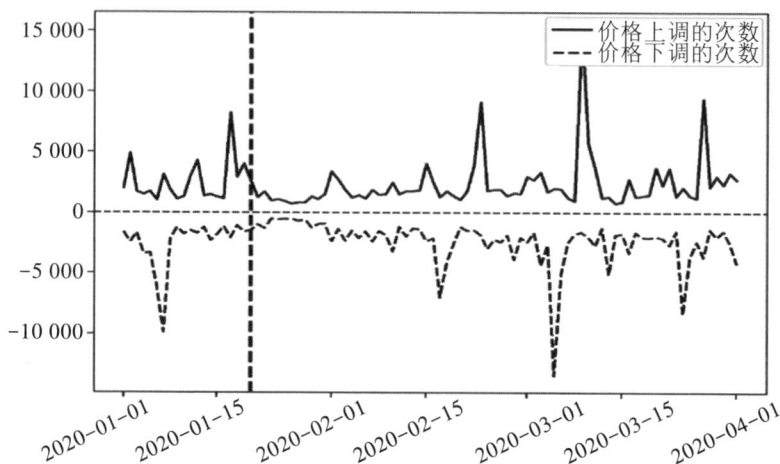

图7-4 价格调整的次数

从图7-4中也可以看出，商品价格在新冠肺炎疫情时期，价格的上调和下调呈现"对称"形态，进一步说明商品价格整体调整方式为方向交错调整。

同时，对商品进行分类来观察价格变化情况（如图7-5所示），可以看出：食品烟酒、衣着、居住、生活用品及服务、交通和通信、教育文化和娱乐、医疗保健以及其他用品和服务八类商品的变化频率与整体情况一致，通过对称的交错调价实现了价格的稳态调整。

4.生存分析

生存分析是一种研究事件发生的生存时间的统计方法，能够反映事件随历险时间的变化而发生改变的模式，目前生存分析广泛应用于医学、心理学、经济学等领域。

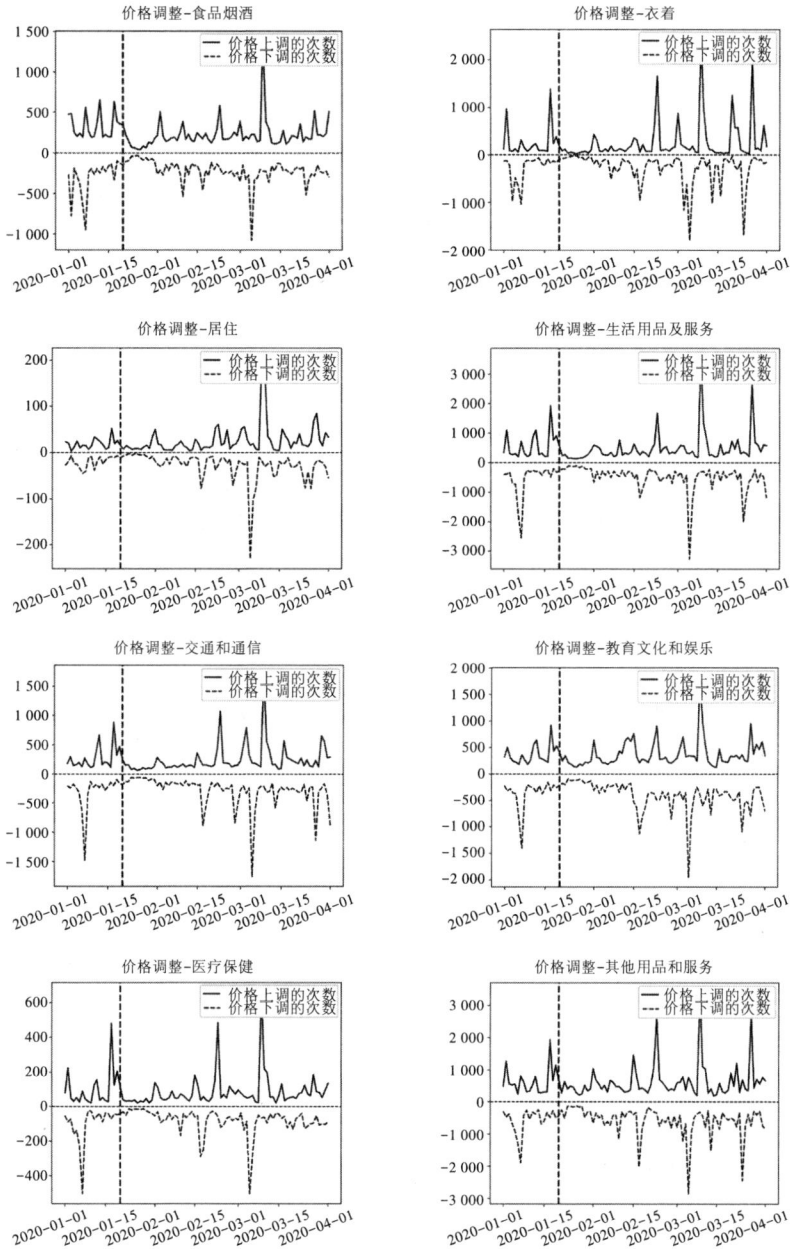

图7-5 分类别价格变化频率

在生存分析中，生存时间是指事物发展过程中某种状态的持续时间，删失时间是指在观测期间样本状态未发生改变的时间，讨论含有删失数据的情形是生存分析的一大特点。

本部分将通过分析样本数据，来刻画新冠肺炎疫情对商品价格黏性的影响。具体来说，将通过对样本数据进行 KM 生存分析，研究商品价格变动的生存状态。其中，生存时间是指商品价格调整前所经历的时间段，删失时间则是指在样本期间内商品价格未发生变化的时间。

在生存函数中用非负随机变量 T 表示商品价格，商品价格的持续时间是变量 T 在 t 的实际取值，定义 T 的概率分布函数 $F(t)$ 和概率密度函数 $f(t)$，表达式如下：

$$F(t) = \int_0^t f(u)du = Pr(T < t) \tag{7-4}$$

$$f(t) = dF(t)/dt = F'(t) \tag{7-5}$$

生存函数 $S(t)$ 表示随机变量 T 大于 t 的概率，表达式如下：

$$S(t) = Pr(T > t) \tag{7-6}$$

风险函数 $h(t)$ 表示样本在 t 时刻发生改变的概率，累积风险函数 $H(t)$ 表示从开始观察到 t 时刻的累积风险，表达式如下：

$$h(t) = \lim_{\Delta t \to 0} \frac{Pr(t \le T \le t + \Delta t | T > t)}{\Delta t} \tag{7-7}$$

$$H(t) = \int_0^t h(x)dx \tag{7-8}$$

本章采用 Kaplan-Meier 非参数方法估计生存函数，图 7-6 中左边是通过 KM 方法得到的生存统计结果，商品价格变化基本可以分为 3 个阶段：

第一个阶段（1—10 天），商品价格很快回调，随后价格调整缓慢，在价格回调的 2 天后有 6.01% 的商家对价格进行调整，说明面对新冠肺炎疫情，商家在初期没有肆意调整价格。

第二个阶段（11—48天），商家进行积极的价格调整，38.56%的商家在期间进行调整，在第14天、第30天、第47天出现了较大程度的调整。

第三个阶段（49—74天），价格调整进一步放缓，反映出商品价格通过前期的调整已经得到稳定。同时，本章采用Nelson-Aslen方法估计累积风险函数，图7-6中右边是通过NS方法得到的累积风险统计，可以看出价格变化具有持续的风险性，风险概率随着时间的变化而增加，也说明了说明商家通过价格调整的方式应对疫情的冲击。

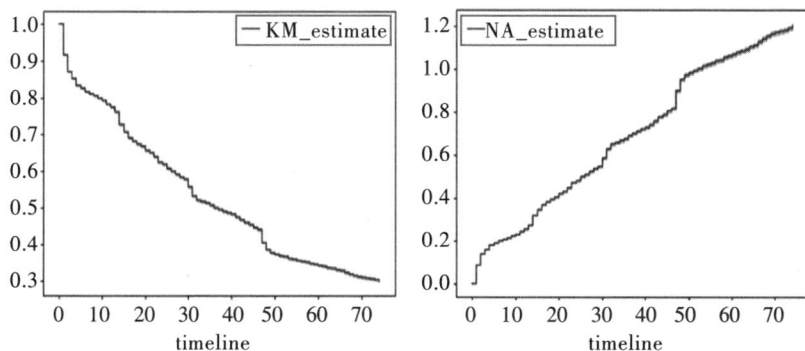

图7-6　生存统计结果和累积风险统计结果

7.3　线上价格冲击及其应对

7.3.1　样本选择与模型设计

1.样本选择

本章选用两种方法分析新冠肺炎疫情对价格波动的影响。

第一种方法是双重差分法。通过一项政策实施或者事件发生前后的效果对比，双重差分法能够有效地控制分组效应和时间效应。本章选择2019年1月1日—4月1日和2020年1月1日—4月1日为样本区间，以2020年1月1日—4月1日的价格数据作为实验组，以2019年1月1日—4月1日的价格数据作为对照组。通过比较新冠肺炎疫情前后实验组和对照组价格波动的差异，识别疫情对价格影响的净效应。

第二种方法是借鉴冯永琦（2010）、杨万平和袁晓玲（2010）以及刘明月和陆迁（2013）的研究，通过 VAR 模型分析新冠肺炎疫情对价格水平的冲击效应，以2020年1月1日—4月1日作为样本区间。

2. 模型设定

本节采用两种方法研究新冠肺炎疫情对价格波动的影响。

第一种方法是双重差分法（DID法），模型如下：

$$priceed = \alpha_0 + \alpha_1 treat + \alpha_2 time + \alpha_3 (treat \times time) + \alpha_4 X + \mu \qquad (7\text{-}9)$$

其中，$pricesd$ 表示商品价格波动。$treat$ 是虚拟变量，数据时间在实验组内（2020年1月1日—4月1日），$treat=1$，否则 $treat=0$。同样，$time$ 为虚拟变量，如果数据时间在新冠肺炎疫情日期（1月20日）后，$time=1$，否则 $time=0$。X 为控制变量，包括消费者情绪、政府行为以及原材料存货。α_0 为常数项，α_1、α_2、α_3、α_4 为回归系数，μ 为残差，其中，α_3 表示实验组和对照组在新冠肺炎疫情前后的差分。

第二种方法是 VAR 模型，建立新冠肺炎疫情对价格水平影响的 VAR 模型，并用格兰杰检验来分析新冠肺炎疫情、消费者情绪和价格水平的因果关系。模型如下：

$$price_t = \beta_1 price_{(1)} + ... + \beta_p price_{(p)} + \gamma_1 ncp_{(1)} + ... + \gamma_q ncp_{(q)} + \epsilon_t \qquad (7\text{-}10)$$

式中，$price$ 表示商品价格水平，ncp 表示新冠肺炎疫情。β_1，...，β_p，γ_1，...，γ_q 为回归系数，p 和 q 为滞后阶数，ϵ_t 为误差项。

3. 主要变量说明

（1）因变量

本章通过网络抓取技术获取淘宝网2020年1月1日至2020年4月1日的商品价格，对其进行指数化处理来衡量价格水平（$price$）。

同时，考虑到本次新冠肺炎疫情与春节的重合，借鉴陈强（2014）对季节效应的处理，通过移动平均比率法对价格指数进行季节调整。

另外，对于价格波动（*pricesd*）的测量，本章参考杨阳和万迪昉（2010）的做法，对价格水平取标准差，衡量商品价格的波动情况。

（2）解释变量

新冠肺炎疫情是近百年来人类遭遇的影响范围最广的全球性大流行病，人类生命安全和健康面临重大威胁[①]。随着疫情程度的加深，受影响人数也会增加。

借鉴刘诚等（2020）和谭远发等（2021）对于新冠肺炎疫情信息的处理方法，本章通过网络抓取技术获取我国疫情发生后的相关历史信息，以每天的死亡人数来衡量新冠肺炎疫情（*ncp*）。

（3）控制变量

参考现有文献，并且结合影响商品价格的宏观层面和微观层面因素，本章控制了以下变量：

第一，消费者情绪（*senti*）。借鉴 Penna（2008）和徐映梅（2017）的处理方法，本章通过百度指数[②]衡量消费者情绪。在疫情背景下，该指数的上升，反映消费者关注程度和认知水平的提高，使得消费者情绪对价格调整更加敏感，价格波动的可能性更小。

第二，原材料库存（*stock*）。本章以原材料库存指数衡量原材料库存。原材料库存指数越大，意味着企业生产的意愿越大，当产品供给越充足时，价格稳定的可能性越大。

第三，政府行为（*govern*）。本章以财政支出衡量政府行为。新冠肺炎疫情期间，国家推出一系列财政政策，如安排疫情防控资金，

---

① 摘自《抗击新冠肺炎疫情的中国行动》白皮书。
② 以"疫情"为关键词获取 2020 年 1 月 1 日—4 月 1 日的百度搜索指数。

向地方下发政府转移支付资金等。财政支出越大，政府保障市场稳定的作用越大，价格波动的可能性越小。

7.3.2 实证分析结果

1.描述性统计分析

从表7-4可以看出，新冠肺炎疫情发生前后的价格波动（pricesd）均值分别是0.30和0.22，说明在新冠肺炎疫情发生后商品价格的波动幅度有所下降。同时，价格水平（price）的均值差异较小，这与上文的分析结果相符，即商品价格水平走势总体上保持稳定。新冠肺炎疫情（ncp）的标准差达到1 280.08，说明本次新冠肺炎疫情的突发性和严重程度较高。

表7-4   变量的描述性统计

变量名称	变量符号	疫情发生前				疫情发生后			
		均值	标准差	最小值	最大值	均值	标准差	最小值	最大值
价格波动	pricesd	0.30	0.28	0.01	1.14	0.22	0.27	0.01	1.39
价格水平	price	99.12	1.19	97.00	100.69	99.45	1.36	95.52	101.39
新冠肺炎疫情	ncp	0	0	0	0	2 036.97	1 280.08	4.00	3 327.00
消费者情绪	senti	5.37	0.32	4.65	6.61	9.24	4.14	4.23	14.00
原材料库存	stock	3.86	0.01	3.85	3.87	3.80	0.14	3.52	3.89
政府行为	govern	8.40	0.30	8.10	8.70	5.64	8.90	-5.70	15.00

控制变量的结果显示：在新冠肺炎疫情发生前后，消费者情绪（senti）的均值分别为5.37和9.24，说明消费者在疫情后对价格调整的敏感程度更高。

在新冠肺炎疫情发生前后，原材料库存（stock）的均值分别是3.86和3.80，说明企业的生产意愿在此期间并没有较大变化。

在新冠肺炎疫情发生前后，政府行为（govern）的均值分别是8.4和5.64，说明疫情后财政支出增速有所降低，其原因可能是财政收入的大幅下滑对财政支出造成一定压力。

2.双重差分模型回归结果

（1）基本分析

表7-5为双重差分回归模型的结果。

表7-5　　　　　　　　　新冠肺炎疫情与价格波动

	（1）	（2）	（3）	（4）
$treat{\times}time$	−0.074 （−0.74）	−0.248** （−2.47）	−0.222** （−2.23）	−0.656*** （−3.13）
$treat$	0.149* （4.66）	0.143 （1.58）	0.148 （1.64）	0.106 （1.14）
$time$	−0.043 （−0.77）	0.014 （0.24）	0.018 （0.30）	0.022 （0.36）
$govern$		−0.011*** （−2.67）	−0.011** （−2.60）	−0.010** （−2.22）
$stock$			0.272 （1.52）	0.273 （1.40）
$senti{\times}senti$				−0.008* （−1.73）
$senti$				0.208* （2.01）
cons	0.224*** （4.58）	0.322*** （5.25）	−0.732 （−1.09）	−1.61** （−2.09）

注：括号内的数值为t值，***、**、*分别表示在1%、5%、10%的水平上显著。

列（1）是不包括控制变量的双重差分结果。列（2）至列（4）是逐一加入政府行为（$govern$）、原材料库存（$stock$）以及消费者情绪（$senti$）控制变量的结果。

交乘项 $treat{\times}time$ 是本章关注的重点，即为双重差分的估计量。根据列（2）至列（4），交乘项 $treat{\times}time$ 的回归系数分别是−0.248、−0.222和−0.656，分别在5%、5%以及1%的水平上显著。

这说明与疫情前相比，新冠肺炎疫情后商品价格的波动程度显著下降。

并且，列（4）在加入消费者情绪后，交乘项系数得到较大提高，说明消费者情绪在一定程度上对价格稳定起到促进作用。

本章发现消费者情绪与价格波动呈倒U形关系，其可能原因是在新冠肺炎疫情发生初期，在消费者信息受限下，商家通过调整价格试探消费者情绪，表现为价格波动与消费者情绪呈正相关。

随着时间的推移，消费者与商家之间信息差逐渐减小，商家不公平的价格调整会刺激消费者的负面情绪，因此，消费者情绪阻碍价格波动，有助于商品价格稳定。

（2）安慰剂检验

表7-6为新冠肺炎疫情与价格波动的安慰剂检验。

表7-6　　　　新冠肺炎疫情与价格波动的安慰剂检验

	（1）	（2）	（3）	（4）
$treat{\times}time$	−0.021	−0.105	−0.084	−0.080
	（−0.18）	（−0.66）	（−0.49）	（−0.49）
$treat$	−0.011	0.110	0.029	0.017
	（−0.28）	（0.99）	（0.18）	（0.11）
$time$	0.246**	0.257**	0.246**	0.237**
	（2.59）	（2.54）	（2.36）	（2.33）
$expend$		−0.110	−0.072	−0.087
		（1.48）	（−0.66）	（−0.73）
$confid$			9.261	8.723
			（0.73）	（0.69）
$senti{\times}senti$				0.134
				（0.34）
$senti$				−1.567
				（−0.36）

注：括号内的数值为t值，***、**、*分别表示在1%、5%、10%的水平上显著。

如果商品价格波动的降低是由新冠肺炎疫情所致，那么人为调整新冠肺炎疫情的发生时间，双重差分模型将不再成立。

为此，本章参照郭阳生等（2018）的做法，对实验时间进行重新选择，将新冠肺炎疫情的时间向前调整，即假定新冠肺炎疫情在2019年10月20日发生，将调整后的实验时间落在真实实验之前，再重新估计双重差分模型，结果见表7-6。

交乘项 *treat×time* 的回归系数分别是−0.021、−0.105、−0.084以及−0.080，该系数低于真实实验期的回归系数，并且在统计意义上均不显著，说明商品价格波动的降低是由新冠肺炎疫情所致。

3.VAR模型回归结果

（1）平稳性检验（ADF检验）

在构建VAR模型前需要对变量进行平稳性检验，防止出现伪回归的现象。当模型中变量不稳定时，将会对回归结果造成影响。

本章在平稳性检验方法中选择常用的ADF检验，通过对序列的检验保证模型中各变量是平稳的，检验结果如表7-7所示。

表7-7 ADF检验结果

变量名称	ADF统计量	5%临界值	10%临界值	结论
ncp	−0.022	−2.897	−2.584	非稳定
price	−1.600	−2.897	−2.584	非稳定
senti	−1.669	−2.897	−2.584	非稳定
D.Lnncp	−2.603	−2.912	−2.591	稳定
D.Lnprice	−6.777	−2.898	−2.584	稳定
D.senti	−9.012	−2.898	−2.584	稳定

从表7-7可以看出，*ncp*、*price* 和 *senti* 序列都是非平稳的，通过一阶差分处理后，*ncp*、*price* 和 *senti* 序列分别在10%、5%和5%水平

上保持稳定。

因此，本章先对各变量经过一阶差分后再建立模型分析，从而得出结论。

在对各序列的一阶差分处理后，其表示原序列的变化率，具体来说，*D.Lnncp* 表示新冠肺炎疫情死亡人数的日增长率，*D.Lnprice* 表示商品价格水平的变化率，*D.senti* 表示消费者情绪的变化情况。

（2）最大滞后阶数

为了构建VAR模型，需要根据信息准则确定VAR模型的阶数。合适的滞后阶数能够完整反映模型的动态特征。

滞后阶数越大，反映模型越完整，但是，阶数过多时，容易减少自由度，影响模型估计的有效性。

因此，本章通过比较FPE、AIC等准则来确定合适的滞后阶数，结果见表7-8。

表7-8　　　　　　　　　　**最大滞后阶数检验统计量**

Lag	FPE	AIC	HQIC	SBIC
1	93.26	13.05	13.21	13.47
2	39.73	12.19	12.48	12.93*
3	37.64	12.13	12.54	13.18
4	28.96*	11.86*	12.39*	13.22

由表7-8可知，根据FPE准则、AIC准则和HQIC准则，均应选择滞后4阶，而根据SBIC准则，应选择滞后2阶，但可能过于简洁。因此，本章将滞后阶数定为4阶。

（3）VAR参数估计

通过平稳性检验和确定最大阶数后，本章建立了VAR模型。

首先，本章对VAR模型进行单位根检验，结果如图7-7所示。图7-7中，所有特征值均在单位圆之内，可以认为此时选择滞后4阶的VAR模型是稳定的。

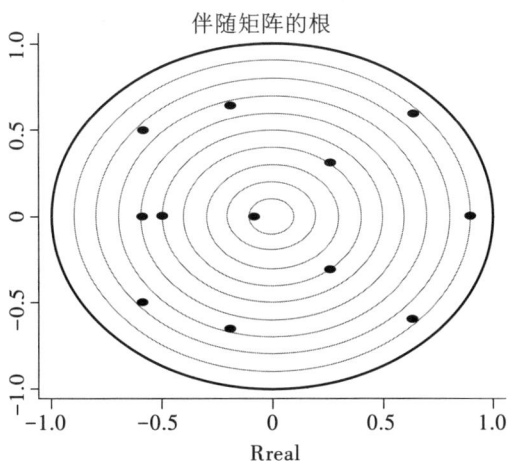

图 7-7　单位根检验图

（4）Granger因果检验

接下来本章将讨论新冠肺炎疫情、消费者情绪以及价格水平变量之间的因果关系。

表7-9为Granger因果检验的结果。

由表7-9可知，以 *D.Lnncp* 为被解释变量，检验变量 *D.senti* 的卡方统计量为54.58，对应的p值为0.000。

同样检验变量 *D.Lnncp* 的卡方统计量为16.23，对应的p值为0.003，可以得出新冠肺炎疫情和消费者情绪互为格兰杰成因。

表7-9　　　　　　　　　　　格兰杰检验结果

零假设	Chi2	df	p值
D.Lnncp 不是 *D.senti* 的格兰杰成因	54.58	4	0.000
D.senti 不是 *D.Lnncp* 的格兰杰成因	16.23	4	0.003
D.Lnncp 不是 *D.Lnprice* 的格兰杰成因	0.61	4	0.962
D.senti 不是 *D.Lnprice* 的格兰杰成因	8.26	4	0.083

同样，以 *D.Lnprice* 为被解释变量，*D.Lnncp* 和 *D.senti* 的p值分别为0.962和0.083，说明新冠肺炎疫情不是商品价格水平的格兰杰成因，消费者情绪是价格水平的格兰杰成因。

上述格兰杰因果关系并没有给出唯一的变量作用次序，为此本章进一步考察交叉相关图（如图7-8所示）。

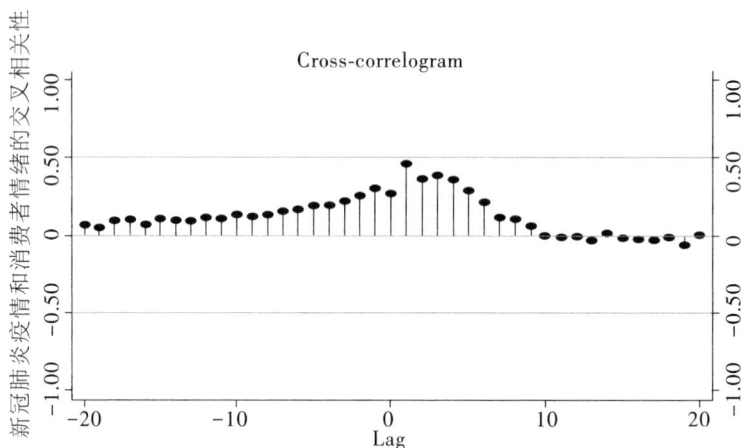

图7-8　交叉相关图

D.Lnncp 与滞后1天的 *D.senti* 最相关。可以得出变量的次序为新冠肺炎疫情（*D.Lnncp*）—>消费者情绪（*D.senti*）—>价格水平（*D.Lnprice*）。可以认为，对新冠肺炎疫情的正冲击引起了消费者情绪的改变，使得商品价格水平也发生变化。

（5）脉冲响应

为了分析新冠肺炎疫情、消费者情绪和价格水平之间的动态关系，本章进一步构建脉冲响应函数。在图7-9中，横轴表示冲击作用的滞后期数（单位：日），纵轴表示商品价格水平的变化率，实线表示各冲击变量对商品价格水平的变化率的反应程度。

图7-9中，上图表示当新冠肺炎疫情进行正向冲击，商品价格水平的变化率在前10天上下小幅波动，随后调整趋于0。说明在新冠肺炎疫情的冲击下，商品价格通过上下波动进行调整，从而在后期（12天）价格调整趋向于0。下图表示当消费者情绪进行正向冲击，商品价格水平的变化率先下降后上升，再下降最终上升趋于0，说明商品

价格水平趋于稳定。

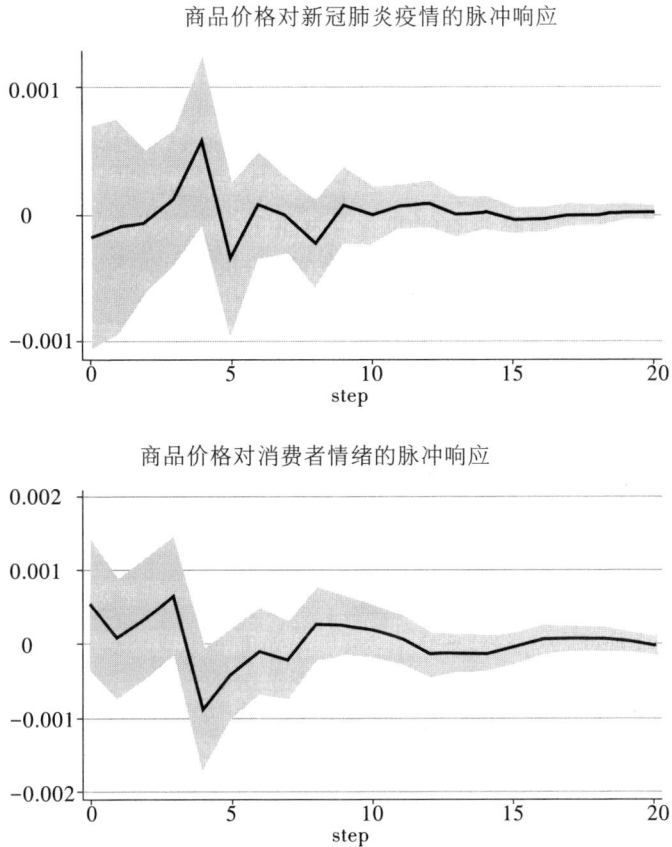

商品价格对新冠肺炎疫情的脉冲响应

商品价格对消费者情绪的脉冲响应

图7-9　脉冲响应

　　另外，可以看出消费者情绪对商品价格水平的脉冲响应更敏感，说明了在新冠肺炎疫情的冲击下，商品价格趋于稳定。受到消费者情绪的影响，商家的定价决策中考虑了消费者情绪，从而价格进行稳定调整。这与双重差分回归结果相符，消费者情绪与价格波动呈倒U形关系，在新冠肺炎疫情发生初期，商品价格进行波动调整，随后商品价格趋于稳定。

（6）方差分解

方差分解是描述冲击效应的另一种方法。它将预测方差分解为模型中各变量的贡献度。通过比较模型中冲击对变量影响的贡献差异，从而得出各变量在冲击下的相对重要性。方差分解结果如图7-10所示。从上图可以看出消费者情绪对商品价格水平增长率的贡献率呈上升趋势，最终稳定在10%左右。下图表明新冠肺炎疫情对商品价格水平变化的贡献率较低，新冠肺炎疫情对价格变化的贡献率小于消费者情绪对价格变化的贡献率，说明在新冠肺炎疫情下，商家的价格决策会充分考虑消费者情绪。

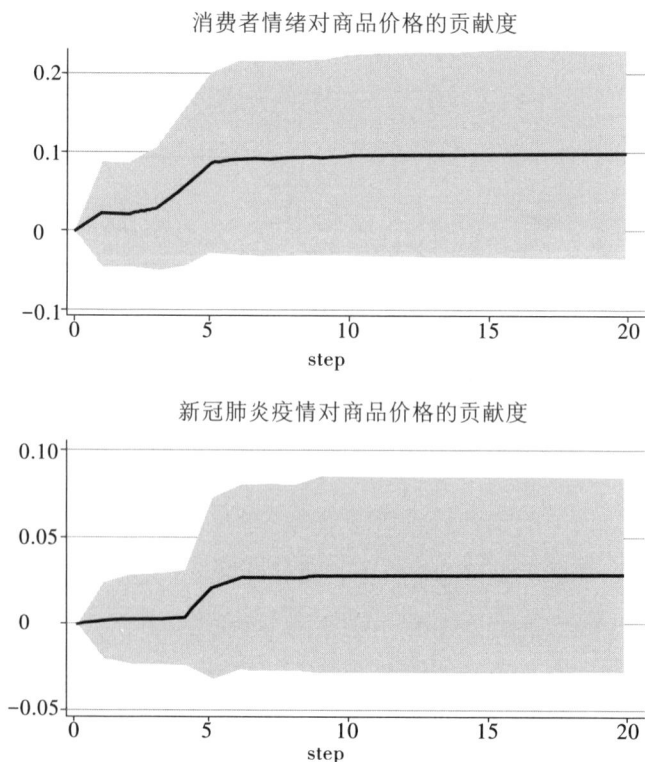

消费者情绪对商品价格的贡献度

新冠肺炎疫情对商品价格的贡献度

图7-10　方差分析

7.3.3 流通调控应对

在新冠肺炎疫情期间,线上商品价格的稳定对于市场秩序和保障消费者福利有着直接的好处。对于消费者来说,公平合理的价格满足了人们在突发疫情下的基本生活需要,同时缓解了突发疫情带来的恐慌心理。对于商家而言,以公平合理为准则的定价策略,避免了商家之间的恶性价格竞争,有助于商家将注意力集中在提高产品质量和服务,打造"无接触式"的消费新场景。

第一,线上商品数据为编制大数据物价指标提供了微观基础。一方面,线上价格的调整能够对线下价格的调整产生影响,政府部门根据线下商品数据制定相应政策,因此线上价格会在一定程度上影响政策。另一方面,线上商品价格黏性低,能够更快地反映市场变动情况,如线上价格水平对突发疫情的反应,能够帮助政府及时了解各类商品的情况并迅速做出决策。

第二,线上商品信息为开展流通调控机制创新提供了依据。一方面,相较于线下商品价格,线上价格的公开性和可获得性使得商家进行调价时,可减少价格信息的不对称性所带来的调整偏误,使得商品价格变化经调整后趋于稳定。因此,政府应该进一步优化线上交易环境,发挥线上环境对于消费升级和稳定物价的助推作用。另一方面,在面对疫情的外生冲击下,线上价格的调价行为"消化"冲击,促使总体价格趋于稳定,政府应依据线上商品价格构建预警机制,关注那些与人们生活密切相关的商品价格走势,适当给予一定的指导和干预,特别是在外生冲击的前期,应防止出现商家的过度调价导致价格的大幅调整带来的社会恐慌。

7.4 本章小结

本章利用高频微观大数据，分析了新冠肺炎疫情对商品价格变化的影响。

本章选取淘宝平台上 81 951 种商品作为分析样本，对其 2020 年 1 月 1 日至 2020 年 4 月 1 日的价格数据进行实证分析。

本章的主要结论如下：

第一，我国商品价格在新冠肺炎疫情期间保持稳定。从总体上看，商品价格在疫情初期短暂调整后迅速恢复稳定，并且商品价格指数与 CPI、iCPI 指数趋势相近。从不同商品类别来看，大部分类别的商品价格趋势与总体趋势相似，仅医疗保健类商品价格在疫情下表现为先上升后平稳的趋势，其原因是：根据公平定价理论，消费者情绪对商家的定价行为存在重要影响，当消费者感受到价格不合理时会产生负面情绪，将会影响到商家与消费者之间的合作关系，因此商家并不会肆意调整价格，而是会从消费者的角度来制定价格策略。

第二，在新冠肺炎疫情期间，商品价格有着较低的黏性，商品调价方式表现为对称的交错调价。在样本期间内，59.35% 的商品调价次数在 2 次以上，单个商品平均调价 5 次，全样本交错调价达到了 83.65%。同时，本章通过生存分析发现，商品价格通过价格调整的方式应对突发疫情的冲击。商品价格最终均呈现稳定状态，说明在新冠肺炎疫情期间，由于对称的交错调价，使得疫情对商品价格的冲击效应有限。

第三，本章构建双重差分模型得出，新冠肺炎疫情发生后的商品价格波动程度显著下降。在控制其他影响因素下，消费者情绪对价格波动影响呈倒U形。经过安慰剂检验后，结论依然不变。同时，通过VAR模型进一步厘清新冠肺炎疫情、消费者情绪以及价格水平的因果关系，也就是在新冠肺炎疫情发生初期商品价格进行短暂调整，随后商品价格趋于稳定，新冠肺炎疫情对商品价格的冲击有限。

本章研究存在一定的局限性。以新冠肺炎疫情为处理事件，忽略了其他突发事件对价格黏性的影响，限制了结论和启示的适用范围。同时，在研究方法上，对于高频大数据的处理仍需进一步完善，并未充分挖掘大数据内在蕴含的丰富信息，并且样本数据来源有待进一步扩充，如京东商城、苏宁易购等均可作为研究对象，但在跨平台商品信息获取和匹配上存在一定难度。这也是未来进一步研究的方向。

第 8 章

扩大消费需求的数字普惠金融创新

8.1 研究背景与文献简要回顾

8.1.1 研究背景

在数字经济快速发展的时代，资金通过线上方式在流通体系上中下游各企业之间快速流动，已成为影响和制约流通效率的关键环节。金融是国民经济的血脉，也是现代流通体系的血脉。没有金融与流通体系的融合，就无法构建现代流通体系。金融是提升现代流通体系效率的关键环节，数字金融通过拓展交换权利，扩大消费需求，从而拉动经济循环。数字金融嵌入电子商务体系，重构了价值创造模式，推动了平台经济发展，使买者和卖者能够突破时空限制在线完成交易，畅通了生产、交换、消费等主要市场环节，成为推动国内大循环效率提升、畅通国内国际双循环的重要因素（胡汉辉、申杰，2022）。

普惠金融这一概念最先由联合国大会在 2005 年提出，是指向社会各阶层提供可获得的、可持续的和成本可接受的金融服务。近些年随着数字基础设施、数字平台和普惠金融的发展，学术界越来越关注这三个领域的融合形式——数字普惠金融的发展。2016 年 G20 杭州峰会正式提出数字普惠金融，它依托于数字技术、互联网科技以及移动支付推动普惠金融覆盖面的扩大和使用深度的提升。在新发展格局下，推动内需不断扩大、将焦点转向国内消费领域也成为不可阻挡的政策趋势。因此本章聚焦于以下两个核心问题：数字普惠金融对于居民消费水平有何影响？其内部呈现出何种作用机制？

8.1.2 文献简要回顾

已有文献主要分为两类。

一类是探讨金融对于消费影响的文献。该类文献最早可以追溯到弗里德曼的恒久收入理论，其核心观点是恒久收入决定了居民消费水平。Zeldes（1989）进一步指出，消费信贷的增加会影响居民消费水平。Ludvigson（1999）综合以上两位学者的观点，发现了消费金融会通过收入渠道正向影响居民的消费水平。Besley等（2008）研究发现改善家庭获得外部融资的条件可以促进消费增长。Leth-Petersen（2010）利用丹麦的面板数据研究发现，信贷市场改革会缓解居民的融资约束，从而带来居民消费的外生性增长。可见，国外文献主要从信贷层面探讨金融对居民消费的影响。

国内研究则侧重于金融的数字化层面对居民消费的影响。武倩、张青龙（2021）通过建立VAR模型比较了互联网消费金融以及收入因素对于农村消费升级的影响，结果显示前者的作用效果和速度远超于后者并且最终贡献度更高。赵俊（2021）基于恒久收入理论发现，智能手机的使用能够调节金融对于家庭消费的促进作用。曹海原（2021）基于省级面板数据发现，第三方支付可以通过增加收入缩小城乡居民消费差距。郭思佳、申丹虹（2021）发现了数字经济能够显著促进居民尤其是农村居民消费增加。李基俊、曾月阳（2021）以青海农村为例，建立SVAR模型发现了金融深化能够促进居民收入和消费水平。

另一类则是聚焦数字普惠金融对于农村居民消费升级影响的文献。普惠金融是指向社会各阶层提供可获得的、可持续的和成本可接受的金融服务。冉光和、唐滔（2021）指出，我国的普惠金融发展相较于世界其他国家还存在较大差距，因此转向了普惠金融的另一个方面——数字普惠金融，以实现弯道超车。Lavoie 等（2011）探讨了小额金融和小额信贷这两种"金融包容性"战略可能提高社会包容性的条件。Sarker 等（2015）以孟加拉国为研究对象，深入探讨了银行业提供的农业融资与国家农业总产值之间的关系，结果显示前者能够显著促进后者并提高金融包容性。

易行建和周利（2018）认为，数字普惠金融通过促进支付便利性的提高能够显著提高居民尤其是农村居民的消费水平。董云飞等（2019）研究发现普惠金融发展能够从扩容和提质两个方面促进农村消费升级。刘彤彤和吴福象（2020）研究发现，互联网金融可以通过缓解流动性约束促进农村消费。商海岩等（2021）运用偏离—份额分析法和工具变量模型发现了数字普惠金融能够促进农村消费升级。

其他研究则涉及更广泛的消费升级问题。张昭昭（2020）研究了数字普惠金融对于城镇和农村居民消费提质扩容的影响，并将样本分为经济发达地区和经济欠发达地区两个子样本进行了区域差异性研究。结果显示，数字普惠金融更能促进农村居民和经济欠发达区居民消费提质扩容。颜建军和冯君怡（2021）通过 LASSO 回归和面板固定效应模型将问题范围扩展至包含城镇居民，得到了类似的结论，而地区异质性检验的结果却对城镇居民不适用。

刘心怡、易曼丽（2021）研究了数字普惠金融对于农村居民消费升级的细分领域——文化消费的影响作用。王文姬等（2021）从文化消费的视角进一步探讨数字普惠金融对城乡消费差距的影响。曹衷阳、张欣慧（2021）利用城市面板数据研究发现，数字普惠金融对于不同城市的消费促进作用不同，对二三线城市的作用效果更加明显。温展杰等（2021）重点关注居民消费结构升级并检验了金融可及性在上述关系中的中介效应。邱云飞、史小坤（2021）通过中介效应分析发现，数字普惠金融对居民消费升级具有显著的收入效应、储蓄效应和支付效应。

综上所述，已有文献对于数字普惠金融以及消费升级的研究主要侧重于省级层面，对于扩容和提质两个维度的影响均有实证证据支持。尽管已有研究已经涉及了城镇和乡村居民的消费升级情况，但是，在运用地级市数据层面研究数字普惠金融对于消费升级的影响仍缺乏一定的经验证据。本章主要采用地级市数据研究数字普惠金融对于居民消费升级的一个层面——消费水平提升（也即扩容）的影响，并考察了城乡之间的异质性，拓展了已有研究。

8.2 数字普惠金融扩大消费需求的作用分析

8.2.1 数字普惠金融扩大消费需求的机制分析

数字普惠金融影响居民消费水平的内在机制包含直接和间接两方面：

直接促进作用，表现为数字普惠金融能够帮助居民获得可持续且低成本的金融服务，降低金融抑制程度并缓解融资约束，提高了消费金融的易得性，从而促进了居民消费水平的提升。

间接促进作用，表现为数字普惠金融通过储蓄效应、收入效应、支付效应、产业结构效应、金融可及性等机制间接影响居民消费水平。

数字普惠金融对居民消费支出的作用机制，从供给端看，数字普惠金融提供金融服务的渠道、种类更多元，覆盖范围更广，服务效率大大提升，极大提高了金融的普惠性和可及性。这有利于缓解中小企业由于信用状况差、资质评级低等原因造成的"金融歧视"及融资约束，推动其生产规模扩大、产品和服务朝个性化和定制化发展，保障了消费的高水平供给。从需求端看，数字普惠金融主要通过收入渠道影响消费支出。收入是支出的贮水池，有了收入才会有流向消费的支出。

数字普惠金融主要通过信贷渠道对居民收入产生作用，进而影响消费支出。数字普惠金融通过数字化技术降低了金融服务的成本和门槛；通过平台精准获取客户当期信用水平数据、分层并提供差异化金融服务，减少了信息不对称，降低了逆向选择和道德风险，最终降低了信用风险。这样，信用风险的降低使得居民也更容易获得金融理财类服务，实现资产增值和收入增加，从而增加消费。除了增加收入外，数字普惠金融还能通过改善收入分配影响消费支出。一方面，通过更丰富多样的金融工具帮助居民优化收入分配；另一方面，通过帮助收入既定的居民缓解流动性约束，减少预防性储蓄，促进消费水平提升。

数字普惠金融通过收入的中介作用影响居民消费支出。从数字普惠金融影响收入水平的渠道来看：一方面，数字普惠金融的深入发展可以提高银行等金融机构对风险的控制力度，完善相应的防范措施，推动经济整体向好，促进居民收入水平的提高，从而实现居民消费水平的提升；另一方面，以信息技术（IT、硬件和软件）和远程通信技术为基础的信息通信技术（ICT），构成了数字经济的底层架构。

数字普惠金融能够利用这些为居民提供符合其信用状况的信贷，促进全社会公平分配金融资源，增加居民取得收入的渠道和机会，从而促进居民消费水平的提升。

从收入水平影响消费水平的渠道来看：

一方面，收入水平不同的群体边际消费倾向也不同。高收入群体的边际消费倾向较低，因而收入带来的消费增加也较少。而数字普惠金融惠及的群体主要为中、低收入群体，其边际消费倾向较高，因而数字普惠金融能通过促进该部分群体的收入增加显著促进其消费增加，进而提高整体消费水平。

另一方面，收入性质不同也会影响边际消费倾向。一般而言，工资性收入的边际消费倾向要高于资本性收入。而数字普惠金融惠及群体的收入来源主要是工资性收入，因此可以通过刺激这部分群体的工资性收入增加促进消费支出增加，进而提升整体居民消费潜能。

8.2.2 数字普惠金融促进城乡消费的异质性

数字普惠金融对于居民消费水平的影响具有城乡异质性。其原因包括以下几个方面：

首先，城镇和乡村在经济发展水平上存在一定差距，城镇区域金融发展水平更高、金融服务可得性（更好的社会信用条件和资产抵押条件）更强，因此城镇居民所面临的流动性约束较弱，金融排斥的情况更少，因而数字普惠金融的发展对城镇居民信贷情况的缓解作用相对而言弱一些，对居民消费水平的提升在农村地区更为显著。

其次，对北京大学数字普惠金融指数进行深入考察可以发现，中、西部地区的数字普惠金融发展比东部地区更为迅速，由于中、西部地区经济欠发达，农村地区居多，因此可以推断，数字普惠金融的发展对于农村居民的消费水平提升具有更为显著的影响。

最后，根据刘世鹏对城乡居民边际消费倾向的分析可以得出，当数字普惠金融的发展能够促进居民流动性约束缓解、预防性储蓄下降和收入增加时，农村居民消费支出的增长幅度可能高于城镇居民。

基于以上分析，本章提出研究假设：数字普惠金融对城乡居民消费水平的提升具有正向影响且在农村地区作用更明显。居民收入水平在数字普惠金融对居民消费水平的影响路径中起到中介作用。

8.3 数字普惠金融促进城乡消费的实证分析

8.3.1 模型、变量与描述性统计

本章采用固定效应模型进行研究检验[①]，选取2011—2018年285个地级市的城市面板数据进行研究，基准回归模型如下：

$$lnconsume_{it} = \beta_0 + \beta_1 index_{it} + \beta_2 controls + \mu_i + \varepsilon_{it} \tag{8-1}$$

式中，被解释变量 $lnconsume$ 为居民消费水平指标，核心解释变量 $index$ 为数字普惠金融指数，$controls$ 为可能影响居民消费水平的其他控制变量，μ_i 为城市固定效应，ε_{it} 为残差项，i 为城市，t 为年份。

1.变量设定

（1）被解释变量

本章选取城镇人均消费支出和农村人均消费支出作为衡量居民消费水平的指标，参照张昭昭的做法，对数据进行对数化处理得到 $lnurban$ 和 $lnrural$。

（2）解释变量

本章采用北京大学数字普惠金融指数作为核心解释变量（$index$），选取 $index$ 的三个子指标：数字普惠金融覆盖广度（cov）、数字普惠金融使用深度（dep）、数字化程度（$digit$），以及 dep 的子指标支付（pay）、保险（$insu$），作为稳健性检验的替代解释变量。

（3）控制变量

除解释变量之外，地区存款水平、就业水平、城市建设水平、政

---

① Hausman检验结果表明，chi2（6）=173.06，Prob>chi2=0.0000。

府支出规模以及产业结构高级化都会对居民消费水平提升产生影响，因此本章选择人均金融机构存款（*depo*）、就业人口比重（*empl*）、人均城市建设面积（*pconst*）、地方政府支出占地区生产总值比重（*gov*）、产业结构转型升级水平（*ind*）作为控制变量。

其中，产业结构转型升级水平的衡量方式参考李治国等的做法：

$$ind = \sum_{i=1}^{3} \gamma_i ind_i \qquad (8\text{-}2)$$

式中，ind_i 为第 i 产业增加值/GDP，γ_i 为对应权重，i 分别赋值为 1，2，3。

（4）中介变量

本章采用城镇人均可支配收入（*lnuincome*）和农村人均纯收入（*lnrincome*）表示居民收入水平。

（5）工具变量

考虑可能存在的内生性，参考已有研究，本章对核心解释变量分别做滞后一阶和一阶差分处理，即选取 *L.index×D.index* 作为第一个工具变量；选取移动电话用户数（*mobile*）作为第二个工具变量；选取互联网普及率，即互联网用户数（*internet*）作为第三个工具变量。

2.描述性统计和数据来源

研究变量的描述性统计结果见表8-1。

其中，对变量 *pay* 进行了1%缩尾处理以消除异常值。

与数字普惠金融相关的变量数据来自北京大学数字金融研究中心网站（https://idf.pku.edu.cn/），其余数据均来自《中国城市统计年鉴》。

表 8-1   描述性统计结果

变量名	含义	均值	标准差	最小值	最大值
lnurban	城镇人均消费支出	9.76	0.28	9.04	10.74
lnrural	农村人均消费支出	9.00	0.40	7.85	10.14
lnuincome	城镇人均可支配收入	10.17	0.28	9.37	11.13
lnrincome	农村人均纯收入	9.30	0.38	7.87	10.44
index	数字普惠金融指数	155.58	62.04	17.02	302.98
cov	数字普惠金融覆盖广度	145.26	58.79	1.88	290.32
dep	数字普惠金融使用深度	153.64	65.31	4.29	325.68
digit	数字化程度	191.17	80.75	2.70	581.23
pay	支付	157.55	77.24	23.70	327.08
insu	保险	290.91	140.61	0.00	675.67
ind	产业结构转型升级水平	229.19	15.34	131.83	280.59
depo	人均金融机构存款	8.57	12.29	0.91	162.76
empl	就业人口比重	0.13	0.13	0.02	1.47
pconst	人均城市建设面积	0.37	0.49	0.03	9.27
gov	地方政府支出占地区生产总值比重	0.27	0.31	0.04	6.13
mobile	移动电话用户数	454.73	490.82	1.00	4 076.00
internet	互联网用户数	91.80	116.46	0.00	1 535.17

8.3.2 实证分析结果

1.基准回归结果

表 8-2 为数字普惠金融对城镇和农村居民消费水平的基准回归结

果。从结果中可以看出，数字普惠金融指数（*index*）的系数都在1%的水平上显著为正，且农村居民的数字普惠金融指数（*index*）的系数大于城镇居民的数字普惠金融指数（*index*）的系数，表明数字普惠金融显著提升了居民消费水平，而且对农村居民消费水平的提升影响更明显。因此，H1得到验证。

表8-2　数字普惠金融对城镇和农村居民消费水平的基准回归结果

	lnurban	*lnrural*
index	0.00241***	0.00429***
	(0.0001)	(0.0001)
ind	0.00123***	0.00072*
	(0.0003)	(0.0004)
depo	0.00321**	−0.00251
	(0.0016)	(0.0018)
empl	−0.13200***	−0.12300
	(0.0402)	(0.0769)
gov	0.05670***	0.02910
	(0.0111)	(0.0177)
pconst	−0.00935	−0.00379
	(0.0067)	(0.0141)
_cons	9.08400***	8.20800***
	(0.0728)	(0.0871)
N	2 065	1 907
R^2	0.849	0.896

注：括号内为聚类稳健标准误；*，**，***分别代表10%，5%和1%的显著性水平。下同。

2.城乡居民收入的中介效应分析

借鉴温忠麟等的中介效应检验方法，本章对城镇居民收入和农村居民收入的中介效应进行逐步回归检验。

具体的面板中介效应模型如下：

$$lnincome_{it} = \alpha_0 + \alpha_1 index_{it} + \alpha_2 controls + \mu_i + \varepsilon_{it} \tag{8-3}$$

$$lnconsume_{it} = \gamma_0 + \gamma_1 lnincome_{it} + \gamma_2 index_{it} + \gamma_3 controls + \mu_i + \varepsilon_{it} \tag{8-4}$$

其中，$lnincome_{it}$ 表示居民收入水平，$lnconsume_{it}$ 表示居民消费水平，其余变量含义与上文一致。

式（8-3）表示数字普惠金融对居民收入水平（城镇和农村）的影响。

式（8-4）表示数字普惠金融和居民收入水平对居民消费水平的影响。

回归结果见表8-3。

在表8-3中，列（a）、列（b）、列（c）和列（d）、列（e）、列（f）分别代表城市和农村的中介回归结果。

列（a）和列（d）中数字普惠金融指数（index）的系数均显著为正，表明数字普惠金融能够促进城镇和农村地区居民消费水平的提升。

列（b）和列（e）中数字普惠金融指数（index）的系数均显著为正，表明数字普惠金融能够促进城镇和农村地区居民收入水平的提升。

列（c）对应的数字普惠金融指数（index）的系数不显著，对应的中介变量城镇人均可支配收入的系数显著为正，表示中介效应存在，即城镇居民收入水平在数字普惠金融影响城镇居民消费水平中存在完全中介作用；而列（f）对应的数字普惠金融和农村人均纯收入的系数都显著为正，说明农村居民收入水平在数字普惠金融影响农村居民消费水平中起部分中介作用，且该间接效应为65.78%。

因此，H2得到验证。

表 8-3 中介效应回归结果

	urban			rural		
	(a)	(b)	(c)	(d)	(e)	(f)
index	0.00241***	0.00291***	0.00000	0.00429***	0.00385***	0.00150***
	(0.0001)	(0.0001)	(0.0002)	(0.0001)	(0.0001)	(0.0002)
ind	0.00123***	0.00046**	0.00048	0.00072*	−0.00006	0.00014
	(0.0003)	(0.0002)	(0.0003)	(0.0004)	(0.0002)	(0.0004)
depo	0.00321**	0.00105	0.00242***	−0.00251	−0.00360***	−0.00197*
	(0.0016)	(0.0014)	(0.0006)	(0.0018)	(0.0012)	(0.0012)
empl	−0.13200***	−0.13000***	−0.01260	−0.12300	−0.00733	−0.01360
	(0.0402)	(0.0350)	(0.0304)	(0.0769)	(0.0789)	(0.0570)
gov	0.05670***	0.03020***	0.02010***	0.02910	0.03300***	−0.00460
	(0.0111)	(0.0074)	(0.0060)	(0.0177)	(0.0093)	(0.0105)
pconst	−0.00935	−0.00891	−0.00140	−0.00379	−0.02010***	0.00957
	(0.0067)	(0.0074)	(0.0020)	(0.0141)	(0.0075)	(0.0173)
lnuincome			0.83300***			
			(0.0560)			
lnrincome						0.73300***
						(0.0596)
_cons	9.08400***	9.61400***	1.15100**	8.20800***	8.74600***	1.93400***
	(0.0728)	(0.0440)	(0.5390)	(0.0871)	(0.0542)	(0.5250)
N	2 065	2 223	2 063	1 907	2 178	1 879
R²	0.849	0.929	0.900	0.896	0.932	0.919

3.稳健性检验

为了保证模型回归的稳健性，本章将核心解释变量分解为覆盖广度、使用深度和数字化水平3个子指标，将使用深度进一步分解为支付和保险两个子指标，然后分别进行回归，结果见表8-4和表8-5。

表8-4 城镇稳健性检验结果

	urban	cov	dep	digit	pay	insu
index	0.00241*** (0.0001)					
cov		0.00231*** (0.0001)				
dep			0.00222*** (0.0001)			
digit				0.00138*** (0.0001)		
pay					0.00182*** (0.0001)	
insu						0.00077*** (0.0001)
ind	0.00123*** (0.0003)	0.00264*** (0.0004)	0.00094** (0.0004)	0.00441*** (0.0006)	0.00230*** (0.0004)	0.00471*** (0.0005)
depo	0.00321** (0.0016)	0.00655** (0.0027)	0.00469** (0.0020)	0.00636** (0.0025)	0.00368* (0.0020)	0.00812*** (0.0030)
empl	−0.1320*** (0.0402)	−0.1600*** (0.0468)	0.02130 (0.0809)	−0.1360*** (0.0485)	0.0190 (0.0696)	−0.1670*** (0.0489)
gov	0.05670*** (0.0111)	0.0447*** (0.0116)	0.0686*** (0.0134)	0.1010*** (0.0167)	0.0715*** (0.0145)	0.0839*** (0.0146)
pconst	−0.00935 (0.0067)	−0.00581 (0.0085)	−0.0149** (0.0074)	−0.00896 (0.0080)	−0.0175** (0.0085)	−0.00654 (0.0092)
_cons	9.0840*** (0.0728)	8.7760*** (0.0841)	9.1500*** (0.0875)	8.4280*** (0.1220)	8.9000*** (0.0926)	8.3920*** (0.1170)
N	2 065	2 065	2 065	2 065	2 065	2 065
R^2	0.849	0.820	0.809	0.809	0.814	0.778

由表8-4可知，5个子指标的系数均显著为正，与基准回归结果一致，表明模型具有较好的稳健性。从系数大小来看，5个子指标对

城镇居民消费水平的影响均没有数字普惠金融指数的影响大，覆盖广度、使用深度和数字化水平对于城镇居民消费水平的影响则依次递减，支付比保险更能促进城镇居民消费水平的提升。

表8-5 农村稳健性检验结果

	rural	cov	dep	digit	pay	insu
index	0.00429*** (0.000088)					
cov		0.00411*** (0.000118)				
dep			0.00361*** (0.000115)			
digit				0.00244*** (0.000117)		
pay					0.00332*** (0.000091)	
insu						0.00132*** (0.000050)
ind	0.00072* (0.000392)	0.00273*** (0.000513)	0.00164*** (0.000515)	0.00635*** (0.000758)	0.00194*** (0.000455)	0.00689*** (0.000773)
depo	−0.00251 (0.001840)	0.00709*** (0.002700)	0.00392 (0.002960)	0.00591 (0.003610)	−0.00168 (0.002260)	0.01070*** (0.003860)
empl	−0.12300 (0.076900)	−0.18700*** (0.068900)	0.13100 (0.11800)	−0.15800* (0.095800)	0.14000 (0.10600)	−0.21000*** (0.080900)
gov	0.02910 (0.017700)	0.00473 (0.018100)	0.06340*** (0.024300)	0.10900*** (0.029100)	0.04950** (0.023900)	0.08210*** (0.024500)
pconst	−0.00379 (0.014100)	−0.00047 (0.012000)	−0.01590 (0.017000)	−0.00475 (0.016000)	−0.02020 (0.015000)	−0.00348 (0.018800)
_cons	8.20800*** (0.087100)	7.75100*** (0.112000)	8.01700*** (0.115000)	7.03200*** (0.164000)	8.02600*** (0.103000)	6.96500*** (0.168000)
N	1 907	1 907	1 907	1 907	1 907	1 907
R^2	0.896	0.877	0.816	0.852	0.866	0.812

由表8-5可知，5个子指标均为正且在1%的水平上显著，与基

准回归结果一致，表明模型具有较好的稳健性。5个子指标对农村居民消费水平的影响与城镇类似，通过将城镇与农村居民消费水平的回归结果进行对比可以发现，农村地区数字普惠金融及其子指标对于居民消费水平的提升更为明显，这进一步验证了H1。

4.内生性检验

考虑到基准模型中可能存在既影响居民消费水平又影响数字普惠金融的因素，可能会导致基准回归结果出现偏差，本章选择数字普惠金融指数的滞后一阶与其一阶差分的乘积（$L.index \times D.index$）、移动电话用户数（$mobile$）、互联网用户数（$internet$）作为工具变量，采用两阶段最小二乘法（2LSL）进行回归分析，结果见表8-6。

表8-6　　　　　　　　　　工具变量法回归结果

	$L.index \times D.index$		$mobile$		$internet$	
	城镇	农村	城镇	农村	城镇	农村
$index$	0.00119***	0.00259***	0.00279***	0.00471***	0.00228***	0.00469***
	（0.0002）	（0.0003）	（0.0002）	（0.0003）	（0.0002）	（0.0003）
ind	0.00551***	0.00633***	−0.00039	−0.00097	0.00181*	−0.00088
	（0.0008）	（0.0011）	（0.0008）	（0.0014）	（0.0010）	（0.0014）
$depo$	0.00950***	0.01250***	0.00104	−0.00614**	0.00399***	−0.00594*
	（0.0012）	（0.0026）	（0.0012）	（0.0031）	（0.0014）	（0.0031）
$empl$	−0.10200*	−0.06970	−0.16900***	−0.15300**	0.06220***	0.01330
	（0.0562）	（0.0790）	（0.0460）	（0.0623）	（0.0119）	（0.0169）
gov	0.10400***	0.09570***	0.04140***	0.01240	−0.11900**	−0.15100**
	（0.0117）	（0.0166）	（0.0106）	（0.0171）	（0.0474）	（0.0620）
$pconst$	0.01400	0.02370	−0.00853	−0.00174	−0.00965*	−0.00186
	（0.0141）	（0.0187）	（0.0056）	（0.0073）	（0.0055）	（0.0073）
$\_cons$	8.22300***	7.03800***	9.42200***	8.56700***	8.96100***	8.54700***
	（0.1620）	（0.2230）	（0.1710）	（0.3000）	（0.2120）	（0.2950）
N	1 785	1 634	2 065	1 907	2 065	1 907

由表8-6可以看出，城镇和农村地区数字普惠金融的回归结果均显著为正，且农村地区数字普惠金融促进居民消费水平提升更为显著，说明基准回归结果可靠性较高，H1仍然稳健。

8.4　本章小结

本章运用2011—2018年285个地级市的面板数据，采用面板固定效应模型对两个假设分别进行检验，得出以下结论：

首先，数字普惠金融能够显著促进居民消费水平的提升，且该作用在农村地区更明显，通过了替换核心解释变量的稳健性检验以及以 $L.index \times D.index$、$mobile$ 和 $internet$ 为工具变量的2LSL检验，缓解了内生性问题。而且，数字普惠金融覆盖广度、使用深度和数字化水平对于城镇居民消费水平的影响则依次递减，支付比保险更能促进城镇居民消费水平的提升。

其次，居民收入水平在数字普惠金融影响居民消费水平中发挥中介作用，并且在城镇地区中介作用接近完全中介，在农村地区中介作用占比约为2/3（65.78%）。

依据以上研究结论，本章对于我国数字普惠金融的发展提出以下建议：

第一，推动数字普惠金融协同化发展。

一方面，要加强多方主体参与推动协同发展。加快建立健全以银行、非银行金融机构、金融科技企业等为服务主体，以阳光信贷、供应链金融、消费金融等为服务途径，以普惠小微企业、乡村振兴发展等为服务对象，以数字支付平台、数字信用档案等为基础设施的数字普惠金融生态系统。推动政府、企业、银行等金融机构加强沟通协调、促进信用信息共享、防范并化解各类风险，充分发挥金融的包容性特质，综合施策与精准发力相结合，共同打好"组合拳"，建立"政企银"联合的长效机制。另一方面，要以数字普惠金融发展为红线，贯穿消费金融、农业供应链金融、绿色金融等多种新型金融协同发展，持续以金融活水润泽实体企业，助力乡村振兴。

第二，推动数字普惠金融系统化发展。

一是要拓展数字普惠金融覆盖广度。适当放宽数字普惠金融服务的准入门槛和适用条件，持续扩大非银行金融机构数字普惠金融业务份额；贴合老年群体使用习惯，开发老年人友好型线上服务，包括清晰的界面、简便的操作、暖心的防误触功能，扩大老年群体用户。

二是要挖掘数字普惠金融使用深度。深耕普惠金融业务，开发适应客户个性化、定制化需求的金融产品，提高客户金融参与度；增强数字普惠金融抗风险能力，加强风险管理和监测监管，防范开发客户过程中潜在的算法歧视、信息滥用、诱导不当营销等技术风险，保障普惠金融使用者权益。

三是要夯实数字普惠金融数字化基础。强化数字基础设施建设，成立数字技术研发中心，加强数字技术驱动，不断探索数字技术与普惠金融的融合方式。

第三，推动数字普惠金融差异化发展。

针对东、中、西各地区以及城乡不同的发展情况，对症下药、因地制宜地制定差异化政策扶持数字普惠金融发展，促进区域协调发展。东部地区和城市区域基础设施、经济发展水平等各方面发展较好，应加强进出口小额贸易及商业流通类数字普惠金融产品的研发与推广；中西部地区和农村地区第一产业占比较大，应聚焦数字普惠金融对乡村振兴的促进作用，加强农村互联网基础设施建设，提高农村互联网普及率；加强宣传教育，通过知识竞赛、学习答题等模式普及互联网知识，提高农村金融从业者和农民的数字金融素养，引导农户更好地使用数字金融；加快研发与"三农"相关的精准性数字普惠金融产品，为中西部地区的智慧农业、农具机械化、农业保险等提供全面金融支持。

第 9 章

区块链技术驱动的流通业融合创新

9.1 区块链技术驱动流通效率提升

9.1.1 区块链技术概述

区块链技术的研究最初源于对数字货币（比特币）的关注（Nakamoto，2008）。随后，研究者逐步发现，区块链具备分布式存储、不可篡改、时间戳等特性，可以成为数字经济时代值得信任的技术（Becker et al.，2013；Evans，2014；Badev and Chen，2014）。

研究者一般认为，区块链技术具有以下五个重要属性：

（1）不可篡改性：交易一旦被验证，就不能被人恶意改变。

（2）公共性：所有参与者都共同使用一个单一的记录，避免争议。

（3）可追溯性：有完整透明的交易历史便于审计追踪。

（4）自动化：命令和事务可以在预先设置的条件下自动执行。

（5）去中心化：每个节点都是独立自主的，不能被某一中心强制控制。

2015年开始，区块链成为研究热点（Swan，2015；Yli-Huumo，2016）。区块链的经济功能之一是作为底层技术支持发行数字货币（Hileman，2016）。数字货币可以支持交易平台的运行（McMillan，2014），提高支付效率，鼓励网络社区扩大生产与消费活动（Gans and Halaburda，2015；Baron et al.，2015），形成"通证经济"模式（Athey et al.，2016）。

此外，区块链可以基于智能合约减少交易费用（Yermack，2015；Peters and Panayi，2015），从而不再需要中心化的信任调节机构（Kosba et al., 2015）。从国内来看，2016年以来，学术界对区块链的研究逐渐升温（袁勇、王飞跃，2016；刘阳荷、宋琳，2019）。有学者认为，区块链被人们作为一种新模式进行开放式创新，也被作为协调产业融合的一种新载体（渠慎宁，2020）。

9.1.2 区块链技术的显著信息优势

当前，数字经济蓬勃发展，区块链等数字技术赋能流通业，对于提升流通效率、畅通国民经济循环、加快构建新发展格局以及建设国内统一大市场，具有重要的现实意义。区块链技术在流通业的应用已得到学术界、企业界和政府部门的广泛关注。区块链是一个端对端的网络结构，简化了流通运行过程中B2B整合流程并实现了微观层面的万物互联，能够有效提高流通效率。例如，在国际B2B电子商务中，区块链技术提升了物流和数字文件维护的效率，优化了组织流程，提高了流通企业的盈利能力及其行业竞争力（Marjaneh，2020）。

相关研究表明，区块链技术可应用于供应链的各个维度——从设计、制造、销售到使用。它有助于改变供应链企业对产品列表、价格发现、产品搜索、物流和客户体验的管控方式，可以为参与这一过程的所有不同主体提供收益（Subramanian et al., 2020）。区块链技术可以保障商品从原产地到最终客户的可追溯性，大大提升了供应链信息的透明度，从而使流通企业获得消费者的广泛信任（Adams et al., 2018）。

区块链技术在流通业应用时具有显著的信息优势。首先，区块链技术不可篡改的特性可以应用于流通业渠道整合创新中，消除了在流通渠道中出现的各种不安全因素，如虚假信息、恶意操纵、商品来源不明等。其次，区块链具有公共性和可追溯性，这是一种在现代供应链中跟踪货物流动的能力，基于该技术可以追踪有关产品的全部信息，为供应链参与者提供所有交易数据和实时执行阶段的信息，并保证数据的真实性和完整性，使整个流通渠道更加透明。最后，基于区块链的自动化和去中心化特性，没有任何组织或政府可以控制区块链中的数据或干预各方参与信息交流，他们只能对供应链主体行为进行规范、检查主体发送的信息的真实性等。

区块链技术在流通业的应用最初是商品溯源，主要是为了取得消费者的信任（Walport，2016；Alam，2016）。随后，学者们对区块链在供应链管理中的应用进行了研究（Casado-Vara et al.，2018；Behnke and Janssen，2019；Kamble et al.，2019）。有研究发现，基于区块链的农产品流通组织创新能够兼顾交易信息的安全性、开放性和企业信息的私密性，自主实现资源供需分配（Leng et al.，2018；Queiroz and Wamba，2019）。为了更好地服务于目标客户而不是竞争对手，区块链使管理者能够快速开发和提供复杂的供应链产品（Madhwal and Panfilov，2017；Tnnissen and Teuteberg，2019）。

国内学者的研究主要集中在区块链驱动供应链升级方面。例如，有学者发现依托区块链技术平台构建的供应链效率更高（张夏恒，2018），区块链技术可以解决支付结算不能自动化、传统供应链信息不对称、信用无法传递等痛点（相里鹏、曲勋杰，2018）。而且，区块链与供应链的融合创新有助于降低成本，实现信息的公开透明，提高流通效率（洪涛，2016；杨慧琴等，2017；胡田田等，2018；何黎明，2019）。

9.1.3 区块链技术驱动流通效率提升

现代流通业承载着商流、物流、资金流和信息流的运行，随着区块链技术优势的不断凸显，区块链技术与流通业的结合，特别是在供应链和物流领域的应用引起了全社会的广泛关注。互联网时代，人们已经习惯线上购物，电子商务的飞速发展对物流行业的要求也不断提高。

然而，在线贸易一直伴随着三个方面的问题：隐私、安全和包容，物流过程也存在着交通运输问题、商品丢失损坏问题、食品安全问题、信息安全问题等，区块链技术的出现有望解决上述问题。研究表明，区块链技术具备一定的信息优势，能有效提高商流、物流和资金流的效率，并进一步提升消费者信任，在一定程度上改变流通业运行方式，提高运行效率，重构流通业价值。

1.区块链可以提高商品流通效率

交易中合约的签署往往涉及多方，而且由于复杂的工作协调和文件签署流程，商品销售周期通常很长，当涉及跨境交易或基于不同法律体系时合约的签署变得更加复杂和高成本。基于区块链技术的智能合约能够自动执行事先商定的程序，它用代码表示合约条款，由计算机自动判断执行合约的节点，当满足预先设置的条件时，智能合约开始自动执行合同条款，而无须人工签字。智能合约能够自动签订订单，自动转移支付货币和其他资产，可以取代各种类型的金融协议，简化了交易流程，降低了交易成本，提高了商品流通效率。

另外，区块链技术有助于改善可持续的供应链管理，创造新的管理模式，提高管理效率，强化竞争优势（Saberi et al., 2019）。在文件密集型背景下，区块链技术与供应链相结合，实现了供应链操作的自动协调，可以创造新的供应链运行模式，防范造假问题、改善库存管理、加速新产品设计和开发（Cole et al., 2019）。

2.区块链可以促进物流效率

物流网络正变得越来越复杂，目前全球物流发展的特点是计划和控制过程的自动化和数字化，价值创造系统的整体"端到端"定位，其目的是满足不同的客户需求，并全面提高可持续性。物流系统包含着众多利益相关者，如生产商、进出口商、物流公司、金融机构、基础设施运营商、国家管理机构以及消费者，有大量信息在该系统中流动，产生了大量文件，其中绝大部分是手动创建和处理的。

区块链技术的应用，可以有效提高基于数据和代码的标准化和自动化，提高生产力并降低交易成本、减少错误及冲突（Seebacher和Schüritz，2017）。其具体应用为进行发收货记录、跟踪货物运输和售后服务，缓解订单延迟、货物损坏和数据重复问题，为供应链上的交易提供高度的安全性和效率（Dujak et al.，2019）。同时，区块链技术能够保障产品数据和物流信息的公开性，使交付更加高效透明，有助于分散物流，优化物流管理，提升物流效率。

3.区块链可以提高资金流效率

安全性、匿名性、去中心化等特性使得基于区块链技术的货币成为一种替代的支付方式，微软和贝宝已经推出了替代支付货币。这些加密货币有很多优势，例如，用户可以以一种更安全和匿名的方式进行交易，国际支付可以以更低的成本进行，没有中间商的开销等。加密货币可满足供应链网络的各种支付目的，促进网络内的资金转移，加速现金流动。

同时，在区块链技术的推动下，传统供应链金融的运行流程得到优化。基于区块链技术的供应链金融保证了各主体之间信息流的可见和可追溯性，加速了整个供应链的运行流程，同时支持各种融资场景，如反向保理、反向证券化等，优化了融资模式，扩展了融资渠道，降低了融资成本，有助于优化供应链整体的财务结构。区块链技术还加强了对供应链整体金融风险的监测，缓解了信息滥用、记录篡改、交易无法验证等问题，使信息共享准确、可靠、安全（Chen et al.，2020）。

4.区块链可以提升消费者信任度

区块链技术使用分散的数据存储来确保交易过程的防篡改、透明度和可追溯性，不仅确保了数据质量，也避免了许多信任问题。区块链技术不仅能存储有关产品的全部信息，便于进行产品质量认证，还能用于数字化追踪。区块链技术通过追踪原材料、生产和运输数据等，明确产品来源，切实保护了消费者利益。如果消费者食用了有问题的产品，特别是有问题的生鲜食品和药品，其生命健康受到威胁，销售商可以立即查看产品流动的整个过程，找到问题产品的来源，并将问题产品从市场上清除。

另外，区块链技术支持开发透明的绩效管理系统（White，2017），通过对客户订单进行过程追踪和评估，明确团队中每个成员的贡献，有助于改善工作人员的表现，从而创造更优质的客户服务体验。而且，为了适应不断变化的客户消费习惯，运用区块链技术对客户消费行为进行分析，可以在客户订单管理程序中设置高级定制规则，依据客户喜好量身定制，以便更快地响应客户，有效提升消费者服务效率。

9.2　区块链技术驱动流通业融合创新的经验

9.2.1　典型企业应用区块链的模式创新

1.全球最大的零售商沃尔玛和 IBM 合作推出 Food Trust

沃尔玛与 IBM 合作开发了基于区块链技术的食品供应链管理系统——Food Trust，将美国市场上的芒果和中国市场上的猪肉作为试点项目，成功监测了这两种食品在供应链上的可追溯性和透明度。沃

尔玛、IBM 和清华大学的研究表明，以传统方式追踪芒果源头需要 6
天 18 小时 26 分，而基于 Food Trust，只需 2.2 秒，效率得到了根本性
提高。Food Trust 追踪猪肉从养殖到销售的全过程，供应链上的透明
度也得到了大幅提升。

区块链技术使整个食品供应链实现了数字化，有效克服了供应链
管理中的数据缺失、数据共享困难等问题，提升了供应链管理效率
（Queiroz et al.，2019），在保障食品安全、防止食品浪费、强化食品
企业安全责任等方面取得了积极成效，为区块链技术在食品行业的全
面应用提供了成功的范例。

2. 全球航运巨头马士基和 IBM 合作推出 TradeLens

马士基与 IBM 合作开发了国际贸易区块链平台 TradeLens，该平
台创建了一个信息共享交易视图，航运供应链上的任何一方可以随时
查看与货物装运有关的详细信息，如运输计划、设备号、提单号、集
装箱位置等，动态精密地控制运输过程的各个阶段，并且对所有关键
行动提供加密审计跟踪。即使计划内的运输流程遇到意外情况，
TradeLens 也能立即显示运输计划的变化从而给供应链上的其他方留
出反应时间。

该平台上的每个参与者都能安全、实时、无缝地交互物流信息，
从而有效提升了航运物流的可视性。航运过程的数字化和自动化使管
理者可以在整个供应链范围内，规划最优运输路线，更安全地提交、
认证和审核文件，有效减少了物流时间和成本，给航运业及物流业带
来革命性的改变。

流通企业应用区块链技术的模式创新表明，区块链技术在流通领
域有巨大的发展潜力。区块链技术支持信息资源共享，有效降低了流
通业中的信息壁垒，提高了整个流通过程的可追溯性和透明度，同时
简化了交易流程，节约了流通时间和成本，确保了流通的安全性。区

块链技术在现代流通业的应用，创造了新的运行模式，有效提升了流通企业效率，提高了企业自身竞争力，促进了整个流通业创新发展，进而推动更高效、更安全的全球贸易发展。

3.亚马逊的云计算与区块链服务

亚马逊的业务板块分为三个部分：北美市场、国际市场和AWS，其中AWS是2013年新划分出的板块。2020年亚马逊公司的第四季度收益报告显示，北美市场的营业收入为86.51亿美元，国际市场的营业收入为7.17亿美元，AWS的营业收入为135.31亿美元。由此可见，AWS是三大板块中营业收入最高，增幅最显著的业务。

为了优化支付，改善物流以及打击假冒伪劣，提高AWS云计算业务盈利能力，亚马逊整合区块链工具，以适应电子商务和消费领域的变化趋势。2018年4月，亚马逊推出了区块链模板（Blockchain Templates），其支持以太坊和超级账本Hyperleger Fabric项目。基于区块链的人工智能计算平台Tatau，可以在其区块链上对未使用的资源进行数据处理和图形渲染，并且可以在AWS庞大的网络上迅速扩展开来。AWS既可以将这些服务作为大型BaaS产品的一部分，也可以将其作为降低运营成本的、分配巨大价值的独立服务。

截至2020年，亚马逊在北美地区已经拥有611家实体店。其在线商店销售额为1 973.46亿美元，实体店的销售额为162.27亿美元。亚马逊在全渠道零售的基础上，大力发展O2O模式，致力于打破线上、线下的渠道壁垒。利用云计算、大数据和算法等数字技术赋能线下门店，实现销售信息和营销信息的双向联动。通过Prime会员机制收集客户信息，生成全面的客户画像，为精准营销和精准供货提供了数据支持。亚马逊的实体店与亚马逊线上渠道的价格保持一致，均为Prime会员提供相应的优惠。

9.2.2 主要发达国家的政策支持经验

数字化政策是当今最重要的国家战略之一，而作为领导经济数字化转型的关键技术，区块链技术浪潮涌向了一个新高度。对于区块链技术的研发，各个国家都展示出了极大的兴趣，都希望在关键技术领域有所突破，以增强在技术革命中的竞争力。不同国家对区块链技术应用的包容度不同，很多国家将其视为国家战略的重要组成部分，而包括中国在内的一些国家则禁止基于区块链技术的加密货币交易。下文梳理了世界主要发达国家的区块链政策。

1.区块链技术开发方面的政策支持

2017年之前，美国对区块链技术一直保持警惕且友好的中立态度，2018年之后才开始注重区块链技术的发展。2018年美国国家科学技术委员会发布了《美国先进制造业领导力战略》，提出要对区块链技术进行研究。之后，美国联邦政府支持各部门参与区块链技术研发，如美国国土安全部和国家科学基金会对区块链项目进行资助，支持高校与企业开展区块链方面的研发工作。美国国防部和能源部也尝试将区块链用于网络安全保护以及基础设施安全保护。2020年，美国企业区块链项目的投融资交易远远领先于其他国家，主要集中在数字资产、平台开发、互联网金融等领域。

亚洲国家中，日本对区块链技术最为包容，尤其是在数字货币方面。2017年，日本通过立法，允许虚拟货币和日元进行1：1兑换，这是世界上首个正式承认虚拟货币为合法支付手段并将其纳入法律体系的国家。在日本主要是金融机构和高校引领区块链技术研究和发展，例如，日本三大金融机构之一的瑞穗金融集团赞助了日本第一个区块链联合办公空间，九州工业大学建立了区块链研究实验室等。日本的区块链初创企业也得到了政府、企业和大型金融机构的大力支持，为其设立了投资基金和研究所等。

欧洲国家中，英国对区块链技术的态度最为开放，区块链政策也相当积极。2016年，英国政府发布的报告《分布式账本技术：超越区块链》，肯定了区块链的价值。在接下来的两年比特币价格暴跌的情况下，英国的区块链研发企业仍然获得了巨额的资金支持，投资额位居全球前五。英国技术发展部门也为区块链项目提供了大量支持，这些项目致力于在新兴科技领域推出新产品和新服务。瑞士联合银行还建立Level39研究与开发实验室用来探索区块链技术。

2.区块链技术应用方面的政策支持

作为全球第一大经济体，美国联邦政府积极鼓励区块链技术创新与应用，以确保美国在关键技术上的全球领先地位。2021年，美国第117届国会提出了35项关于加密货币和区块链政策的法案，提出要重点关注在政府内部推广区块链技术，积极推动联邦政府和州政府构建相关系统、制定相关法律，并推动其在其他领域取得更广泛的应用。各部门也在积极配合出台相关政策支持其应用，包括通过立法承认区块链技术在进行电子交易时的法律权威、对区块链交易给予税收优惠等。

日本是全球区块链技术领先的国家之一。2017年，日本就在中央和地方政府的行政系统中引入区块链技术。2020年东京奥运会期间，日本政府积极推动加密货币替代其他支付方式，以提高便利度。目前，日本企业支持的区块链项目主要集中于金融服务和供应链方面，政策制定者正尝试在社会基础设施中采用该技术，同时为私营部门提供支持。该技术也正被各行业测试用来解决复杂的供应链和物流管理问题，大多数日本制造商、供应商和大规模的物流公司预计将在未来几年内实施该技术。

在英国，区块链技术已经在能源、媒体、公共管理、金融系统等多个领域实现应用，政府部门还专门成立了跨党派区块链小组以保障整个社会从该技术中获益。英格兰银行基于区块链技术重建了即时全额结算系统（RTGS），用来支持央行数字货币，新系统预计于2021年投入使用。英国政府还与Credits合作，使中央和地方政府、行政部门、卫生部门、教育部门、应急服务部门、国防部门和非营利组织都能利用该平台建立应用程序和服务，为公共机构提供更大的灵活性。

9.2.3 区块链技术驱动流通业融合创新的对策

1.微观层面的对策措施

（1）提高区块链应用意识促进流通企业发展

为了提高流通企业的区块链应用意识。一方面，流通企业应当明确自身发展目标，增强区块链技术与企业融合的意识，结合自身发展情况，充分发挥区块链技术对流通企业的促进作用。还可以利用区块链技术提高行业服务能力，针对传统流通企业中的信息不对称问题，通过区块链技术改变企业的运营模式，使得交易更加透明便捷。另一方面，运用区块链技术推动企业的转型升级，根据市场需求，对区块链技术进行深度开发，开展市场需求与研发生产的双向互动。

（2）鼓励企业应用区块链手段拓宽国际市场

在全球经济一体化背景下，随着国家之间贸易交往日益频繁，在互联网及信息技术的普及等多种因素的作用下，跨境电商应运而生。其缩短了国家间、个体间的时间与空间距离，因此越来越多的企业通过跨境电商进行国际贸易，但是消费者对于跨境电商的商品质量问题仍存在疑虑。

而区块链技术基于去中心化的特性，以及追踪溯源的信任机制，打破跨境电商业务中品牌商、渠道商、零售商、消费者之间的信任鸿沟，使消费者接触到国外更多高品质的产品。一般来讲开展这项业务可以通过两种方式实现。一是对于国内流通企业，跨境电商平台与供应商特别是跨国企业之间，内部环节需要进一步协调；二是企业鼓励消费者养成先扫码查询真伪的习惯，对企业的流通产品进行监督。

（3）搭建基于区块链的电子商务平台

电子商务改变了人们的购物和生活方式，为人们带来了极大的便利，但同时支付、供应链管理、数据安全等方面的问题也相继产生，目前的电子商务模式并不能一次性解决这些问题，唯一的办法就是区块链技术。由于区块链上存储的数据几乎是不能随意改变和破坏的，因此，区块链技术可以推动可视化供应链网络的构建，消费者可以清晰地查看其购买的商品的流动情况，这增强了消费者的信心。

关于信息安全，当前电子商务平台存在的主要问题是数据的安全储存问题和消费者隐私问题，由于区块链技术的去中心化，消费者数据分散储存，不易受到攻击。而且，智能合约将帮助基于区块链的电子商务平台用户以更好、更自动化的方式进行系统交互。

为此，一是要完善企业电子商务系统，将传统管理模式转变为基于区块链技术的系统管理，这对于企业的发展至关重要。二是要在企业融入区块链技术的电子商务平台基础上，加快拓宽企业与市场的信息交互渠道，提高流通效率。可以先以大型企业为重点，基于区块链技术建立现代化的物流配送系统。

（4）运用区块链技术，加快现代化物流快递中心建设

电子商务的蓬勃发展，带动了快递业的爆发式增长，但近年来快递业增速逐渐放缓，原因在于，电子商务的迅速发展势头已经过去，人口红利所产生的巨大网购推动力已接近尾声，而快递业进入门槛低，行业发展初期无节制，市场竞争激烈，导致价格战频发。且快递业中用户隐私泄露、无法保证信息真实性以及赔偿机制不完善等问题

有待解决。

将区块链技术引入到现代化物流快递中心的建设，首先，去中心化问题在技术上得以解决，从而解决了行业内部的相互信任的问题。其次，账本由集体维护，接受所有人审查。再次，区块链技术使得交易双方可以匿名进行交易，企业和用户信息受到保护。最后，智能合约的应用，使得每笔订单能够在没有第三方的情况下进行可信交易，这些交易可追踪且不可逆转。

2.中观层面的对策措施

（1）积极引导区块链技术发展的过渡机制

徐忠、邹传伟（2018）在《区块链能做什么、不能做什么》一文中将区块链的应用分为四类：第一类应用不涉及 Token，主要将区块链作为分布式数据库或去中心化数据库来使用；第二类应用以 Token 代表区块链外的资产或权利，以改进这些资产或权利的登记和交易流程；第三类应用以 Token 作为计价单位或标的资产，但依托区块链外的法律框架和主流经济合同；第四类应用试图用区块链构建分布式自治组织。考虑到流通业更多涉及供应链管理、数据共享、防伪溯源等应用，因此区块链的应用方向属于第一类。

第一类应用充分发挥区块链的共享账本功能以提高劳动分工协作效率，不直接涉及产权和风险的转移，面临的主要问题是如何保证区块链外信息在源头和写入区块链环节的真实准确性。联盟链因为仅对授权节点开放并受到现实世界的约束，比公有链更适合这类应用。基于这一问题，首先，可以建立区块链在流通行业中的过渡机制。因为去中心化和中心化场景各有适用的场景，目前完全的去中心化和完全的中心化场景都不多见，很多区块链项目要想落地，需要相应的过渡机制，在以去中心化为目标的基础上，在后期适当引入些中心化成分。其次，可以设立可信任的中心化机构，在区块链的源头对信息的真实度加以辨别。

（2）推动区块链技术与流通产业融合建设

信息技术用于流通业中，能够降低流通成本，提高流通效率。但目前区块链技术仍处于发展阶段，难以实现完全的去中心化，制度和民众信任方面也存在较大难题。结合流通业的发展现状，本章认为应该采取以下措施促进区块链与流通产业融合发展：

首先，设计开发与流通业相匹配的区块链模块。当前的区块链技术主要用于金融行业，在流通行业的开发较少，因此要提高流通业效率、全面推进流通现代化，必须结合流通业的发展实际，开发出具有针对性的区块链技术，促进区块链技术与流通产业的融合从而提高行业的信息化水平。

其次，加快区块链专业人才队伍建设。目前区块链技术应该在行业落地已经成为人们的共识，但是在流通行业中从业者技能和文化水平偏低以及区块链专业化人才缺乏降低了二者融合的效率。因此，加强区块链专业人员队伍建设是区块链与流通业融合的人力资源保障，对提高流通业水平至关重要。

吸引专业化人才进入流通产业中，一方面能够满足区块链结合实际情况落地的需求，另一方面能够满足流通产业对于专业人才的需求。具体的措施有：通过培训班普及区块链的基础知识，营造良好的学习氛围，鼓励人们了解和学习区块链技术；搭建流通企业和科研机构、高等院校之间的桥梁，建立区块链技术信息化服务站点；吸引多领域人才，组建专业团队参与区块链技术与流通业融合的政策制定和实施；加强国际交流，举办相关论坛或者经验交流会，借鉴人才培养办法。

3.宏观层面的对策措施

（1）坚持流通产业市场化导向，完善政府支持政策

自改革开放以来，我国流通产业已基本实现了市场化转变，在流通业中将市场机制作为资源配置手段的趋势也越来越明显，产品、生产资料以及消费品等都在市场的指导下进行生产和流通。但政府的宏观调控对流通业发展也至关重要。

党的十九大报告指出，"支持传统产业优化升级，加快发展现代服务业，瞄准国际标准提高水平"。

流通产业承载着商流、物流、信息流和资金流的立体化运行，提供了供需双方进行价值交换和创造的平台，是供给侧结构性改革与消费结构升级背景下促进经济高质量发展的关键。

虽然我国流通产业在政策指导下取得了巨大的进步，但是仍存在组织结构不合理、跨境电子商务发展层次不高、流通产业带动乡村振兴的机制不完善等问题。

当前互联网产业发展如火如荼，随着区块链理念下基于多中心的交易验证技术、制度和组织的发展，流通产业创新发展迎来了新的机遇。要想进一步推动流通产业的发展，需将区块链与流通业的融合继续以市场化为导向，并且政府也应适时、适度给予调控。

将区块链技术引入流通产业中，在调控手段和机制方面，应充分发挥市场机制的决定作用，提高调控效率，减少对市场的干预。具体可以采取以下几种手段：

一是将区块链技术引入到流通网络中，立足实际情况，在科学合理布局的原则下，整合、改造或者增加相关流通网点。

二是推动区块链技术在商品流通领域的应用，搭建相关流通领域公共信息服务平台，加大区块链技术在流通企业中的应用，提高流通企业的管理水平。

三是完善商品的规范编码体系。以往的商品编码工作虽然有所成效，但是由于行业差异、部门分割等原因并没有形成统一的国家标准。不同的商品管理信息系统通常采用不同的商品编码。因此，在流通信息化的过程中，商品的统一编码是必要的，只有建立了规范的编码体系，才能够实现不同商品间的信息连接和资源共享。

四是积极培育将区块链技术成功"落地"的模范流通企业，支持中小流通企业创新服务内容，推出符合需求的特色服务，鼓励流通产品的品牌创新。

（2）制定区域产业政策，促进流通业协调发展

要高度重视流通业发展中的区域差异，制定有效的区域产业政策，促进流通产业的协调发展。

我国东、中、西部地区在技术发展上存在显著差距，西部地区的流通业发展明显落后于东部和中部地区。具体可以从如下几个方面制定政策：

首先，针对不同地区的发展状况给予区别指导。相比于西部地区，东部和中部地区的技术进步和效率水平方面有明显的优势，因此，在引导区块链技术与流通产业融合方面，应以西部地区作为试点，对周边城市形成"示范效应"，同时向西部地区引入更多流通资源、加大技术投入，促进其效率水平和技术水平的全面提升。

其次，给予西部地区政策支持上的倾斜，增加财政投入，扩大流通业以及信息化基础设施的覆盖范围，并推进现有批发市场、物流设施、道路交通等的改造升级。

最后，建立区域间的联动发展机制，促进区域间市场的开放。建立激励机制，促进东、中、西部地区的流通业资源共享。

9.3 基于区块链的我国数字货币发行①

9.3.1 我国数字货币发行的背景

伴随着信息技术的发展，特别是区块链技术的应用，数字货币成为研究热点问题。在当前国内国际双循环大背景下，数字经济是国内国际双循环的抓手，数字货币又是数字经济的交易媒介与价值尺度，这些都使得数字货币的推出与使用成为趋势。目前，世界上主要国家都在进行中央银行数字货币的研发，截至2021年，已经发行的有6家，计划推出的有7家，仍在探索的有9家。我国数字货币试点工作也在稳步推进。

应该注意的是，数字货币由于其自身的优点，成为了货币形态演化历史中的又一创新。同时，数字货币作为新兴事物，各个国家都缺少对其进行发行与管理的经验。这也意味着，对世界各国而言，数字货币都是一场机遇与挑战。因此我们有必要针对数字货币的发行意义、数字货币的特征与优势以及发行数字货币过程中可能面临的困难等问题进行系统性的研究。

总的看来，我国发行数字货币的技术与时机业已成熟，数字货币作为新生事物，将会给我国带来深刻的机遇与挑战。我国数字货币的发行，能够从多方面突破当下货币体系的桎梏，从而为国内经济转型与国际金融体系完善提供着力点。我国政府必须结合数字货币自身特点，明确数字货币的流通办法，制定合理的政策法规，加快数字货币金融体系的建立，推进数字货币的发行和使用并积极应对发行数字货

---

① 朱晨之，庄尚文. 我国数字货币发行：意义、特征及问题探讨［J］. 商业经济研究，2021（20）：168-171. 本节参考了前期发表的论文，并进行了适当修改。

币可能面临的挑战。

9.3.2 我国数字货币发行的意义

我国发行数字货币具有重要的意义，这不仅能够促进国内经济金融的改革发展，而且对世界货币体系也有着深远的影响。在本节中，笔者将对我国发行数字货币的重要现实意义做出相关说明，以期能够尽可能地阐述出我国发行数字货币的必然性。

1.发行数字货币是货币演进过程中的必然路径

数字货币满足了货币形态演进的大趋势，发行数字货币是互联网技术发展与货币形态演进过程相互结合产生出的必然路径。从货币形态演进的历史过程看，货币从远古时代的以货易货形态（无货币状态），过渡到贝壳（产生货币），再过渡到金银铜铁等贵金属的金属货币，再过渡到以国家或地区信用为基础的纸质货币，并在国际上形成了国际货币基金组织。

回顾货币的演进历史可以发现三个规律：

第一，货币从无国家信用背书过渡到有国家信用背书（这在数字货币中对应于由无国家主权的数字货币（如比特币），发展成为国家发行的、有国家信用背书的数字货币）。

第二，货币在形态上越来越适应货币流通的需要（从牛羊到贝壳、到金银、到纸币、到电子货币、再到数字货币）。

第三，货币的影响力越来越大，这也是由于前两者的结合导致的。在纸质货币的形态下，各国成立了国际货币体系，拥有强大国家信用背书的货币（美元、日元、欧元等），使得货币不仅在国内可以流通，而且跨越了国界。由此推算，数字货币也极有可能拥有强大的国际影响力，从而进一步改变国际金融体系。

货币的演变过程见表9-1。

表 9-1   货币的演变过程

经济形态	货币形态	发行主体
传统经济	实物货币（贝壳、金银等）	
现代经济	纸质货币	政府发行
信息经济	依附于国家金融体系的电子货币	互联网企业
数字经济	数字货币	政府发行/非政府发行

2.发行数字货币可以大幅节约成本

从成本理论角度来说，数字货币较之纸质货币，成本会更低（这完全是由于数字货币无实物这一特征决定的），其主要的原因如下：首先，许多不法分子会伪造纸质货币，这使得政府不得不投入研发成本，提升发行纸质货币的技术水平，尽管如此，市面上依旧会有大量的伪造货币。随着纸质货币版本的更新，中央银行需要通过商业银行回收已经淘汰的旧版货币。此外，在流通过程中，纸质货币难免会有褶皱、涂改、遗失、残缺情况出现。这些无法再使用的纸币与旧版纸币都需要进行回收、销毁和更新，这些工作在纸币时代是没有尽头的。

其次，纸质货币在金融系统中会产生大量的、与之配套的流通成本。这些成本实难尽述，笔者在此列举几处：纸质货币的储存需要建立中央仓库，在各家商业银行网点需要建立柜台，备置点钞机、保险柜、计算器等，纸质货币需要押钞车押送等。

最后，纸质货币还需要大量的人工成本与管理成本。数字货币的发行则会使此类成本大幅降低。数字货币是无实物货币，在流通过程不会有褶皱、涂改、遗失、残缺情况出现，也就不会有后续的货币更新的成本，数字货币也不需要实物运输；数字货币的伪造也会比实物货币更加困难，政府可以通过出台法律法规，加强监管有效打击伪造货币的行为；数字货币依赖于高新技术，效率会大幅提高，人工成本也会降低。

3.数字货币的发行会提高我国金融效率

数字货币的发行会对银行业带来冲击，降低银行业的盈利水平。不过笔者认为，这种冲击会带来鲇鱼效应，提升我国整体的金融效率。我国金融体系存在着一定程度的效率不高的问题。我国金融体系的基础是银行，虽然各家银行的定位有所不同，且相互之间是竞争关系，但是各家银行的经营模式几乎是一样的。由于我国银行业利润很高，各家银行之间没有动力改变经营模式。数字货币的发行为大众提供了另外一种金融服务模式，数字货币金融与传统货币金融形成竞争，倒逼金融体制改革，提升了金融体系配置资源的效率。

另外，由于数字货币的信息都在中央银行的私有云上，因此中央银行可以完全掌握数字货币的信息。中央银行通过对数字货币信息的全面掌握，能够实现对金融体系的精细化管理，货币政策也因为信息公开而变得更加精准有效。当然这一切都必须建立在完善的法律法规的基础之上。

4.我国发行数字货币有着国际意义

首先，我国数字货币的推出以及在国际上的应用，说明了我国的数字货币技术走在了世界先进行列。

其次，数字货币需要重新构建"游戏规则"。我国发行数字货币会在一定程度上影响国际货币的交易现状。目前世界货币交易体系是由国际货币基金组织决定的，然而具有决定性质的国际货币是美元，可以说美元在国际货币上具有霸主地位。近年来，因为中美贸易摩擦，国际货币互换风险正在逐步增大。另一方面，本来准许我国进入的优质国际资产就极少，我国通过大量贸易顺差积攒的外汇，并不能转化为海外优质资产，而不得不购买美国国债。我国购买的1.2万亿美元国债，成为了美国政府极其关注的问题，甚至一度用以威胁我国。数字货币体系的建立对于我国来说，是一次难得的重新构建国际金融规则的机会。我国有望通过构建国际数字货币体系，建立一个各国真正平等互惠、没有金融霸权的国际货币体系，为各国防范金融风险做出贡献。

最后，在各经济体建立数字货币的国际组织之后，我国可以在此基础上积极参与其中，促进我国与其他经济体的经济互补。我国作为拥有雄厚的产业资本与金融资本的国家，可以通过数字货币国际体系，实现金融资本与产业资本的国际流通。通过与别的国家进行经济合作，或者向别的国家提供经济援助（包括无息与低息贷款），实现产业资本与金融资本走出去。

当然，需要说明的是，数字货币的国际体系建立可能没有那么简单。在当前的国际形势下，想要与世界一流国家建立起数字货币的国际体系极为困难。但是如果是有针对性地在一定程度上建立数字货币国际体系也不是难事。目前，需要资金用于基础投资建设的非洲与东南亚这两个地区都与我国有着深厚的国际友谊，也都有着充分的经济发展能力，有经济能力偿还数字货币贷款。

9.3.3 数字货币发行的特征

想明确给出数字货币的定义是非常困难的，但归纳数字货币的特征并不是难事。在这里，首先需要将虚拟货币、电子货币与数字货币区分开来。虚拟货币是在虚拟世界里使用的货币，网络游戏中的游戏币就是虚拟货币，虚拟货币不是法定货币。

电子货币是基于网络执行支付的"储值"和预付支出机制，电子货币具有依附性，依附于商业银行与电子支付平台，这是电子货币与数字货币的本质区别。

在简单地分析了虚拟货币与电子货币的特征后，本节将主要分析我国数字货币的特征。我国将发行的数字货币是由国家信用背书、基于新型技术、依托新金融体系而发行的新型货币。下文将从国家信用、新型技术与新金融体系三个方面论述我国数字货币的特点。

第一，我国发行的数字货币，是以国家信用为基础的数字货币。早在2009年，世界上就已经产生了数字货币，即中本聪发明的比特币，这里将我国数字货币与比特币进行比较研究。比特币没有国家信用背书，而且数量极少（比特币数量的极限是2 100万个），因此比特币不得不通过绑定美元来衡量自身的价格，这就导致了比特币在名义上虽然是数字货币，但是不具备行使支付手段的货币职能。一方面，比特币的数量根本无法满足交易的要求；另一方面，由于没有国家信用背书，比特币变成了资本的投机品。

与比特币相比，我国的数字货币是由中央银行发行的，拥有国家信用的背书，因此我国的数字货币就是中央银行数字货币，这也意味着中央银行作为发行的银行、政府的银行，对我国数字货币的发行与管理承担最终责任，数字货币的发行数量、发行时间、发行方式与数字货币的管理都由中央银行直接管控。这也保证了我国发行的数字货币只具备货币属性，不具备产品属性。同时数字货币的法定地位决定了，数字货币在交易中有强制性（即交易双方不得拒绝数字货币），这也是国家信用背书的体现。

第二，我国的数字货币是新兴技术与金融需求的深度融合，其发行建立在高新技术应用的基础之上（包括且不限于区块链技术、信息云技术、芯片技术等），各类高新技术也赋予了我国数字货币新的特征。准确把握区块链技术与信息云技术以及对应的特征是理解数字货币原理的关键。区块链技术是数字货币的基础技术，也是发行数字货币的支撑技术。

区块链技术是包含哈希算法、Merkle树、时间戳服务、工作量证明机制、权益证明机制、P2P网络技术、非对称加密技术等技术的综合技术，它解决了数字货币应用过程中的"去中心化"与"双重支付"问题。区块链技术的应用，意味着数字货币采取的是分布式的安全保护系统，数字货币的交易双方需要进行认证，否则将无法进入系统，这使得数字货币的安全性和合法性得到很大程度的提升。

可信可控云计算技术与芯片技术则是保障数字货币交易安全的重要技术。可信可控云计算技术为中央银行与商业银行的认证中心、登记中心、大数据中心、数字货币发行库、数字货币银行库、基于云计算的可信服务管理模块（一个模块、两个库、三个中心）提供了技术支持。芯片技术为保障用户安全使用数字货币提供了技术支持，可信可控云计算技术与芯片技术共同支撑起数字货币使用的各个环节。数字货币在储存与交易方面，都有别于互联网的线上电子交易模式，数字货币的储存依托于个人的移动终端，这个移动终端就是数字货币的钱包。数字货币的交易不再依赖互联网，交易双方的"钱包"（移动终端）可以完成自我对接，即使在没有网络的情况下，依然可以实现数字货币交易。

第三，主权国家信用背书与高新科技应用使得我国数字货币体系必然是不同于传统货币体系与电子商务体系的全新货币体系，以往的金融体系只能作为借鉴而不能完全照搬。数字货币研究项目组公开发表的论文明确表示，我国数字货币发行模式为"中央银行—商业银行"二元结构模式，即数字货币由中国人民银行面向各商业银行发行，再由商业银行面向大众发行。二元结构模式意味着，数字货币同时具备了国家信用与商业信用，是国家信用与商业信用的结合，数字货币的信用得以大幅提高。二元结构模式也意味着不再有第三方介入数字货币交易，相比传统的电子货币交易模式，虽然两者在货币形态上都是无实物货币，但就交易体系而言，传统电子货币是依赖于第三方平台、依附于商业银行的交易体系，而数字货币采取的是商业银行发展业务、中央银行兜底的模式。这种货币体系是全新的，我国必须做好顶层设计、成立监管部门、出台《中国数字货币法》、实现非银行机构和个人数字钱包与商业银行进行挂钩保证支撑新的货币体系的顺利铺开。

9.3.4　我国发行数字货币应克服的问题与建议

1.应克服的问题

我国发行数字货币应克服的问题主要有以下几个方面：

首先，数字货币作为技术创新下的新型货币形态，它的发行与使用需要载体。目前看来，我国数字货币的载体就是手机，数字货币的交易通过手机这个移动终端来进行，自然就涉及智能手机的全面应用与移动网络的全面覆盖。同时，我国发行的数字货币具有强制力，这也意味着买卖双方必须接受这种支付方式，不能够拒绝。

如果交易双方任何一方没有数字货币的载体，那么数字货币的支付就无法实现，数字货币的强制力就会受到冲击。贫困地区群体与部分老年人群体更有可能遇到这种情况。可以看出，设备覆盖是数字货币推广使用的前提条件，否则数字货币的目标人群与流通范围是有限的。

其次，我国数字货币发行面临着监管与用户隐私之间的矛盾。数字货币是以区块链技术为基础的交易体系，区块链技术具有不可追索、不可回溯的特点，这保证了以区块链技术为依托的数字货币的交易具有很强的保护隐私的功能。然而这一特点不利于数字货币的监管。针对一些特定的交易，政府有必要掌握其交易信息，包括交易上下游各方的信息、交易物品的信息、交易合约的信息等。如果数字货币没有追索功能，则监管问题会变得复杂。当然，基于数字货币的贸易并非完全不能追索。

再次，我国数字货币发行还面临着法律法规很不完善的问题，需要尽快出台各项法律法规，以规范我国发行数字货币的工作。第一，央行发行的数字货币的法定货币地位需要尽快立法支持，这是数字货币推广发行的基石；第二，必须明确各大金融机构（主要是中央银行和商业银行）的职责权限，建立起完备的数字货币金融体系；第三，应尽快出台法律法规维护数字货币持有者的合法权利，惩办损害他人利益、威胁公共安全的罪犯；第四，现有的反洗钱法律法规在数字货币的履行主体、交易主体、客户原则等方面面临挑战，需要有针对性地制定与修改；第五，为了我国数字货币走出国门，需要和其他国家一起，制定数字货币的国际公约。

最后，还存在着国民接受度的问题。数字货币作为一个新生事物，与其他新生事物一样，在初始的推广阶段，还存在着能否被国民快速接受的问题。由于数字货币是基于一套新的货币体系，因此商业银行体系下的诸多规则可能不适用于数字货币的体系；用户需要对数字货币体系重新熟悉，这会给用户带来一些麻烦，从而使得用户产生抵触心理。

另外，需要说明的是，现有的国内线上支付体系已经非常成熟，商业银行体系中的网上银行业务使得汇款非常便利，依托于商业银行的两大线上支付平台（支付宝与微信）为日常交易提供了服务。可以说，即使没有数字货币，目前的商业银行体系也足以满足现有的金融服务需求，因此用户使用数字货币的动力不足。数字货币推广的关键在于，要使数字货币具备现有的金融体系不具备的且极其吸引人的优点。

2.对我国数字货币发行的建议

我国数字货币是基于先进技术、由银行发行、由国家信用背书、独立于现有商业银行体系的无实物货币。我国的数字货币技术已日臻成熟，虽然现在数字货币并没有实际流通，尚在实验阶段，但是数字货币的推行是大势所趋，符合货币演化的历史进程。总体看来，我国数字货币的发行有着诸多的优点，但作为新生事物也必定会面临一些之前没有遇到过的新问题，我们必须努力解决这些问题。

总的看来，数字货币的发行存在着重要的意义。

从国内层面看，数字货币是互联网技术与区块链技术的结合，使用起来更方便，安全性更高；对于政府而言，发行数字货币能够节约大量流通成本与管理成本；对金融体系而言，数字货币能够促进金融系统高效改革。

从国际层面看，发行数字货币体现了我国的科技水平，有利于建立起真正公平的国际货币体系，有利于促进各国之间的经贸合作，为全球经济发展保驾护航。可以说，我国数字货币的发行，不仅在国内有着重要影响，在国际上也会有着一定的影响，特别是在建立新的国际数字货币体系方面，我国需要稳步建立起数字货币体系，推动国内国际经济高质量发展。

针对我国数字货币在推广中可能遇到的实际问题，我们提出以下建议：

第一，应加快推出关于数字货币的相关法律，明确数字货币的法定地位，明确各大金融机构的职责范围，对我国数字货币推广给出指导意见。

第二，应加快数字货币基础设施建设，保证数字货币可以在全国范围内使用。

第三，应拓展数字货币业务范围，让数字货币能够更好地为大众提供金融服务。

第四，应积极落地基于数字货币的国际条约，构造公平公正的国际数字货币金融体系。

9.4 本章小结

尽管区块链技术在现代流通业的应用有一定的优势及政策支持，但目前仍存在一些局限性。

首先，推动区块链项目的具体实施在技术上是困难的，并且需要大量的资金。

其次，该技术缺乏可扩展性，大多数区块链项目都有交易吞吐量、向区块链添加数据所需时间和每笔交易的字节数的限制，区块链能容纳的最大交易量还未可知。

再次，区块链技术的不可篡改性也在一定程度上成为其制约因素，可能会阻碍区块链上错误数据的更改和删除。而且，区块链上节点的私钥存在丢失或损坏的风险，可能会导致区块链无法使用。

最后，区块链系统缺乏跨平台兼容性和标准化也对物流网络的跨平台发展和分散化治理形成了阻碍。

目前仍处于释放区块链技术在全球供应链以及物流方面的真正潜能的早期阶段，离区块链技术的实际商业化和普及还有很长的路要走。

国外成功的经验告诉我们，区块链技术能够促进流通业转型优化升级，提高供应链、物流等流通领域的核心竞争力，提升社会经济总体运行效率。

中国的流通业已经开辟了一个前所未有的互联网贸易世界，成为一个集成、共享、智能、高效和数字化的现代流通业。

为了更好地使区块链技术驱动我国流通业融合创新，提升流通效率，加速经济循环，应做到以下几点：

一是进一步完善区块链相关政策体系。区块链技术与流通业融合是一项涉及多部门的复杂工程，政府必须发挥统筹协调作用，制定相关政策措施予以支持和指导。如参考美国、英国等国家的做法，通过设立专项基金和财政补贴等方式，引导流通企业投资开发区块链项目，提高这类项目的研发和应用水平，增加经验积累。

区块链技术与流通业融合面临着理论基础薄弱和落地困难等问题，应该坚持政府主导，规范相关技术标准，为流通企业与区块链技术的融合创造宏观环境。

另外，我国区块链技术研究尚处在起步阶段，法律监管比较薄弱，主要体现为监管理念和技术手段落后、法律机制不健全。为此，我国要尽快颁布区块链相关法律法规，将其纳入合理的监管框架中。

二是鼓励流通企业的区块链应用模式创新。区块链技术的广泛应用需要龙头企业发挥好示范作用，提高流通企业应用意识，充分发挥大型企业在技术技能、人才储备、信息资源共享中的优势，带头搭建基于区块链技术的电子商务平台，进一步拓宽国际市场。

可以首先选择我国较大型的零售企业作为试点，引入区块链技术到其供应链中，加速实现以点带面、点面融合的示范推广效果，有效提升供应链主体对区块链技术应用的信心，鼓励供应商、经销商、金融机构等作为供应链的重要节点参与新型供应链运营，进而推广到更多流通企业中，一步步探索出符合我国流通业发展需要的应用模式。

三是加强相关学科体系建设与人才培养。区块链技术涵盖了密码学、计算机科学、经济学等多个领域，目前我国这一类人才（特别是同时精通区块链技术和流通业务的复合型人才）的需求缺口较大，相关人才储备远远无法保障我国区块链技术的顺利发展。

加强区块链专业人才队伍建设是区块链技术与流通业融合发展的人力资源保障，要依托区块链技术，以流通业发展为导向，培养专门的技术型人才。如通过举办培训班普及区块链技术的基础知识，鼓励人们了解和学习区块链技术；搭建流通企业和科研机构、高等院校的合作平台，建立区块链技术信息化服务站点，推动产学研用一体化发展；吸引多领域人才，组建专业团队参与区块链技术与流通业融合的研发；加强国内外交流合作，举办相关论坛或者经验交流会分享行业最新发展动态和人才培养办法等。

第 10 章

研究结论与未来展望

10.1 研究结论

10.1.1 流通效率促进经济循环：理论机制的深度探索

在深入探究流通效率如何促进经济循环的过程中，本书综合分析了流通效率提升在经济循环中的多重作用，突出了分工协调机制、效率驱动机制和利益协调机制三个关键方面的作用。在此基础上，本书提出流通效率提升不仅促进了经济循环的畅通，而且对于经济体的整体发展具有深远的影响。

1.流通效率的概念内涵可以细分为交易效率、组织效率和渠道效率三个层次

这一细分不仅丰富了流通效率的内涵，也为理解其对经济循环的影响提供了更为精细的视角。

首先，本书对交易效率的讨论侧重于交易过程中耗费的费用与取得的交换利益。这一层次的效率直接关系到市场参与者的直接交易活动，包括但不限于成本、时间和信息的透明度等因素。交易效率的提升能够降低市场摩擦，促进资源的有效配置和价值的最大化实现。在此基础上，交易效率进一步被区分为一般交易效率和个别交易效率，这一细分有助于深入理解不同类型交易活动对整体经济运行的影响。

其次，本书对流通组织效率的探讨主要侧重于流通组织的劳动生产率层面。这一层次的效率直接关系到流通过程中的组织和管理，包括物流、仓储、配送等环节的效率问题。流通组织效率的提升能够促进流通过程的优化，减少不必要的流通环节，提高物流速度和质量，进而提升整个经济系统的运行效率。

最后，本书对流通渠道效率的讨论侧重于研究渠道成员之间的竞争合作关系对渠道运行效率的影响。这一层次的效率强调了渠道成员之间的关系和协作模式对整体流通效率的影响，包括但不限于分销网络的建设、渠道管理以及渠道冲突的处理等。通过优化渠道成员之间的合作关系，可以有效提升流通渠道的运行效率，促进商品和服务的高效流通。

综上所述，本书通过对流通效率的三个层次的详细阐述，不仅为理解流通效率的复杂性提供了清晰的框架，也为后续章节探讨流通效率如何通过分工协调机制、效率驱动机制以及利益协调机制促进经济循环提供了理论基础。这一层层递进的分析方式，有助于深入阐明流通效率对经济循环的多维度影响，为后续提升流通效率、优化流通机制提供了重要的理论支撑和实践指导。

2.流通效率提升在形成和拓展分工网络中的核心作用

本书通过细致分析流通演进与分工网络的形成，展示了流通如何通过促进分工网络的扩展来加强经济主体之间的互动，进而促进经济循环。本书在探讨分工协调作用的历史演进时，不仅回顾了从前资本主义到资本主义时期流通如何促进分工协调，还详细阐述了流通演进对社会再生产层面经济循环机制的重要影响。

本书通过对微观层面上流通组织与生产组织之间的竞争合作关系的分析，进一步强调了通过渠道关系优化来构建个别再生产层面经济循环机制的必要性。接着，本书深入探讨了流通效率提升对于促进经济循环的分工协调机制的具体影响。通过对流通演进与分工网络的形成的分析，本书揭示了流通效率如何通过促进商品流通的演进成为主导的社会经济运行机制，从而形成并扩展了分工网络。这一过程不仅协调了价值生产与价值实现的矛盾，还通过促进分工网络的扩展，构筑了社会再生产层面的经济循环机制。

此外，基于前资本主义时期和资本主义时期的分析，本书还讨论了流通促进分工协调的机制及其历史演进，强调了宏观总体层面和微观结构层面上流通演进和效率提升对分工网络扩展的影响。总的来说，本书通过深入分析流通演进与分工网络的形成及其对经济循环的影响，揭示了流通效率提升通过分工协调机制在促进经济循环中的关键作用。

通过对历史演进的探讨和对微观结构层面的分析，本书不仅强调了流通组织与生产组织之间竞争合作关系的重要性，也指出了通过渠道关系优化来构建个别再生产层面经济循环机制的必要性，为理解流通在促进经济循环中的多重作用提供了重要的理论支撑。

3.流通组织效率的提升对经济循环具有重要的促进作用

流通组织效率的提升，通过降低流通领域的社会必要劳动率以及提升内生交易效率，可以带动分工网络的不断扩张和经济循环的加速。具体而言，模型的建立基于几个核心假设，其中包括流通组织效率对劳动生产率的影响，以及流通组织效率对交易成本的影响。

流通组织效率的提升，通过减少交易过程中的时间和资源消耗，直接提高了劳动生产率，这反过来又降低了生产和交换过程中的总体成本，促进了资源的有效配置和市场的更高效运作。

此外，本书还着重分析了人口数量禀赋对经济发展的双重影响。在流通效率较低的条件下，较大的人口数量可能会因资源分配不均、市场饱和等问题，成为经济增长的阻碍。然而，随着流通效率的提升，特别是在流通组织效率的驱动下，较大的人口数量禀赋可以转化为广阔的市场需求和劳动力资源，形成庞大的分工网络，为经济增长提供强大的动力。这一转变不仅为发展中国家提供了实现经济跃迁的可能，也为全球经济增长贡献了新的动力。

进一步地，效率驱动机制的实施需要政策支持和市场机制的有效配合。政府可以通过投资转移、税收优惠、技术支持等措施，激励流通组织进行创新和效率提升，同时通过完善法律法规来保障市场公平竞争，优化流通组织之间的合作与竞争关系。市场机制的完善，如电子商务的发展、物流体系的优化等，也为流通效率的提升提供了技术和管理上的支持。总之，本书通过模型分析深入探讨了流通效率提升在经济循环中的关键作用，揭示了效率驱动机制在促进经济增长、扩大分工网络以及促进发展中国家经济跃迁方面的重要意义。

4.流通组织创新在优化渠道成员之间的竞合关系和协调各方利益方面具有关键作用

首先，本书分析了流通渠道的形成及其结构特征，为理解流通组织在供应链中的关键地位奠定了基础。随后，本书深入探讨了渠道议价权力的内生机制，揭示了流通组织如何通过策略选择来增强其议价能力，这不仅有助于促进上游生产商之间的合作，还能避免潜在的恶性竞争。

其次，通过具体的模型分析，本书阐明了议价权力与创新投资之间的关系以及这一关系如何影响渠道的动态效率。其中，中间商的议价权力被证明能够对生产环节的创新投资产生显著影响，而合理的利益协调机制则能够优化这种影响，使之转化为推动整个行业创新水平和生产效率提升的动力。例如，大型零售商与供应商的紧密合作不仅有助于提升产品竞争力，还能激励供应商进行技术创新，进一步提高生产效率。

最后，本书研究发现，通过采用新的物流技术和管理模式，流通组织能够有效提高整个行业的运行效率和市场反应速度，从而为经济循环的高效运转提供了坚实的基础。本书的深入分析不仅突显了流通组织在推动经济创新中的核心角色，还为如何通过流通领域的创新来提升整个经济体的效率和创新能力提供了宝贵的洞见。

综上所述，本书"上篇 流通促进经济循环的理论机制"从流通效率提升的多维度作用出发，深入探讨了流通如何通过分工协调、效率驱动和利益协调等关键机制促进经济循环，为进一步优化流通机制和提升经济循环效率提供了重要的理论支撑。通过这一系列的分析，本书回答了"流通演进和效率提升为什么可以促进经济循环"这一问题。本书不仅揭示了流通在促进经济循环中的关键作用，也为政策制定者提供了关于如何通过提升流通效率来促进经济健康发展的建议。

10.1.2　流通效率提升与经济循环优化：数字化创新路径

1.基于数字平台的流通模式创新可以促进经济循环，尤其是数字平台在提升供给质量和促进产业升级方面具有关键作用

本书不仅分析了消费者偏好与需求，还探讨了数字平台如何成为供给和需求之间最优选择的桥梁。例如，通过对消费数据的深入分析和利用，数字平台能够提供更加个性化和精准的服务，从而提高消费者满意度并促进消费增长。

进一步而言，数字平台通过其独特的运营模式，如基于大数据的消费者行为分析、个性化推荐系统等，不仅优化了消费者体验，还为供应商和制造商提供了宝贵的市场洞察，帮助他们更好地理解市场需求，从而推动产品和服务的创新。此外，数字平台还通过算法调控和数据分析，为市场提供了更高效的价格机制和供需匹配，促进了资源的优化配置和市场效率的提升。在产业升级方面，数字平台通过其强大的连接能力，将不同行业和领域的企业紧密联系起来，形成了新的产业生态。这种跨界合作不仅扩大了市场范围，还促进了知识和技术的共享，推动了整个产业链的创新和升级。例如，传统制造业通过与电商平台的合作，能够实现从生产导向到消费导向的转变，提高产品

的市场适应性和竞争力。

此外，本书关于数字平台规制算法权力方面的探讨，揭示了如何在保持市场竞争和创新活力的同时，确保平台经济中的公平交易和消费者权益保护。通过合理的规制措施，可以避免平台垄断和数据滥用，维护健康有序的市场环境，为经济循环的持续健康发展提供保障。本书不仅深化了对数字平台在促进经济循环中作用的理解，还为如何利用数字技术推动经济增长和产业升级提供了实践指导和政策建议。

2.数字化时代线上价格指数可以成为流通调控的参考指标，为稳定经济循环提供了重要手段

这种指数利用电商平台的实时数据，为市场价格波动提供了一种全新的监测手段。这不仅使政策制定者能够快速把握市场动态，而且也为企业提供了制定价格策略的即时依据。

尤其值得注意的是，这种方法的高效性在于其能够覆盖广泛的商品和服务，提供比传统市场调研方法更为全面和即时的市场洞察。继而，这种高频的数据监控机制提高了市场监测和政策调控的实时性和准确性。在面临市场突发事件时，如节假日需求激增或自然灾害导致供应链中断时，线上价格指数能够迅速捕捉到价格异常波动，为政策制定者和企业决策者提供及时的信息支持。这种快速响应机制不仅有助于维护市场秩序，还能有效避免因信息滞后造成的市场恐慌或者价格哄抬行为。

此外，基于线上价格指数的流通调控方式极大地增强了政策的适应性和灵活性。与依赖于传统的、周期性的市场调查相比，实时数据使得政策制定更加贴近市场实际情况，能够灵活调整以适应快速变化的市场环境。这种策略的调整不仅包括应对市场波动，也包括通过税收、补贴等手段引导市场健康发展，促进经济稳定增长。最后，线上

价格指数还为经济研究和未来的趋势预测提供了强大的工具。通过分析价格数据的模型和趋势，研究人员能够更准确地捕捉经济活动的微妙变化，识别潜在的风险和机会。这种深度的市场洞察为制定更为有效的经济政策和预防策略提供了坚实的数据支持，是确保经济长期稳定发展的关键因素。

3.数字经济时代发展数字普惠金融可以解决融资难、融资贵的问题，从而扩大消费需求并拉动经济循环

在这个过程中，数字普惠金融通过提供更便捷、低成本的金融服务，使得城乡居民，尤其是农村地区的居民，能够更容易地获得融资，激发了他们的消费潜力。这种金融创新不仅缩小了城乡之间的消费差距，也为经济循环注入了新的活力。

进一步地，本书通过面板数据的实证研究揭示了数字普惠金融在促进城乡消费方面的异质性。本书研究表明，数字普惠金融的效果在不同地区可能会有所不同，因此，制定支持策略时需要考虑到地区之间的差异。通过因地制宜地推广数字普惠金融服务，可以更有效地促进各地区消费水平的提升，从而为经济循环的均衡发展提供支撑。

本书指出了制定差异化政策以扶持数字普惠金融发展的重要性。政策制定时应当针对不同地区的特定需求和发展水平，从而进一步提升农村和欠发达地区的金融服务水平，缩小城乡之间的发展差距。通过这样的策略，数字普惠金融不仅能够激发更广泛的消费需求，还能推动区域间的协调发展，为经济循环的良性发展提供坚实的基础。

4.数字化时代区块链技术通过提升流通效率可以驱动流通业的融合创新

区块链技术的核心优势在于其分布式账本的特性，这使得交易记录不仅透明而且不可篡改，从而提高了供应链管理的信任度和透明度。例如，通过区块链技术，可以追踪商品从生产到最终销售的整个

流程，确保信息的真实性和完整性，从而减少欺诈和错误。

利用区块链技术，企业能够实现更高效的库存管理和需求预测，降低库存成本，优化生产计划，提高整个供应链的响应速度和灵活性。此外，区块链还能够简化支付和审计流程，降低交易成本，缩短交易时间，加快资金流转速度，进一步促进流通业的高效融合。本章还探讨了区块链技术在我国数字货币发行中的应用及其意义。

数字货币的发行不仅能够提高金融系统的效率，还能增强货币政策的透明度和可操作性。然而，这一创新举措也伴随着技术、安全和监管方面的挑战，需要解决确保数字货币的稳定性和安全性，防止洗钱和其他非法活动等问题。

综上所述，本书"下篇 促进经济循环的流通数字化创新"揭示了数字化创新如何通过多种途径促进经济循环。

首先，本书深入探讨了数字平台通过创新流通模式优化供给质量和促进产业升级，强调了大数据和算法在改善消费者体验和满足市场需求中的作用。

接着，本书研究了线上价格指数作为流通调控的创新工具，在提供实时市场洞察和增强政策适应性方面的重要性，进一步分析了数字普惠金融在扩大消费需求、拉动经济循环方面的关键作用，特别指出了其在解决融资难题和激发边远地区消费潜力方面的影响。

最后，本书讨论了区块链技术在提升流通效率、提高供应链管理的透明度和信任度方面的潜力。本书回答了"数字经济时代如何通过流通创新提升流通效率从而更好地促进经济循环"这一问题，展现了流通数字化创新如何综合作用于经济循环的多个环节，通过提升效率、提高透明度和金融包容度，支持经济的健康增长和可持续发展。

10.2 未来展望

结合对流通演进与流通效率的基础概念界定，以及对交易效率、流通组织效率和流通渠道效率的细致分析，本书提出了一系列对未来研究方向的思考。特别地，考虑到数字化和全球化的背景，可以聚焦于如何通过技术和管理创新来提升流通效率各个层面，探索它们如何协同作用以进一步优化经济循环。

此外，针对分工网络的形成和扩展、流通组织效率的提升以及流通组织在经济循环中的利益协调机制等关键领域，未来研究将如何深化对这些领域的理解，本书提出了具有前瞻性的见解和建议，为流通效率的提升、流通机制的优化提供了更为丰富的理论支撑和实践指导，旨在推动经济循环的高效与可持续发展。

10.2.1 深化对流通效率各层次的理解，适应数字化和全球化趋势

本书明确界定了流通演进与流通效率的相关概念，并将流通效率划分为交易效率、流通组织效率以及流通渠道效率三个关键层次。这种分层为理解流通效率如何影响经济循环提供了一个更精细的视角。

本书对于未来研究提出了以下建议：

首先，在理论基础上，需要进一步深化对流通效率各个层次的理解，并探索它们如何协同工作以促进经济循环的进一步优化。

其次，在数字化和全球化背景下，需要探讨新的技术和管理创新如何进一步提升交易效率。此外，对流通组织效率的研究可以考虑新兴的供应链管理模式和物流技术，以及它们如何改善流通过程

和降低成本。

最后，对流通渠道效率的未来研究则可以聚焦于渠道成员之间合作与竞争的新模式，以及数字平台如何重塑传统分销网络和渠道管理模式。

通过这些研究，可以为流通效率的提升、流通机制的优化提供更为丰富的理论支撑和实践指导，进而促进经济循环的高效与可持续发展。

10.2.2 以技术、制度和管理创新提升流通效率，探索其与分工网络协调形成深层次关系

本书深入分析了流通效率提升对分工网络形成和扩展的重要作用，以及流通在促进经济循环中的分工协调机制。基于流通效率提升使商品流通演进为主导的社会经济运行机制，形成和拓展分工网络，协调价值生产与价值实现的矛盾。

通过历史演进的分析，本书总结了流通演进和效率提升对分工网络扩展的宏观和微观层面影响。基于此，今后研究可以关注数据流通及其效率提升，并探索数据要素流通效率提升与分工网络协调之间的更深层次关系。

具体而言，研究可以聚焦于如何通过技术创新、制度创新和管理创新，进一步优化流通机制，降低流通成本，提高流通速度和质量。此外，可以探讨如何通过优化分工网络，促进经济主体之间的有效协同，增强经济循环的动力和稳定性。特别是在全球化和区域经济一体化的背景下，可以进一步研究分工网络如何跨越地域和行业界限，形成更加紧密和高效的经济联系，以及这对流通效率提升和经济循环的影响。

未来研究还可以关注流通效率提升如何解决社会经济中存在的矛

盾和问题，如何通过提高流通效率缓解收入分配不公、促进统一大市场建设以及各类要素资源的合理配置和利用，这些研究不仅可以深化对流通促进经济循环的理解，也能为政策制定提供更加科学和实用的依据。

10.2.3　通过技术和管理创新提高流通组织效率，利用人口规模扩张，深化社会分工和促进经济循环

首先，本书主要讨论了流通组织效率的提升对经济循环的促进作用，强调了提升流通组织效率在节约社会劳动、加快商品从生产领域向消费领域的运动过程中的重要性。今后研究可以进一步探索如何通过技术创新、管理创新等方式提高流通组织效率，以及这种效率提升对经济循环的具体影响。

其次，本书的研究表明提高流通部门或生产部门的劳动生产率并不能带来中间产品种类数的增加，必须通过企业内部的分工协作来降低生产中间产品的学习费用。因此，在加快发展新质生产力的背景下，今后研究需要探讨如何协调生产技术创新与流通组织创新，促进社会分工的深化和全要素生产率的提升。

最后，本书指出，人口规模的扩张在分工网络中可以发挥积极的经济效应，特别是在提高最终产品需求、促进中间产品种类数增加等方面。今后研究可以关注如何通过政策引导和市场机制优化，利用人口流动获得经济效应。

10.2.4　深入研究流通渠道形成、议价权力与创新投资关系等内容，通过提升渠道动态效率促进分工网络内生性扩张

本书讨论了流通组织在经济循环中的利益协调机制，以及其相对议价能力如何影响整个产业链的创新投资。基于此，未来的研究可以

在以下几个方面进行深化和完善：

首先，深入研究流通渠道的形成过程，包括渠道议价权力的内生机制，以及流通组织如何通过策略选择增强其议价能力。这不仅有助于促进上游生产商之间的合作，还能避免潜在的恶性竞争。

其次，从理论和案例层面探索议价权力与创新投资之间的关系，以及这一关系如何影响渠道的动态效率。可以特别关注中间商的议价权力如何对生产环节的创新投资产生影响，以及合理的利益协调机制如何优化这种影响，将其转化为推动整个行业创新水平和生产效率提升的动力。

再次，探究流通组织创新在优化竞合关系中的作用。探讨采用新的物流技术和管理模式如何有效提高整个行业的运行效率和市场反应速度，为经济循环的高效运转提供坚实的基础。

最后，深入探讨分工网络外生性扩张的限制因素，以及如何通过提升渠道动态效率促进分工网络的内生性扩张，实现分工网络扩张机制的转换。这些研究不仅能够深化对流通促进经济循环的利益协调机制的理解，还能够为实践中优化流通渠道结构、促进产业链创新提供理论支持和实践指导。

10.2.5　为加快发展新质生产力提供政策和实践指导

挖掘数字平台在消费者行为分析、供应链优化、市场机制创新、平台治理以及新产业生态构建方面的创新潜力，可以为加快发展新质生产力提供政策和实践指导。未来研究可以在数字平台主导的流通模式创新方面进行扩展和深化，具体的研究方向包括：

第一，消费者行为与偏好分析的深化。进一步研究消费者在数字平台上的行为模式和偏好变化，以及这些变化如何影响产品和服务设计。深入探索个性化推荐系统和消费者数据分析技术的进步，以及这些技术如何更有效地满足消费者需求并提升消费体验。

第二，供应链优化与产业升级。研究数字平台如何通过创新的供应链管理和运营模式促进产业效率提升和升级。探讨跨行业合作模式，尤其是数字技术如何助力传统产业转型升级，以及这些转型对经济结构和增长模式的长期影响。

第三，数字平台的市场机制创新。深入分析数字平台如何通过算法和数据分析创新市场价格机制和供需匹配系统，研究这些创新如何提高市场透明度、效率和公平性。

第四，数字技术与平台治理。探讨数字平台的算法权力和数据治理问题，包括如何制定有效的法律法规来防止数据滥用和平台垄断，确保市场公平竞争并保护消费者权益。

第五，数字平台与新产业生态构建。研究数字平台如何通过连接不同行业和领域的企业来形成新的产业生态，探讨这种产业生态对创新、知识共享和技术转移的影响，以及如何通过这种新的产业生态促进经济全要素生产率的增长。通过这些方向的研究，未来的工作不仅能够更深入地理解数字平台在加快构建新质生产力过程中的作用，还能为政策制定者和行业实践者提供如何利用数字技术推动经济高质量发展的重要参考。

10.2.6 深化基于线上价格指数的流通调控创新，注重数据多样化、算法创新、实时监测系统构建、政策适应性提升及长期经济趋势研究

未来研究在基于线上价格指数的流通调控创新方面可以进行扩展和深化，具体的研究方向包括：

第一，数据源的多样化与综合分析。探索除了电商平台之外的其他潜在数据源，如社交媒体、搜索引擎等，来提高价格指数的全面性

和准确性。通过综合分析多种数据源，可以提供更为丰富和细致的市场洞察，为政策制定和企业决策提供更加精准的信息支持。

第二，算法与模型的创新。研究如何利用先进的数据分析技术和算法，比如机器学习和人工智能，来提高线上价格指数的计算效率和预测准确度。开发能够自动识别和适应市场变化的动态模型，以及能够处理大规模数据集的高效算法。

第三，实时监测与预警系统的建立。基于线上价格指数，构建实时的市场监测和预警系统，能够及时捕捉并响应市场异常波动。研究如何通过这些系统提前识别潜在的市场风险和机会，从而为政策干预和企业策略调整提供科学依据。

第四，政策适应性与灵活性的提升。探讨如何将线上价格指数更有效地整合到政策制定过程中，以增强政策的适应性和灵活性。研究如何根据实时市场数据快速调整政策措施，包括税收、补贴、进出口调控等，以促进市场健康发展和经济稳定增长。

10.2.7　长期经济趋势预测与研究

利用线上价格指数进行长期经济趋势的分析和预测，研究市场价格数据中的模式和趋势如何反映经济活动的微妙变化。通过这种深度分析，为制定有效的长期经济策略和预防措施提供数据支持。通过这些研究方向的深化，未来的工作可以更全面地理解和利用线上价格指数在流通调控中的创新应用，为实现更高效、更精准的市场监测和政策调控提供科学依据和技术支持。

10.2.8　系统性地推进数字普惠金融研究

聚焦地区差异化策略、消费潜力挖掘、服务与技术创新、实证研究深化以及政策与监管创新，系统性地推进数字普惠金融研究。

具体研究方向包括：

第一，地区差异性考量。未来研究应深入分析不同地区特征，如经济发展水平、居民消费习惯等，以制定差异化数字普惠金融策略。通过差异化策略，旨在更精准地满足各地区特定需求，实现金融服务的均衡覆盖，尤其是加大对农村和欠发达地区的支持力度，缩小发展差距。

第二，消费潜力挖掘与转化。重点研究数字普惠金融如何激发不同人群特别是农村居民的消费潜力，并探讨将这种潜力有效转化为实际消费的机制。这不仅涉及金融产品和服务的创新，还包括如何通过培训向消费者普及金融知识，从而提升消费者对金融产品的接受度和使用率。

第三，服务模式与技术创新。探索新的服务模式和技术应用，以提供更加便捷、低成本的金融服务。特别是利用大数据、人工智能等技术提高服务效率，同时确保服务的普及性和安全性，满足更广泛消费者的融资需求。

第四，深化实证研究。基于更广泛和深入的实证数据，探索数字普惠金融对不同地区消费增长的具体影响，从而更准确地评估其在促进经济循环中的作用。对数字普惠金融政策效果进行持续跟踪和评价，对政策的调整及时做出响应。

第五，政策支持与监管创新。研究如何构建更加有效的政策框架和监管机制，支持数字普惠金融的健康发展。研究如何确保政策的及时更新以适应市场变化，建立更加灵活的监管体系以促进创新同时保障消费者权益。

通过上述几个方面的研究，可以为数字普惠金融在促进消费需求扩大和经济循环拉动中的应用提供更加坚实的理论基础和实践指导，进而推动经济的持续健康发展。

10.2.9 着重于探讨区块链技术在优化供应链管理、简化支付审计流程、数字货币发行及跨行业融合创新中的应用

第一，未来研究应着重于探讨区块链技术如何优化供应链管理，特别是它如何通过提高透明度和信任度来追踪商品从生产到销售的全过程。这种透明性不仅减少了欺诈和错误的可能，还使得库存管理和需求预测更为高效，从而降低库存成本并优化生产计划。这些研究将为我们提供如何利用区块链技术提高供应链响应速度和灵活性的具体方案。

第二，未来研究将转向探讨区块链技术如何简化支付和审计流程，降低交易成本并缩短交易时间，加快资金流转速度。这不仅提高了交易效率，还增强了金融服务的透明度和安全性，为流通业的融合和创新提供了新的可能性。

第三，未来研究需要深入分析区块链在数字货币发行中的应用及其影响。数字货币的发行能够提高金融系统的效率，并增强货币政策的透明度和可操作性。同时，必须关注这一创新举措所面临的技术、安全和监管挑战，特别是如何确保数字货币的稳定性和安全性，防止洗钱和其他非法活动。

第四，研究应当着眼于区块链技术在流通业中的跨行业融合创新案例。通过分析实际案例，探索区块链如何促进流通业与其他行业的融合，揭示新的商业模式和应用场景，为流通业的未来发展提供实践指导和理论支撑。

综上所述，一方面，在理论机制上，未来研究的重点在于深化我们对流通效率各层次（包括交易效率、流通组织效率和流通渠道效率）的理解。流通效率的这些层次如何在数字化和全球化的大背景下协同作用，以促进更加高效的经济循环是研究的关键。进一步

地，可以探索技术、制度和管理创新在提升流通效率方面的作用，尤其是它们与分工网络形成深层次关系的探讨，将为理解流通与经济循环的复杂互动提供新的视角。特别地，应关注人口规模扩张如何深化社会分工并促进经济活动，以及流通渠道效率提升促进分工网络内生性扩张的潜力。

另一方面，在流通数字化创新上，未来研究将着眼于数字平台如何通过创新性解决方案，在消费者行为分析、供应链优化、市场机制创新、平台治理、新产业生态构建以及加快发展新质生产力等方面发挥作用。此外，基于线上价格指数的流通调控创新也是重要的研究领域，特别是在数据多样化、算法创新、实时监测系统的构建等方面的深化探讨，可以为实现更高效、更精准的市场监测和政策调控提供建议。

区块链技术的融合创新应用，特别是在供应链管理、支付审计流程简化、数字货币发行及跨行业融合创新中的潜力，为流通业带来了新的发展机遇。

主要参考文献

[1]   格雷夫. 大裂变：中世纪贸易制度比较和西方的兴起 [M]. 郑江淮, 等译. 北京：中信出版社, 2008.

[2]   克鲁格曼 B. 地理与贸易 [M]. 刘国晖, 译. 北京：北京大学出版社, 2000.

[3]   蒂利. 强制、资本和欧洲国家（公元990—1992年）[M]. 魏洪钟, 译. 上海：上海人民出版社, 2007.

[4]   陈文玲. 当前国内外经济形势与双循环新格局的构建 [J]. 河海大学学报：哲学社会科学版, 2020 (4)：1-8.

[5]   程艳. 流通产业的组织结构及其投资运行 [J]. 经济学家, 2007 (2)：97-101.

[6]   诺斯. 制度、制度变迁与经济绩效 [M]. 杭行, 译. 上海：格致出版社, 上海三联书店, 上海人民出版社, 2008.

[7]   杜丹清. 新型生产——流通关系与产业发展：基于分工协调理论的分析 [J]. 经济学家, 2008 (5)：124-126.

[8]   恩格斯. 社会主义从空想到科学的发展 [M]. 中共中央马克思恩格斯列宁斯大林著作编译局, 译. 北京：人民出版社, 1997.

[9]   高涤陈, 等. 社会主义流通过程研究 [M]. 上海：上海人民出版社,

1988.

[10] 郭旭新. 论经济转型中的秩序——关于可持续发展的制度经济学解释 [J]. 南京社会科学, 2007 (1): 30-36.

[11] 何大安. 互联网应用扩张与微观经济学基础——基于未来"数据与数据对话"的理论解说 [J]. 经济研究, 2018 (8): 177-192.

[12] 何干强. 唯物史观的经济分析范式及其应用 [M]. 北京: 中国经济出版社, 2009.

[13] 皮朗. 中世纪欧洲经济社会史 [M]. 乐文, 译. 北京: 商务印书馆: 1964.

[14] 洪涛. 降低流通成本、提高流通效率的路径选择 [J]. 中国流通经济, 2012 (12): 30-35.

[15] 荆林波, 袁平红. 全球价值链变化新趋势及中国对策 [J]. 管理世界, 2019 (11): 72-79.

[16] 荆林波. 我国流通体制改革与发展30年 [M]. 北京: 社会科学文献出版社, 2008.

[17] 李骏阳. 改革开放以来我国的零售革命和零售业创新 [J]. 中国流通经济, 2018 (7): 3-11.

[18] 李智. 流通产业技术装备论 [D]. 北京: 中国人民大学, 2007.

[19] 厉以宁. 资本主义的起源——比较经济史研究资本主义的起源——比较经济史研究 [M]. 北京: 商务印书馆, 2003.

[20] 刘明宇. 贫困的制度成因: 产业分工与交换的经济学分析 [M]. 北京: 经济管理出版社, 2006.

[21] 陆立军, 王祖强. 专业市场: 地方型市场的演进 [M]. 上海: 格致出版社, 2008.

[22] 罗珉, 李亮宇. 互联网时代的商业模式创新: 价值创造视角 [J]. 中国工业经济, 2015 (1): 95-107.

[23] 吕炜. 转轨时期的经济增长原理——基于转轨实践、中国的样本和经济史的研究 [J]. 经济社会体制比较, 2004 (3): 1-21.

［24］ 马克思，恩格斯. 马克思恩格斯全集［M］. 中共中央马克思恩格斯列宁斯大林著作编译局，译. 北京：人民出版社，1979.

［25］ 马克思. 资本论［M］. 中共中央马克思恩格斯列宁斯大林著作编译局，译. 北京：人民出版社，1972.

［26］ 马龙龙. 流通产业组织［M］. 北京：清华大学出版社，2006.

［27］ 曼德尔. 论马克思主义经济学［M］. 廉佩，译. 北京：商务印书馆，1979.

［28］ 孟捷. 产品创新与马克思的分工理论——兼答高峰教授［J］. 当代经济研究，2004（9）：46-73.

［29］ 孟捷. 劳动价值论与资本主义再生产中的不确定性［J］. 中国社会科学，2004（3）：4-205.

［30］ 孟捷. 马克思主义经济学的创造性转化［M］. 北京：经济科学出版社，2001.

［31］ 齐默尔曼. 经济学前沿问题［M］. 申其辉，等译. 北京：中国发展出版社，2004.

［32］ 特纳. 社会宏观动力学：探求人类组织的理论［M］. 林聚任，等译. 北京：北京大学出版社，2006.

［33］ 青木昌彦. 比较制度分析［M］. 周黎安，译. 上海：上海远东出版社，2001.

［34］ 渠慎宁. 区块链助推实体经济高质量发展：模式、载体与路径［J］. 改革，2020（1）：39-47.

［35］ 沙磊. "小世界"现象与贸易网络［D］. 南京：南京财经大学，2006.

［36］ 宋华. 新冠肺炎疫情对供应链弹性管理的启示［J］. 中国流通经济，2020（3）：11-16.

［37］ 王微. 商品流通网络——机理、历史与模型［M］. 北京：中国发展出版社，2002.

［38］ 王先庆. 新发展格局下现代流通体系建设的战略重心与政策选择——关于现代流通体系理论探索的新框架［J］. 中国流通经济，2020（11）：

18-32.

[39] 王晓东，谢莉娟. 社会再生产中的流通职能与劳动价值论 [J]. 中国社会科学，2020（6）：72-206.

[40] 吴承明. 中国的现代化：市场与社会 [M]. 北京：生活.读书.新知三联书店，2001.

[41] 吴易风，顾海良，等. 马克思主义经济理论的形成和发展 [M]. 北京：中国人民大学出版社，1998.

[42] 夏春玉. 城市与流通的互动：城市流通系统 [J]. 财贸经济，2005（11）：75-107.

[43] 夏春玉. 流通、流通理论与流通经济学——关于流通经济理论（学）的研究方法与体系框架的构想 [J]. 财贸经济，2006（6）：32-96.

[44] 夏春玉. 现代流通理论 [M]. 大连：东北财经大学出版社，2005.

[45] 钱德勒. 企业规模经济与范围经济 [M]. 张逸人，等译. 北京：中国社会科学出版社，1999.

[46] 谢莉娟，庄逸群. 互联网和数字化情境中的零售新机制——马克思流通理论启示与案例分析 [J]. 财贸经济，2019（3）：84-100.

[47] 徐从才. 流通经济学——过程、组织、政策 [M]. 北京：中国人民大学出版社，2006.

[48] 徐从才. 流通理论研究的比较综合与创新 [J]. 财贸经济，2006（4）：27-96.

[49] 许檀. 明清时期城乡市场网络体系的形成及意义 [J]. 中国社会科学，2000（3）：191-207.

[50] 斯密. 国民财富的性质和原因的研究（上）[M]. 郭大力，王亚南，译. 北京：商务印书馆，1997.

[51] 晏维龙. 交换、流通及其制度——流通构造演变理论 [M]. 北京：中国人民大学出版社，2003.

[52] 晏维龙. 生产商主导还是流通商主导——关于流通渠道控制的产业组织分析 [J]. 财贸经济，2004（5）：11-95.

[53] 杨小凯，张永生．新兴古典经济学和超边际分析［M］．北京：中国人民大学出版社，2000．

[54] 依绍华，郑斌斌．中国流通业发展阶段特征与未来趋势［J］．首都经济贸易大学学报，2020（4）：48-61．

[55] 郁义宏，管锡展．产业链纵向控制与经济规制［M］．上海：复旦大学出版社，2006．

[56] 袁勇，王飞跃．区块链技术发展现状与展望［J］．自动化学报，2016（4）：481-494．

[57] 熊彼特．经济分析史［M］．朱泱，等译．北京：商务印书馆，1991．

[58] 张群群．论交易组织及其生成和演变［M］．北京：中国人民大学出版社，1999．

[59] 张卫良．英国社会的商业化历史进程1500—1750［M］．北京：人民出版社，2004．

[60] 赵亚平，庄尚文．跨国零售买方势力阻碍中国产业升级的机制及对策研究［J］．宏观经济研究，2008（10）：49-54．

[61] 祝合良，石娜娜．流通业在我国制造业价值链升级中的作用与提升路径［J］．商业经济与管理，2017（3）：5-11．

[62] 庄尚文，王永培．商品流通结构、效率与制造业增长——基于2000-2006年中国省际面板数据的实证分析［J］．北京工商大学学报（社会科学版），2008（6）：11-18．

[63] 庄尚文，韩耀．论零售商主导型供应链联盟［J］．商业经济与管理，2008（5）：3-9．

[64] 庄尚文，韩耀．马克思分工理论引出的流通命题及其思考［J］．商业经济与管理，2009（1）：22-28．

[65] BENNER M J, WALDFOGEL J. Changing the channel: Digitization and the rise of "middle tail" strategies [J]. Strategic Management Journal, 2023, 44 (1): 264-287.

[66] CHOI S C. Price competition in a duopoly common retailer channel [J].

Journal of Retailing, 1996, 72 (2): 117-134.

[67] GUPTA S, LOULOU R. Process innovation, product differentiation, and channel structure: Strategic incentives in a duopoly [J]. Marketing Science, 1998, 17 (4): 301-316.

[68] HOLMES T J. The diffusion of Wal-Mart and economies of density [J]. Econometrica, 2011, 79 (1): 253-302.

[69] RAUCH J E. Business and social networks in international trade [J]. Journal of Economic Literature, 2001, 39 (4): 1177-1203.

[70] HULTHÉN K. Variety in distribution networks: A transvection analysis [M]. Gothenburg: Chalmers tekniska högsk, 2002.

[71] BLUME L, EASLEY D, KLEINBERG J, et al. Trading networks with price-setting agents [J]. Games and Economic Behavior, 2008 (12): 1-15.

[72] LI Y. Middlemen and private information [J]. Journal of Monetary Economics, 1998, 42 (1): 131-159.

[73] MCGUIRE T W, STAELIN R. An industry equilibrium analysis of downstream vertical integration [J]. Marketing Science, 1983, 2 (2): 161-191.

[74] MCGUIRE T W. Channel efficiency, incentive compatibility, transfer pricing, and market structure: An equilibrium analysis of channel relationships [J]. Research in Marketing, 1986, 8: 181-223.

[75] PORTER M E. Consumer behavior, retailer power and market performance in consumer goods industries [J]. The Review of Economics and Statistics, 1974, 56 (4): 419-436.

[76] MONER-COLONQUES R, SEMPERE-MONERRIS J J, URBANO A. The manufacturers' choice of distribution policy under successive duopoly [J]. Southern Economic Journal, 2004, 70 (3): 532-548.

[77] KRANTON R E, MINEHART D F. A theory of buyer-seller networks [J].

American Economic Review, 2001, 91 (3): 485-508.

[78]   WOLK A, SKIERA B. Antecedents and consequences of Internet channel performance [J]. Journal of Retailing and Consumer Services, 2009, 16 (3): 163-173.

后记

拙作是我在商品流通基础理论领域长期思考和研究的成果。进入新时代以来，党和国家统筹推进现代流通体系建设，全面形成现代流通发展新优势，提高了流通效率，为构建以国内大循环为主体、国内国际双循环相互促进的新发展格局提供了有力支撑。这也为流通理论和政策研究提供了重要机遇。本书上篇是我在博士论文主体内容的基础上进一步深化和完善的结果。追风赶月莫停留，平芜尽处是春山。随着数字经济的快速发展，如何围绕流通效率的提升开展流通数字化创新成为重要的实践问题。相信本书所讨论的问题，既可以对流通政策设计与畅通国民经济循环有所帮助，也会在数字经济时代基于流通创新促进新质生产力发展展现它的现实意义。

2010年，我毕业于中国人民大学商学院流通经济学专业，获得经济学博士学位。在3年的学习中，得到了导师的悉心指导和领导、老师们的关心帮助。毕业后，我去商业银行工作了5年多，对粮食贸易流通和金融有了深入了解。2016年以来，我先后在南京审计大学政府审计学院、经济学院从事教学科研工作。一晃8年过去了，我已不惑之年。金陵秋雨漫秋晨，星夜兼程再出发。变的是环境，不变的是坚守。

本书的研究和写作得到了国内流通领域诸多专家学者的指导帮助，没有他们的建设性意见，本书的完成是难以想象的。阳春布德泽，万物生光辉。本书的出版，非常感谢江苏省教育厅、江苏省哲学社会科学规划办公室的相关课题资助，东北财经大学出版社各位编辑老师的辛勤努力，南京审计大学党委组织部、科研处及经济学院领导和同事们提供的重要帮助。尤其要感谢课题组成员李陈华、秦杰、王庚、于娱、魏宇琪、朱晨之等同志的精诚合作以及我的研究生刘锐、刘思琦、顾依欣、戚子韦、乔旭、王安盛、秦宇文、李妍丽等同学的辛苦努力，他们为课题的研究提供了有力支撑。

最后，我要感谢我的妻子尹星慧。从南京到北京8年，再从北京到南京8年，感谢她的一路陪伴、一路付出！

庄尚文

南京审计大学中和楼316

2024年3月20日

索引